LE DOUX PARFUM
DE LA LIBRAIRIE

FELICITY HAYES-MCCOY

LE DOUX PARFUM DE LA LIBRAIRIE

Traduit de l'anglais par Paul Boutin

ÉDITIONS PRISMA

Titre de l'édition originale :
The Bookseller's Gift

Publié pour la première fois en Irlande en 2024
par HACHETTE BOOKS IRELAND.

ISBN : 978-2-8104-4024-5

Tous les personnages de cette publication sont fictifs et toute ressemblance avec des personnes réelles, vivantes ou mortes, serait une pure coïncidence.

Aux libraires et bibliothécaires du monde entier, avec amour, remerciements et solidarité.

Les visiteurs de la côte ouest de l'Irlande ne trouveront pas Finfarran.

La péninsule et tous les personnages de ce livre n'existent que dans l'imagination de son auteure.

CATHERINE

Pour Catherine, Noël avait toujours été synonyme de merveilleuses odeurs. Des biscuits au beurre tout juste sortis du four. L'odeur du givre quand on ramassait le lait sur le pas de la porte. Les bougies de cire sur les couronnes de l'Avent. Les savons à la lavande emballés dans du papier cadeau, qu'elle achetait en secret pour sa mère. La cannelle, la muscade et le gingembre. Les odeurs d'agrumes, de clous de girofle et de sucre Demerara. L'odeur de propre et d'amidon des serviettes de table en lin qui avaient passé le reste de l'année pliées. Mieux que toutes les autres, il y avait l'odeur magique des livres, un mélange de nouveauté, d'impression et de papier, des effluves de colle et de résine et, parfois, l'odeur d'une reliure en tissu. La légère résistance d'un dos lorsqu'elle ouvrait un nouveau livre faisait frissonner Catherine. Elle aimait les bords tranchants des rabats des jaquettes qui n'étaient pas encore usés, les chapitres qui commençaient par des lettres majuscules décorées de boucles élaborées, et les livres de Noël dont les titres étaient dorés. Elle avait été élevée dans un foyer où l'argent de poche était rare, et elle avait surtout emprunté les livres de son enfance à la bibliothèque du coin. Mais chaque année, elle voyageait en train jusqu'à Dublin pour dépenser le bon pour un livre qui se trouvait dans la carte de Noël de sa grand-mère. Chaque carte était une petite œuvre d'art, un théâtre de jouets qui s'ouvrait en pop-up pour révéler les « Babes in the woods », Aladin, Arlequin ou les personnages de la *Suite Casse-Noisette*. Chacune de ces cartes marquait le début de Noël et, bien que sa grand-mère n'habite qu'à quelques rues de chez elle, elles arrivaient toujours par la poste.

La journée à Dublin comprenait toujours une matinée à la pantomime, où les contes de fées que Catherine avait découverts pour la première fois dans les livres d'images achetés avec les bons de sa grand-mère apparaissaient sur la scène en trois dimensions glorieuses et embrouillées : Hansel et Gretel perdus seuls dans la forêt, le prince se frayant un chemin à travers les épines pour réveiller la Belle au bois dormant ou Jack escaladant le haricot magique pour trouver de l'or dans le château du géant. Partageant une boîte de bonbons au dernier rang du balcon, Catherine retenait son souffle pour les « Star-crossed lovers », haletait devant les explosions et les rats transformés en cochers, et applaudissait les funambules, les comiques, les numéros de chœur et les danseurs faisant des pirouettes sous les projecteurs colorés.

Les odeurs de chips Tayto, de pop-corn et des sièges de théâtre en velours étaient aussi évocatrices de Noël que les parfums des livres que Catherine achetait lors de ses voyages annuels à Dublin, lorsque l'âge adulte semblait encore plein de possibilités de contes de fées. Elle avait donc gardé les cartes de théâtre de sa grand-mère dans leurs enveloppes pendant des années, jusqu'à ce qu'elle les perde lors d'un déménagement.

MERCREDI

18 décembre

CHAPITRE PREMIER

En été, pendant la saison touristique, Catherine avait l'habitude que le lieu soit pris d'assaut du moment où elle se réveillait jusqu'au coucher après avoir compté les recettes de la journée. C'est pourquoi la semaine de Noël était si importante, et c'est pourquoi elle s'était précipitée ce matin pour mettre la dernière main à sa vitrine. Quelques années auparavant, lorsque sa mère Ann et elle étaient arrivées à Lissbeg, Sheep Street était un peu délabrée. Depuis qu'elles avaient ouvert leur librairie, les choses avaient changé. Maintenant, en regardant par la fenêtre, Catherine pouvait voir une petite boutique et un salon de coiffure et, plus haut, il y avait un restaurant chic. Mais *Lissbeg Books* se distinguait toujours par le fait qu'elle était la seule boutique à posséder une vitrine arrondie, où une étagère profonde permettait d'installer une décoration séduisante.

Certains matins, en se réveillant dans l'appartement situé au-dessus de la boutique, Catherine avait du mal à croire à sa chance. Les marges de profit d'un libraire sont minces et le travail peut être éreintant, mais combien de femmes de quarante ans avaient la chance de vivre leur rêve ?

Après avoir quitté l'université, elle avait travaillé comme représentante pour une société qui produisait des logiciels de bureautique. Au début, elle avait adoré ce travail. Elle avait parcouru toute l'Irlande et, une ou deux fois par an, elle avait fait des voyages d'affaires au siège de la société à Berlin. Mais au bout de vingt ans, le travail était devenu ennuyeux et elle s'était contentée de végéter, à défaut d'avoir une raison de faire autre chose. Et puis, à l'improviste, sa mère lui avait fait une proposition qui, en l'espace de quelques mois seulement, avait changé leur vie.

Elles étaient assises dans le jardin d'Ann par un week-end ensoleillé de juin, et Catherine revenait tout juste d'un voyage sur la côte ouest de l'Irlande. En sirotant un thé à la menthe glacé, Ann avait demandé :

– Alors, dis-moi. Comment s'est déroulée la Wild Atlantic Way ?

– Je ne pense même pas l'avoir vue.

– Mais pourquoi pas ?

– Oh, je ne sais pas, maman. Le travail. Être épuisée et s'affaler devant la télévision dans sa chambre d'hôtel. Je suppose que la vérité est que j'en ai assez de tous ces voyages.

– Vraiment ?

– Au début, j'adorais ça. Ces derniers temps, j'ai l'impression d'être sur un tapis roulant.

– Pourrais-tu changer de travail ? Y a-t-il autre chose que tu aimerais faire ?

Catherine avait tendu ses jambes vers le soleil.

– Puisque tu le demandes, j'ai toujours rêvé de posséder une petite librairie.

– Ah bon ? Tu ne m'en as jamais parlé.

– Eh bien, d'autres choses ont pris le dessus.

Assise bien droite, Ann avait posé son verre.

– Mais, Catherine, les rêves sont faits pour être vécus. Il ne faut pas les remettre à plus tard.

– Maman, je vais bien.

– Tu ne vas pas bien si tu as l'impression d'être sur un tapis roulant.

– C'est juste parce que je suis fatiguée. On peut parler d'autre chose ?

Cette nuit-là, incapable de dormir, Catherine était restée allongée dans le noir, à réfléchir. C'était amusant de se balader, libre et sans contrainte d'une rencontre à l'autre. Elle était douée pour son travail et pour les relations humaines ; elle aimait la stimulation que lui apportaient de nouvelles idées et de nouveaux endroits, et elle aimait prendre des responsabilités. Les hommes qu'elle avait fréquentés tout au long de son parcours étaient faciles à vivre et charmants et, à l'exception d'une fois où elle était tombée amoureuse d'un collègue marié, c'était toujours elle qui avait gardé le contrôle de la situation. Dans ce dernier cas, elle avait rompu net, pour ne pas nuire au mariage de cet homme ou à elle-même, et par la suite, elle avait travaillé plus dur et fait moins de rencontres. En regardant l'aube grise à travers la fenêtre de sa chambre, elle se dit que, de toute façon, à force de se balader librement, elle commençait à avoir des ampoules, et que les hommes célibataires de plus de quarante ans n'étaient pas faciles à trouver. *D'ailleurs*, pensa-t-elle, *ces derniers temps, j'étais tout aussi heureuse au lit à huit heures et demie, avec une tasse de chocolat et quelque chose de passionnant à lire.*

Le lendemain, elle se retrouva à chercher sur Google des « librairies irlandaises ». Dans toutes les villes et les grandes agglomérations, il y avait des succursales des grandes chaînes, mais si elle étudiait l'ensemble du pays, elle pouvait constater que dans des petites villes et des villages, des libraires s'étaient installés à leur compte et gagnaient vraisemblablement leur vie. Et si elle faisait de même ? Est-ce que c'était possible ? Et si c'était le cas, comment pourrait-elle choisir sa destination ?

À la visite suivante de Catherine chez Ann, une carte de l'Irlande parsemée de petits autocollants était étalée sur la table.

– À quoi tu joues, maman ?

– Ne prétends pas que tu n'as pas fait de recherches après notre conversation.

Catherine rit.

– J'ai un peu cherché sur Google, mais je n'ai pas créé de centre de commandement.

– Je suis juste méthodique.

Faisant preuve d'humour, Catherine s'assit et Ann fit pivoter la carte.

– Voici donc la Wild Atlantic Way que tu n'as même pas vue.

– Je ne l'ai pas vue lors de ce voyage. Je l'avais déjà vue auparavant.

– Et tu sais quoi ? J'aimerais vraiment vivre là-bas.

– Tu as bu ?

– La côte ouest est magnifique et elle est pleine de touristes en été. Tu ne voudras pas choisir une ville qui a déjà une librairie, mais tu veux un endroit magnifique où il y a beaucoup de passage. J'ai mis des points verts à côté de toutes les villes qui ont une librairie. J'ai utilisé le violet pour les villes qui n'en ont pas.

Malgré elle, Catherine était intriguée.

– Et les points rouges ?

– C'est là où le haut débit n'est pas fiable. Tu n'auras pas envie d'acheter à proximité de ces points.

– Qui a dit que je devais acheter n'importe où ?

– Pouvons-nous cesser de faire semblant, s'il te plaît, et en parler concrètement ?

– Tu veux du concret ? Voici du pragmatique. Je ne peux pas me permettre d'acheter un magasin.

Avec une lueur dans les yeux, Ann prit une grande inspiration et dit :

– Tu le peux si toi et moi unissons nos forces. Non, ne discute pas, Catherine. Écoute. Je vends cette maison, tu vends ton appartement, et nous trouvons un endroit sur la côte ouest avec de belles plages, un haut débit décent, pas de librairie, des commerces touristiques, et une population locale avec sa propre vie culturelle hors saison.

Elle fit une pause et, d'un ton lourd de sarcasmes, Catherine demanda :

– Autre chose ?

– Oui. Plein. J'ai fait des listes. Nous devrons être proches de bonnes liaisons ferroviaires. Peut-être aussi d'un aéroport. Et nous voudrons parfois sortir dîner, ou assister à un concert, alors nous ne pourrons pas nous installer dans un trou perdu, là où les étrangers sont regardés de travers. Nous devons trouver une petite ville prospère qui accueille les entrepreneurs étrangers.

Catherine se surprit à hocher la tête.

– Il ne reste plus beaucoup d'endroits en Irlande où l'on regarde les étrangers de travers. Mais je vois ce que tu veux dire.

Revenant à la carte, elle remarqua :

– Tu t'es concentrée sur le Sud-Ouest.

– Pas au début. Mais ensuite, tout semblait pointer vers la péninsule de Finfarran. Tu vois ? Plus ou moins entre Cork, Kerry et Clare.

En se penchant sur la carte, Ann avait indiqué une ville.

– Voici Carrick. C'est un peu plus petit qu'Athlone ou Portlaoise.

– Je connais Carrick. Il y a un endroit où je vais du côté de Cork.

– D'accord. Eh bien, les sites touristiques appellent Carrick « la porte d'entrée de Finfarran », qu'ils ont d'ailleurs baptisé « Finfarran », « Le bout du monde ». Il y a une bonne route de Carrick jusqu'au bout de la péninsule, où il y a un port de pêche et une marina. Des montagnes et une forêt entre les deux. Des falaises et des plages. Et tu vois ici ?

Le stylo d'Ann avait encerclé un point sur la carte, presque à mi-chemin de l'étroite péninsule.

– C'est Lissbeg. Pas très loin de la route principale, desservie par des bus, et assez proche de l'océan pour des promenades nocturnes. C'était une petite ville marchande, et maintenant elle est devenue touristique.

En regardant pensivement le point, Catherine avait commenté :

– Pas de librairie.

– Aucune. Et voici ce qu'il en est. La bibliothèque de la ville se trouve dans ce qui était autrefois l'école du couvent. Le bâtiment de l'école, le couvent lui-même et le jardin des nonnes ont été aménagés par le conseil municipal pour en faire un petit centre d'affaires pour les entreprises. Il y a des bureaux, des studios, des open space pour le co-working.

– Une bonne connexion.

– Exactement. De plus, la bibliothèque abrite un manuscrit médiéval. Un livre de psaumes avec de magnifiques illustrations. C'est l'une des principales attractions touristiques de la ville.

Ann essayait tant bien que mal de garder sa voix neutre.

– Lorsque j'ai concentré mes recherches, Lissbeg est apparue en plein centre. Et c'était avant que je ne découvre le lien littéraire.

Il y eut une pause pendant laquelle leurs yeux se croisèrent et Catherine ressentit une poussée d'excitation dans ses entrailles.

– Une grande fréquentation, un lien littéraire, et pas de librairie.

– Je te le dis, ma chérie, il est temps de vivre ton rêve.

Debout sur la pointe des pieds sur l'estrade de la vitrine, Catherine tendit la main vers l'arbre de Noël qu'elle était en train de construire avec des livres. Après avoir commencé par un cercle formé par des atlas, elle avait progressé de bas en haut, en empilant des livres de plus en plus petits, et terminé par un tout petit dictionnaire *Collins Gem*, qu'elle avait l'intention de coiffer d'une étoile en papier. Elle retint son souffle jusqu'à ce que le dictionnaire soit bien en place, poussa un soupir de soulagement et, descendant de l'estrade, sortit pour voir ce que cela donnait depuis la rue.

Elle se tenait sur le trottoir, se demandant si elle devait ajouter des lumières, lorsque Hanna Casey, la bibliothécaire de la ville, traversa la rue pour la rejoindre.

– C'est super.

– N'est-ce pas ? J'étais certaine que ce serait déséquilibré, mais c'est très bien.

La propriétaire du salon de coiffure accrochait une couronne de houx à sa fenêtre. Catherine lui fit un signe de la main et l'appela :

– Bonjour.

Celle-ci se retourna vers Hanna avec un sourire.

– La moitié des magasins de ville arborent des vitrines de Noël depuis des mois. J'adore la façon dont Lissbeg se retient jusqu'à la semaine de Noël.

– Et ensuite, on se lance à corps perdu, approuva Hanna en hochant la tête, les yeux fixés sur l'affiche accrochée sur la porte en partie vitrée.

– C'est un programme d'événements impressionnant que tu as là. Raconte-moi ! Vendredi, samedi, dimanche *et* veille de Noël.

– Ann et toi devez déjà être épuisées.

– Ah, tout va bien. Par contre, ce serait plus facile si nous avions une cuisine en état de marche.

– Les travaux dans ton appartement ne sont pas terminés ?

– Le gars avait juré qu'il aurait fini il y a plusieurs semaines. Sinon, je ne l'aurais jamais laissé commencer.

– Comment te débrouilles-tu ?

– Principalement en mangeant des plats tout préparés et en faisant chauffer des bouilloires au bureau. C'est un véritable cauchemar. Hier, il a décroché l'évier de la cuisine et tout le sol a été inondé.

Hanna décida qu'il était plus gentil de ne pas demander si la rénovation de la cuisine serait terminée à temps pour le jour de Noël. D'après ce que l'on entendait, c'était peut-être trop demander. Au lieu de cela, elle dit qu'au moins il faisait beau, ce qui était bon pour les acheteurs, et qu'elle devait probablement se mettre au travail.

– Attends un peu.

Catherine se glissa dans le magasin et en ressortit avec une pile de prospectus.

– Est-ce que cela te dérangerait de mettre ça dans la bibliothèque ? Ce sont des copies à distribuer de mon affiche.

– Pas de problème. Je suis sûre que tu auras de toute façon des files d'attente pour le lancement de votre livre.

– N'est-ce pas incroyable ? Qui aurait imaginé que le célèbre Adam Rashid viendrait à Lissbeg ?

Hanna était en train de ranger les prospectus dans son sac.

– Ce n'est pas la première fois, tu sais. Il est venu ici avant d'être célèbre. Il y a peut-être sept ou huit ans. Avant votre arrivée avec Ann. Il était de passage et a fait du bénévolat dans le jardin du Centre du couvent. Il n'est pas revenu depuis, mais quand il a gagné cette émission de télévision anglaise…

– *Le Chef le plus cool* ?

– Oui. Lorsqu'il a gagné, il a lancé une chaîne YouTube, signé les contrats pour publier des livres et a commencé à donner des cours. Phil du Centre a donc décidé qu'elle devait revendiquer son appartenance à notre petite ville.

Catherine sourit.

– Bien sûr.

Hanna rit.

– Eh bien, c'est son travail de promouvoir le Centre. Et elle doit bien justifier cette cuisine qu'elle a fait installer par le conseil. J'ai entendu dire qu'elle avait promis de la rembourser dans un délai d'un an, alors elle a dû passer à l'action.

– Qu'a-t-elle fait ?

– Apparemment, elle a appelé l'agent londonien d'Adam Rashid et lui a annoncé qu'il serait parfait pour son cours « Des cakes à rapporter à la maison ».

– Mon Dieu, cette femme a un culot fou ! Mais je ne me plains pas. Pas quand je me suis retrouvée à organiser le lancement de son livre en Irlande. J'ai eu du mal à y croire quand Phil m'a appelée et m'a annoncé qu'il était partant.

Hanna cala son sac plus confortablement sur son épaule.

– J'ai vu la couverture du livre en ligne. Elle est réussie, n'est-ce pas ?

– Magnifique. Les livres de cuisine marchent toujours bien à Noël, et les *gâteaux* aussi. *À rapporter à la maison* est un titre charmant. En plus, ça ne fait jamais de mal quand l'auteur est aussi beau garçon.

Catherine hocha la tête en regardant l'affiche, sur laquelle figurait une photo d'Adam Rashid recevant son prix du « chef le plus cool ». Hanna sourit et ajouta qu'elle espérait être là pour le lancement vendredi.

– Je parie que vous vendrez des exemplaires à tour de bras.

De retour dans la boutique, Catherine tourna le panneau du côté « Ouvert ». D'un air vif dans sa belle jupe en tweed et son gilet, Ann apparut par la porte qui menait au minuscule bureau, à la réserve et à l'escalier raide conduisant à l'appartement. Elle se fraya un chemin entre un étal de livres de coloriage pour enfants et des tables de livres de poche, et rejoignit Catherine à la caisse.

– Jason a de nouveau coupé l'eau. Il dit que ça ne durera pas longtemps.

Catherine gémit.

– Cela signifie probablement que nous en serons privées pendant des heures.

– J'aimerais qu'il finisse une chose avant de passer à la suivante. Maintenant, il y a une armoire à moitié construite dans le salon et d'autres à moitié démontées dans la cuisine.

– J'aimerais qu'il arrête de disparaître. Nous n'aurions jamais dû l'embaucher. Je te parie tout ce que tu veux qu'il a pris le travail de plusieurs pauvres personnes à la fois.

– Nous ne savions pas.

– Oh, il n'y a pas de raison de le laisser tomber. Nous ne trouverions personne d'autre à cette époque de l'année.

– En fait, Jason est peut-être le cadet de nos soucis.

– Oh, mon Dieu, non ! Qu'est-ce qui s'est passé ?

– Tu sais que les livres d'Adam Rashid étaient en route depuis l'Angleterre ? Eh bien, la palette sur laquelle ils se trouvaient a été retenue à la douane.

– Quoi ? Le lancement a lieu après-demain.

– Ne paniquons pas à l'avance. Le distributeur dit qu'ils devraient repartir bientôt.

Catherine gémit.

– Il vaudrait mieux que ce soit le cas. Sinon, nous risquons d'assister à notre premier lancement de livre de célébrité, avec une célébrité de premier choix dans la boutique et aucun livre à signer.

CHAPITRE DEUX

Diablo dormait dans le hangar derrière la maison de Fury, à l'orée de la forêt, et venait chaque matin dans la cuisine pour se nourrir de bouillie. Chaque jour, à sept heures, Fury ouvrait la porte de l'abri en posant la question suivante « Un rat ? ». Et Diablo lui montrait fièrement la chasse de la nuit. Ces derniers temps, il n'y avait pas plus de deux maigres spécimens à moustaches grises, mais, comme le disait Fury, il ne fallait pas s'attendre à ce qu'un chien de l'âge de Diablo se mette à courir après les jeunes. Notez bien qu'il était un champion de la chasse aux rats à son époque. Il n'y avait pas mieux.

Personne à Finfarran n'avait jamais douté des déclarations de Fury O'Shea, du moins pas en face. Comme Diablo, il se faisait vieux, mais dans sa jeunesse, il avait été l'ouvrier le plus recherché de la péninsule pour les constructions, un homme qui mettait la main à la pâte, qui savait tout ce qu'il y avait à savoir sur ses voisins et qui se sentait responsable de leur bien-être. Mais par nature, il était rusé et, même lorsqu'il était de votre côté, l'essentiel était que Fury fasse les choses à sa façon. Jamais comme vous.

La porte de la remise s'ouvrit en grinçant et Diablo, qui était recroquevillé sur un sac, faisait semblant de dormir. À côté de son lit se trouvait une petite souris morte. Son œil s'ouvrit et se referma, et il se tortilla roulé en boule dans un méli-mélo de pattes, de nez et de queue. Il y eut un silence jusqu'à ce que Fury ait ramassé la souris sur le bout de sa botte et l'ait proprement jetée à travers la porte de l'abri. Puis il dit :

– Mon Dieu, tu es assez grand pour choisir tes priorités. Je ne disais pas hier que nous serions envahis de souris si nous n'établissions pas des priorités ?

Le nœud de fourrure se desserra et Diablo dressa les oreilles. Sans un regard, Fury tourna les talons et se dirigea vers la maison, grande silhouette vêtue de toile usée et d'une ancienne veste cirée. Un museau griffu plongea par la porte ouverte de la remise, suivi par le reste du petit Jack Russell. À la porte de la cuisine, Fury se retourna et lui fit un signe de tête.

– Tu viens ou pas ? J'ai préparé la bouillie et on se gèle ici.

Dix minutes plus tard, le visage sauvé et la confiance retrouvée, Diablo releva ses moustaches de sa bouillie. Quelques enveloppes, qui avaient été poussées à travers le rabat de la boîte aux lettres, avaient atterri sur le paillasson à l'intérieur de la porte. Quittant son siège près du feu, Fury alla les ramasser.

– Regardez-moi ça ! « Avec les compliments de Tintawn Terry et de sa famille ». La femme de cet homme est un vrai joyau. De nos jours, il n'y en a pas beaucoup qui envoient des cartes de Noël écrites à la main.

Il posa le paysage de neige pailletée sur la cheminée. Puis, ouvrant l'autre enveloppe, il en sortit une lettre et la lut. Pendant un instant, il s'appuya lourdement contre la cheminée, et Diablo, qui était retourné à sa bouillie, tourna la tête. Fury s'éloigna en enfonçant la lettre dans la poche de son pantalon.

– Nom de Dieu, mon gars, je vais rester debout pendant une éternité ? Tu vas finir ton petit déjeuner ou quoi ?

Étonné par son ton, Diablo baissa docilement la tête, replongeant le nez dans son plat. Dans le silence gênant qui suivit, Fury se racla la gorge, plein de remords.

– Je vais mettre les outils dans la camionnette. Il se peut que j'aie besoin de mettre un tranchant à la hache.

Il se dirigea vers la porte et, sans se retourner, dit :

– Je ne peux pas m'occuper de lettres de boulot à Noël. Ce n'est qu'une vieille facture. Je m'en occuperai au cours de la nouvelle année.

Le soleil était déjà haut lorsqu'ils dévalèrent une piste forestière dans la camionnette de Fury. Diablo se tenait sur le siège passager, les pattes avant appuyées sur le tableau de bord, les oreilles dressées et la langue tirée dans le vent. En évitant les souches d'arbres, le coude passé par la fenêtre, Fury faisait des embardées et prenait les virages avec l'enthousiasme du propriétaire. Il avait passé son enfance des années 1960 au milieu de ces arbres, découvrant les sentiers qui les séparaient, apprenant la forme de leurs branches et de leurs feuilles, et la nature de leur bois : dur ou mou, droit ou noueux, propre à faire des meubles, des planches, des solives, ou un placage délicat. Il n'y avait pas un taillis qu'il n'avait pas coupé, un chêne ou un orme qu'il ne connaissait pas, une créature fouisseuse, un insecte ou un oiseau nichant haut dans la canopée qu'il n'aimait pas et qu'il ne chérissait pas. Des générations de sa famille avaient pris soin de cette forêt et, si les histoires racontées par son père étaient vraies, elle leur appartenait depuis un millier d'années. Plus loin, le chemin bifurquait et un virage à gauche coupait à travers une ceinture de conifères. Un faisan s'envola entre les arbres sombres et passa en vrombissant devant le pare-brise, dans un tourbillon de caroncules rouges, de cou vert, de châtaignes et de plumes dorées. Les ongles de Diablo grattèrent le tableau de bord balafré tandis que Fury prenait le virage et poursuivait sa route.

Garant la camionnette dans une clairière, Fury descendit de la cabine et alla chercher des outils à l'arrière. Diablo suivit, impatient. C'est dans cette parcelle que les O'Shea avaient toujours coupé les arbres de Noël, des cadeaux pour les fournisseurs et les commerçants de Lissbeg. Armé d'une hache et d'une scie, Fury se dirigea vers les arbres qu'il avait choisis. Lorsqu'il atteignit le premier conifère élancé, il se tint debout et attendit que Diablo fasse des cercles autour de lui en aboyant bruyamment. Puis Fury leva la hache et Diablo cessa d'aboyer et s'assit sur son arrière-train en silence jusqu'à ce que l'arbre tombe. Lorsqu'ils passèrent au suivant, le rituel se répéta, et quand ils eurent coupé et rapporté six arbres jusqu'à la camionnette cabossée, Fury appuya la hache contre le véhicule et se roula une cigarette. Elle était à moitié fumée lorsqu'il l'éteignit et la mit derrière son oreille. Un rouge-gorge qui s'était perché sur le manche de la hache pépia et s'envola. Diablo avait disparu dans la forêt. Fury siffla. Des aboiements aigus lointains lui répondirent et, comme Diablo n'ignorait jamais son appel, Fury se dirigea anxieusement vers le son. À mesure qu'il s'approchait, les aboiements devenaient plus impérieux et, en se faufilant entre les branches et les buissons de houx, il trouva Diablo en train de tourner autour d'un autre arbre. L'irritation remplaça l'anxiété de Fury.

– Bon sang de bonsoir, tu ne peux pas venir quand on te siffle ? Nous n'avons pas besoin d'un autre arbre, et certainement pas de celui-là. Regarde la taille de cet arbre !

Le sapin avait plus ou moins la même hauteur que les autres, mais la taille de ses branches inférieures le rendait deux fois plus large en circonférence. Diablo fit une pause pour reprendre son souffle, puis continua obstinément. Fury roula des yeux.

– Bon, si tu y tiens.

Il retourna à travers les arbres et revint avec la hache sur l'épaule.

– Éloigne-toi, alors, et laisse-moi de la place.

Avec un dernier aboiement, Diablo s'assit docilement, observant avec une satisfaction silencieuse Fury qui brandissait la hache.

Leur première livraison fut pour la maison Garrybawn, sur la route principale de Carrick. Récemment ouverte par le conseil municipal, la maison proposait des logements protégés et un appartement familial pour le directeur. Les six appartements indépendants destinés aux résidents étaient considérés comme un mélange parfait de design cool et de confort douillet, les espaces communs étaient faciles à gérer et les installations étaient modernes, si bien que le poste de directeur avait reçu des dizaines de candidatures. Le couple retenu, Theresa et Rory Kavanagh, avait travaillé comme infirmiers à l'hôpital général de Carrick et, avec une fille adolescente, souhaitait désormais une vie moins stressante. Lorsque la camionnette de Fury s'arrêta devant la maison, Theresa s'approcha de la porte.

– Vous avez apporté l'arbre ? Vous êtes vraiment un amour, Fury. Merci.

– Pas de problème, Mme K. Tout le monde va bien ? Comment va la jeune Saoirse ?

– Oh, vous savez comment sont les adolescents. Ils montent une minute, descendent la minute suivante et ne décrochent jamais de TikTok. Il faut dire que ces dernières années n'ont pas été faciles pour les enfants, avec le Covid. Nous avons réservé un super séjour en famille à Londres pour bientôt, alors elle est contente.

– Voici votre arbre.

Fury se pencha dans la camionnette, choisissant apparemment au hasard.

– J'ai coupé une bonne longueur de tronc en bas pour votre seau.

Il avait passé de la ficelle autour de chaque arbre, ramenant les branches près des troncs pour rendre les sapins plus faciles à transporter. Malgré cela, l'arbre de Diablo, qu'il avait sorti, semblait immense. Theresa le considéra d'un air dubitatif.

– Vous n'auriez pas quelque chose de plus fin ? Un qui prendrait moins de place.

En jetant un coup d'œil à Diablo, qui l'observait depuis la cabine, Fury sortit un autre arbre.

– Ils sont très différents les uns des autres.

– J'en suis sûre. En tout cas, celui-ci a l'air extra. Merci beaucoup.

– Vous voulez de l'aide ?

– Pas du tout. Il est léger comme une plume. La taille parfaite.

Elle le fit basculer sur son épaule et disparut dans la maison. Fury remonta dans le véhicule et dit à Diablo :

– Si nous nous retrouvons coincés avec ce maudit sapin sur les bras, nous saurons tous les deux qui est à blâmer.

Le virage menant à Lissbeg se trouvait à cinq minutes de la maison Garrybawn. Ils entrèrent dans la ville et Fury manœuvra la camionnette dans Broad Street, qui était autrefois une place de marché où les fermiers amenaient leur bétail et leurs moutons. Aujourd'hui, il y avait un rond-point pavé au centre, et un système de sens unique autour duquel la circulation tourbillonnait. D'un côté, il y avait des magasins et des entreprises. De l'autre, un mur de briques rouges avait été abattu, ouvrant la rue sur le nouveau Centre du couvent, des arbres, des parterres de fleurs, une petite fontaine et une entreprise florissante connue sous le nom de *Café du jardin*. Fury s'arrêta devant une boucherie où des clients faisaient la queue pour passer leurs commandes de Noël. En passant la tête par la porte, il croisa le regard de l'homme derrière le comptoir.

– J'ai l'arbre de Mme Fitz dans la camionnette, Des. Est-ce que je peux te l'apporter ?

Des découpait des *rashers* avec précision.

– Oui, Fury. Merci beaucoup. Mets-le dans le coin. Mme Fitz sera ravie.

Fury disparut et revint avec l'arbre de Diablo sur son épaule. Il remontait la file d'attente lorsque Des l'interpella :

– Tu n'aurais pas plus petit ? Sans vouloir te vexer, si tu lui laisses celui-là, il n'y aura plus un centimètre pour l'étal de graisse d'oie et de sauces.

Les dents serrées, Fury s'en alla et revint avec un autre sapin. Faisant tourner le sac dans lequel il avait glissé des saucisses, Des cria :

– C'est bien. Et joyeux Noël, si je ne te revois pas.

L'arrêt suivant était le Centre du couvent, où Phil lui fit remarquer que ses couloirs étaient bondés.

– J'aimerais bien avoir un arbre à l'extérieur de la cuisine où Adam Rashid fera son cours. Ce serait un excellent point de mire pour les selfies, et j'ai des photographes qui arrivent. Mais il faudra qu'il soit grand et fin, Fury. Sinon, les gens seront toujours en train de se cogner dedans.

Reprenant son souffle, Fury retourna vers la camionnette en titubant.

Il faillit s'en sortir en déposant l'arbre de Diablo auprès de Hanna dans la bibliothèque.

– Tu peux le placer derrière ton bureau, contre la paroi en verre.

– Le mur a été conçu pour attirer le regard vers l'espace des expositions.

– Bien sûr, mais l'exposition est fermée pour Noël. Tu ne veux pas que les gens regardent à travers le mur ton livre de psaumes médiéval et soient déçus de ne pas pouvoir entrer pour le voir de plus près.

Hanna vacilla, puis secoua la tête.

– Désolée, Fury, je ne peux pas mettre d'arbre contre ce mur. Le conseil du comté ne le permettrait pas.

Fury serra les dents et dit qu'il ne fallait surtout pas que l'architecte du comté se casse la tête.

C'était un coup bas, puisque Brian, l'architecte du comté, était l'associé de Hanna, mais comme elle connaissait Fury depuis longtemps et qu'elle l'aimait bien, Hanna se contenta de répéter qu'elle était désolée.

– Oh, c'est bon. J'enlèverai ce maudit sapin. Peux-tu en mettre un plus petit quelque part ?

– Tu sais que je peux. Et je t'en suis terriblement reconnaissante, Fury. Je suis ravie.

Le *Café du jardin* avait installé une armoire réfrigérante remplie de bûches au chocolat décorées de rouges-gorges et de brins de houx. Bríd, la propriétaire et gérante, secoua la tête devant l'arbre de Diablo.

– C'est trop grand, Fury. Les clients ne verraient pas mes bûches de Noël.

Elle lui adressa un sourire victorieux et ajouta :

– Mais j'aimerais beaucoup prendre l'autre arbre. Le plus maigre que tu as là. Merci beaucoup, tu es un champion.

Lorsqu'ils arrivèrent à la quincaillerie de Tintawn Terry, Fury ne prit même pas la peine de sortir l'arbre de Diablo de la camionnette.

– Il y a celui-là et l'autre, Terry, et je sais lequel tu voudras.

– Il n'y a pas besoin d'être un génie. Cet arbre fait environ deux mètres de diamètre.

Terry était un petit homme costaud, coiffé d'un bonnet de laine rouge bien enfoncé pour exposer ses grandes oreilles. S'appuyant contre une étagère de seaux galvanisés, Fury le remercia pour la carte de Noël et lui demanda des nouvelles de ses enfants.

– Ils sont magnifiques, Fury. En pleine forme. Angela est à la maison pour Noël. Ces derniers mois, elle s'est lancée à corps perdu dans des travaux de plomberie, et elle vient juste d'obtenir son certificat d'électricien.

– C'est très bien pour ta fille. On ne peut plus l'arrêter.

– Et Declan s'est inscrit à ce cours de fabrication de gâteaux par des célébrités au Centre du couvent.

– Ça va lui coûter un bras et une jambe.

– Il a économisé pour le payer grâce à ses travaux de décoration. Je vais te dire, ce garçon a l'étoffe d'un bon plâtrier.

Fury dit qu'il ferait mieux de monter.

– D'accord. Je te verrai dans le coin. Merci pour l'arbre. Désolé de ne pas avoir été à la hauteur de l'énorme sapin.

À présent, Fury et Diablo ne s'adressaient presque plus la parole. Alors qu'ils roulaient en silence dans Sheep Street, Catherine sortit de sa boutique. Fury appuya sur le frein et ouvrit sa fenêtre.

– Venez voir, vous voulez un sapin de Noël ?

Il avait l'air si féroce que Catherine fit un pas en arrière, nerveuse. Diablo traversa immédiatement en rampant et montra son visage poilu à travers la vitre du taxi. Charmée par ses oreilles couleur rouille, Catherine se détendit et secoua la tête.

– Je n'ai pas besoin d'un arbre, merci. J'en ai déjà un à ma fenêtre.

Elle recula pour les laisser voir l'arbre à livres, entouré de lumières scintillantes et surmonté de son étoile en papier. Fury la regarda d'un air mauvais et marmonna :

– Dieu tout-puissant.

Puis il desserra le frein à main et s'éloigna.

Il marmonnait encore dans sa barbe lorsqu'il fit demi-tour dans Broad Street et vit Liam Carmody, l'agent immobilier de Lissbeg, se faufiler dans la circulation pour lui faire signe de s'arrêter.

– Tiens, tu sais, Fury, je suis content de t'avoir attrapé. Peux-tu entrer une minute ?

– Non, je ne peux pas.

– Juste une minute. Si tu peux. C'est important.

Fury sortit de la camionnette et claqua la porte. En se penchant dans le taxi, il dit à Diablo de ne pas bouger et de faire attention à ses manières.

– Tu as été d'une humeur étrange toute la journée. Ne va pas aboyer maintenant et troubler l'ordre public.

Suivant Carmody dans la rue jusqu'à son bureau, il s'assit et attrapa la cigarette derrière son oreille. Dans le silence pesant qui suivit, Carmody déplaça une pile de papiers.

– Tu as reçu ma lettre ?

Fury alluma la cigarette, souffla un long panache de fumée et ne dit rien.

– Écoute, Fury, je suis désolé. Je ne voulais pas te mettre ça sur le dos avant Noël.

Décontenancé par le visage inexpressif de Fury, il déplaça à nouveau ses papiers.

– Honnêtement, je n'avais pas l'intention de t'écrire mais je suis sous pression. C'est maintenant ou jamais. Et je voulais te dire ce mot en privé parce que je pensais que cela pourrait t'aider.

– Tu penses que j'ai besoin d'aide, c'est ça ?

– Bon sang, Fury, comment le saurais-je ? J'ai toujours pensé que la forêt était à toi. Je veux dire que je n'ai jamais su que ton frère l'avait vendue.

Voyant une lueur dangereuse dans les yeux de Fury, Carmody se mit à bégayer :

– Cela ne me regarde pas, bien sûr.

– Tu as raison. Cela ne te regarde pas.

Carmody hésita.

– J'ai reçu l'instruction de vendre. De la part du notaire du propriétaire. Enfin, du notaire de la veuve du propriétaire. L'homme à qui ton frère l'a vendue est mort. Sa veuve règle ses affaires. Et le fait est, Fury, que je pourrais t'impliquer dans l'affaire dès le début. Si c'est ce que tu veux. Je pourrais leur dire que le terrain n'a presque aucun intérêt et qu'ils feraient bien d'accepter ta meilleure offre. Nous pourrions faire en sorte qu'ils ne sachent pas qui tu es.

Fury s'entêta dans le silence. Carmody passa son doigt à l'intérieur de son col.

– Je ne dirais pas que son avocat y prêtera beaucoup d'attention. Je veux dire, il est à l'autre bout du monde, et l'acte montre que ce n'est que de la forêt.

Jetant un coup d'œil par-dessus son épaule, il se pencha en avant.

– Écoute, le fait est que le terrain ne vaut pas grand-chose avec les arbres qui s'y trouvent, mais s'il obtenait un permis de construire pour des logements...

– N'est-ce pas étrange que tu ne l'aies pas dit dans la lettre ?

Carmody se rassit précipitamment.

– Je ne dis rien. Tout ce que je dis, c'est que tu es un maçon, tu sais ce qu'il en est, Fury. Il y a beaucoup de yachts de luxe qui arrivent dans la marina de Ballyfin. C'est l'avenir. Les chalutiers gagnent à peine leur vie de nos jours, mais il y a des gens riches qui veulent s'acheter des maisons de vacances ici à Finfarran. Je n'en dirai pas plus.

Pinçant la cigarette, Fury se leva et la replaça derrière son oreille. Il franchissait la porte lorsque Carmody l'appela :

– J'ai pensé que tu voudrais savoir. Je veux dire, tout le monde pense que tu possèdes la terre. Ils pensent que tu en as hérité quand ton frère a bu jusqu'à la tombe. Tu agis comme si c'était la tienne depuis cinquante ans, Fury. De cette façon, personne ne saura que c'était à quelqu'un d'autre.

Fury retourna dans la pièce et referma la porte derrière lui. Posant ses deux mains noueuses sur le bureau, il se pencha.

Carmody s'empressa de reculer sa chaise.

– D'accord, j'ai compris, pas la peine de se fâcher.

Lâchant les mots comme des pierres, un par un, Fury dit :

– C'est Noël. J'ai des sapins à livrer.

– Bien sûr. Absolument. Je ne te retarde pas. Je voulais rester amical et que le propriétaire soit quelqu'un du coin. J'essayais de te rendre service.

Fury ne daigna pas répondre à cette question. Lorsque la porte se referma, Carmody recula sa chaise jusqu'au bureau et passa sa main sur son front en sueur. Redressant sa cravate avec dépit, il baissa la voix jusqu'à émettre un grommellement sournois :

– Eh bien, si tu es trop vieux et trop idiot pour saisir une chance de gagner de l'argent facilement, je connais beaucoup d'ouvriers qui ne le sont pas.

CHAPITRE TROIS

Ce matin-là, Adam Rashid se réveilla dans une chambre d'hôtel à Carrick. La nuit précédente, il avait pris l'avion depuis Londres après une journée de réunions, récupéré une voiture de location, conduit depuis Dublin, et était arrivé à Finfarran après minuit. Le *Royal Victoria* était le plus grand hôtel de Carrick et, sous l'égide d'un nouveau propriétaire, il avait fait peau neuve, avait changé de personnel et de directeur. Adam s'en était assuré lorsque Phil lui avait proposé de réserver une chambre.

Réalisant qu'il avait été réveillé par le bruit de son téléphone, il le chercha à tâtons et entendit la voix de son agent :

– Adam ! Tu es donc arrivé jusqu'au bout de l'univers ?

– Euh, bonjour à toi aussi.

– Ne fais pas le malin avec moi, fiston. Pas quand je suis debout à l'aube, en train de me casser les couilles pour toi.

– Désolé, Dom. Je suis à moitié endormi. Comment ça se passe ?

– Rien n'est encore fixé. Mais les choses se présentent bien.

– Je n'ai aucune idée de ce que cela signifie.

– Tu sauras ce que cela signifie quand je te le dirai. Je suis toujours en négociation.

Adam abandonna. C'était Dom qui l'avait propulsé au rang de star, en le récupérant lorsqu'il avait remporté le titre de « chef le plus cool » et en convainquant la société de production de son potentiel pour de futurs projets. L'agence était l'une des plus importantes du secteur, et Dom était connu pour être un génie au flair infaillible pour trouver des talents. Lors de leur première rencontre, il avait fait asseoir Adam et l'avait fixé avec son célèbre regard de rottweiler.

– Voici donc la situation. Je peux te faire grandir. Comme il faut. Il suffit que tu te concentres. Donne-moi cent pour cent de toi et je ferai le reste. Tu as de l'allure, tu es brillant, tu travailles dur et la caméra est amoureuse de toi. Tu arrives à l'heure, tu fais ce qu'on te dit et tu ne perds jamais ton sang-froid sous la pression. Tu as l'ambition de te mettre en avant et de te battre. Et tu es jeune, ce qui, de mon point de vue, signifie que tu as une durée de vie décente.

Tout cela était vrai, mais en fait, Adam s'était inscrit au concours simplement parce que le chef du restaurant dans lequel il travaillait à l'époque le lui avait suggéré.

Dom lui a permis d'être invité dans toutes les émissions de télévision. Il avait fait pression sur la société du *Chef le plus cool* pour qu'elle organise des tournées de présentation et qu'elle soit très présente sur Internet. Puis, après l'avoir transformé en une véritable star, il avait négocié un contrat pour un livre, organisé et promu ses cours de « Chef le plus cool », et assuré à Adam qu'un an plus tard, il aurait sa propre série télévisée.

– Et je ne me contente pas d'une couverture nationale, je vise une diffusion mondiale.

Stupéfait par les honoraires, le plan et la charge de travail, Adam s'était lancé dans l'aventure sans savoir où il allait. Très tôt, il avait découvert que Dom n'aimait pas les questions et que, de toute façon, la plupart du temps, il ne savait pas quoi lui demander. Alors, se souvenant d'une époque de sa vie où un tel succès aurait été inimaginable, il avait décidé que son rôle était de travailler et celui de Dom de réfléchir.

La voix dans son oreille devint plus précise.

– Je suis en train de négocier des sommes sérieuses ici. N'affaiblis pas ma position. Je ne veux pas que l'on connaisse tes honoraires pour ce stupide concert à Lissbeg.

Adam refréna une poussée d'irritation devant cette façon de voir les choses.

– Bien sûr que non. De toute façon, Lissbeg est une exception.

– C'est une honte, voilà ce que c'est. Et tu ferais mieux de ne pas en faire un précédent. Attends un peu. Je dois prendre un appel. On se parle plus tard.

Calé contre ses oreillers, Adam regarda autour de lui. Cela faisait bizarre d'être allongé dans un lit du *Royal Victoria*, d'autant plus que sa présence ici relevait d'une chance sur un million. Normalement, du menu fretin comme Phil n'aurait pas pu passer outre l'assistant de Dom. Mais, par chance, Adam était là quand le téléphone avait sonné. En entendant le grognement de dérision de l'assistant, et en devinant que c'était Phil, il avait compris qu'il n'y avait pas de quoi s'inquiéter.

– Lissbeg, était intervenu Adam, et il avait pris Phil en direct et avait dit plus tard à Dom qu'il voulait y aller.

– Elle n'a pas les moyens de te payer, Adam.

– Je sais, mais nous allons réduire les coûts. Nous réduirons les choses à l'essentiel. Mais n'en fais pas toute une histoire. Je ne veux pas qu'elle ait l'impression que c'est une faveur.

– Une faveur ? C'est de la foutue charité.

– Il reste trois jours dans la semaine de Noël, Dom, et j'ai vraiment envie de le faire. Je ne mérite pas une pause à Noël ?

Il n'avait jamais tenu tête à Dom auparavant, mais il avait fini par l'emporter et, sur la crête de la vague de son succès, Phil n'avait pas remarqué qu'elle avait bénéficié d'une énorme aubaine. Lorsque le contrat avait été rédigé, il réduisait de moitié les honoraires habituels d'Adam, ses frais de bouche et de déplacement, et omettait son exigence habituelle de deux assistants de cuisine qualifiés. Il avait dû également réduire la durée du cours, retravailler les plaquettes d'information et diminuer le coût pour les participants.

Outré, Dom avait fait un dernier effort.

– Si tu es si désireux de réduire les choses, pourquoi ne pas laisser tomber les cadeaux ? Ils ne sont pas donnés.

– Tous ceux qui ont vu mes vidéos savent que mes cours sont accompagnés de cadeaux.

– C'est le cas lorsque les gens paient le prix fort.

– Les cadeaux sont des placements de produits. Ils permettent de vendre des livres.

– Et c'est une autre chose. Si tu dois organiser un lancement de livre irlandais, pourquoi ne pas le faire à Dublin ? Quel est l'intérêt de se présenter dans une librairie indépendante de la campagne ?

– Je ne vais pas insulter Lissbeg en la traitant comme insignifiante.

– Et tu penses que l'équipe du *Chef le plus cool* sera d'accord avec ça ?

– Ils le sont. Je leur ai parlé.

Il avait fallu beaucoup de discussions pour convaincre les producteurs du *Chef le plus cool* que le lancement des *Cakes à rapporter à la maison* dans une librairie indépendante de la campagne était une bonne idée. Finalement, quelqu'un avait dit que cela pourrait être excentrique.

– Intelligent, tu sais ? Unique.

Se souvenant d'un fait utile, Adam avait dit :

– « Sur le fil » est une expression à la mode dans la région.

– Pourquoi ?

– L'office du tourisme la met dans ses métadonnées. Il commercialise l'endroit en tant que « péninsule du bout du monde ».

– C'est plutôt osé.

– Tellement énergique. Très cool. En plus, il y a des paysages magnifiques.

– Tu as des photos ?

– Des tonnes. Et la femme qui dirige cette cuisine de Lissbeg a d'excellents contacts.

Il n'était pas sûr de ce point, mais il pensait que Phil avait un tel culot que, si elle en avait l'occasion, elle affréterait probablement un avion de presse. Finalement, la production avait accepté de payer le buffet pour le lancement du livre et d'envoyer une personne chargée des réseaux sociaux. En sortant de leur bureau de Soho, Adam avait poussé un profond soupir de soulagement. Pourvu qu'ils obtiennent leur pourcentage et que la marque Le Chef le plus cool ne soit pas ternie, ils ne s'intéressaient pas particulièrement aux accords conclus par Dom pour ses cours. Mais ils touchaient beaucoup de droits sur ses livres de cuisine et, pour que ce lancement se passe bien, il avait besoin de leur soutien.

Douché, rasé et habillé, Adam descendit prendre son petit déjeuner. Sous l'impulsion de la nouvelle direction, la décoration des chambres avait été modernisée, mais en bas, l'hôtel avait conservé son ambiance mi-victorienne. C'était un bâtiment imposant, revêtu de granit, situé sur une terrasse tranquille à l'écart de la rue principale de Carrick. Une large volée de marches incurvées menait à des portes à double battant en acajou dotées de ferrures en laiton brillant et de panneaux en verre gravé. Tout était bien poli, des meubles massifs et sculptés de la réception aux rangées de verres brillants suspendus au-dessus du bar du salon. Il y avait une salle pour le café avec des tables d'écriture et des encriers en laiton, des toilettes avec de vraies fleurs, et un coin grillades très fréquenté par les employés de la banque et les comptables. Le personnel d'accueil portait des costumes sur mesure avec des chemises en coton impeccables et des badges dorés, et Adam était persuadé qu'au lieu d'être en blanc, l'équipe de la cuisine arborait maintenant ces vestes noires à la mode.

Il avait failli opter pour un petit déjeuner servi dans la chambre, mais il avait décidé que la salle à manger ne serait pas bondée si tôt. Lorsque le serveur le fit asseoir, il vit qu'il avait eu raison. La lumière du soleil d'hiver tombait sur des mètres de linge amidonné et d'argenterie, mais la seule autre table occupée se trouvait près de la fenêtre, où une jeune femme de son âge, aux cheveux noirs et bouclés, mangeait un œuf poché. Elle leva les yeux et leurs regards se croisèrent un instant. Habitué à ce que les gens le reconnaissent, Adam détourna le regard, conscient que, cette fois-ci, il aurait préféré continuer à chercher. Saisissant son téléphone, il commanda un café et un petit déjeuner irlandais complet, et commença à parcourir ses e-mails. Il y en avait plusieurs de Phil, désireuse de savoir s'il était arrivé, s'il s'était installé, s'il était à l'aise, s'il avait besoin de quoi que ce soit, et s'il était toujours d'accord pour passer au Centre du couvent, comme convenu. Il répondit en une ligne : « Tout va bien. On se voit à 9 h 30. » La réponse ne se fit pas attendre. « J'ai réservé une jeune fille qui s'appelle Saoirse Kavanagh pour te donner un coup de main pour la vaisselle. Elle doit arriver à 10 heures pour un briefing. Je l'emmènerai pour te rencontrer. » Voilà donc ce qu'il allait avoir à la place de deux assistantes qualifiées. Il sourit en pensant à ce que diraient ses collègues de Soho s'ils le savaient, prit une bouchée de son petit déjeuner et se dit que le voyage en valait la peine rien que pour le boudin noir du *Royal Victoria*. Mais, bien sûr, il y avait plus que cela. Adam avait une dette envers Finfarran qu'il n'avait jamais révélée à personne, et les prochains jours seraient consacrés au remboursement de cette dette.

N'ayant pas eu l'occasion de se dégourdir les jambes après le long trajet depuis Dublin, Adam décida de marcher environ un kilomètre et de prendre le bus pour Lissbeg au premier arrêt après Carrick. La matinée était fraîche et il marchait d'un bon pas, en pensant à la première fois qu'il avait parcouru cette route, sur un vélo emprunté, avec seulement quelques heures d'une journée d'été à lui.

Il se souvenait encore de son sentiment d'incrédulité et d'exaltation, du soleil qui tapait sur ses épaules et de la fatigue dans ses jambes. Juste après l'arrêt de bus vers lequel il se dirigeait, il avait tourné à vélo sur une route secondaire et commencé à grimper vers les montagnes entre des digues de terre et de pierre et des fossés couverts de buissons de fuchsias. Au prix d'un effort soutenu, il s'était levé de la selle et dressé debout sur les pédales, pour apercevoir les champs au-delà des fleurs qui ondulaient. Habitué aux rues et aux trottoirs des villes surpeuplées, il avait été ébloui par le vide de la campagne, où la terre s'étendait à des kilomètres au loin, avec seulement des groupes de bâtiments agricoles en vue. Alors qu'il passait un portail, un border collie lui avait aboyé dessus avec férocité, les yeux brillants et le corps près du sol.

Surpris, Adam avait laissé le vélo faire une embardée et, perdant le contrôle, il avait foncé dans un fossé profond au-delà du portail. Il était tombé doucement sur l'herbe et la boue et était resté allongé, essoufflé, en entendant sa roue avant tourner dans le vide à côté de son oreille. Puis il avait relevé la tête, ouvert les yeux et vu une tige cassée de carotte sauvage juste devant son visage. Suspendue à sa tige vert pâle, la grappe de fleurs ressemblait à un parapluie de dentelle. Elle était d'un blanc crème, à l'exception d'une rosette au centre, qui était d'un violet profond. Alors qu'Adam s'efforçait d'ajuster sa vision, le feuillage avait bruissé et l'odeur inattendue de carotte s'était transformée en odeur de chien. Deux yeux curieux avaient rencontré les siens et une truffe humide l'avait effleuré lorsque le border collie qui avait défendu la porte de sa ferme avec tant de férocité lui avait donné un coup de patte pour vérifier qu'il n'avait pas été blessé.

Toujours possédé par le souvenir, Adam fut ramené au présent lorsqu'il monta dans le bus et constata que la seule autre passagère était la fille aux cheveux bouclés qu'il avait vue au petit déjeuner.

Il s'assit du côté opposé de l'allée et, après un moment, elle se pencha pour lui parler.

Instinctivement, les muscles d'Adam se tendirent. C'était quelque chose qu'il détestait dans sa célébrité. La reconnaissance enthousiaste. Les demandes balbutiantes d'autographes et de selfies. Les conversations embarrassantes et forcées avec des étrangers qui, souvent, ne connaissaient pas son nom ou ne savaient pas ce qu'il faisait, mais lui disaient avec enthousiasme qu'ils l'avaient vu à la télévision. Le plus souvent, les autographes allaient directement sur eBay, et les photos volées étaient fréquemment vendues pour apparaître sous des titres tels que « Rashid a l'air sévère ». Les premières fois que cela s'était produit, il avait dit à Dom ce qu'il ressentait, mais au lieu de recevoir en retour de la sympathie, il avait eu droit à un sermon. Apparemment, il n'était pas censé laisser les gens s'approcher d'aussi près. Il se rendait compte maintenant que Dom aurait probablement explosé s'il avait su qu'il avait été assez stupide pour prendre un bus. Mais c'était le cas, et il n'y avait rien d'autre à faire que d'assumer. Il tourna la tête, prêt à faire face à un enthousiasme débordant, mais la fille se contenta de demander :

– Savez-vous combien de temps il faut à ce bus pour arriver à Lissbeg ?

Se sentant idiot, il bégaya :

– Environ quinze minutes. À moins que le bus ne se retrouve coincé derrière un tracteur.

– Croisons les doigts.

Elle avait un nez retroussé, de grands yeux gris et ses cheveux noirs et souples tombaient en petites spirales. Prenant une tablette de chocolat dans son sac, elle la cassa en deux.

– Vous voulez un morceau ?

– Non, merci. Je viens de prendre mon petit déjeuner.

– Je sais. Le complet irlandais. C'était impressionnant.

Elle l'avait donc reconnu. Mais elle l'avait seulement identifié comme le type qu'elle avait vu dans la salle à manger de l'hôtel. Accablé de soulagement, il grimaça.

– Plus rassasiant qu'un œuf poché.

Elle gloussa.

– Commentaire pertinent. Au fait, je m'appelle Lia.

– Je m'appelle Adam.

– Alors, Adam, que fais-tu à Finfarran ?

Instantanément, le soulagement d'Adam s'évanouit. Quoi qu'il réponde maintenant, il ouvrirait la boîte de Pandore de sa stupide célébrité. Il se dit qu'il allait essayer de gagner du temps.

– Je viens juste rendre une visite.

– De toute évidence, tu n'es pas d'ici. Tu as l'accent de Dublin.

– Je suppose que le tien est australien.

– Oui. Je travaille à Dublin depuis le début de l'année.

– Comment se fait-il que tu sois ici maintenant ?

Dès qu'il eut parlé, il paniqua. Il voulait détourner la conversation de lui. Mais s'il avait eu l'air curieux ? Et si, comme lui, elle craignait et détestait les questions indiscrètes des étrangers ?

Lia haussa joyeusement les épaules.

– J'ai gagné un concours. Un cours de trois jours, plus un service de restauration dans notre hôtel de luxe. C'était l'un de ces concours à la télé auxquels tu participes depuis ton téléphone. Mes copains du bar de Dublin et moi buvions quelques bières après une journée de travail. C'était juste pour rire. En fait, j'avais oublié jusqu'à ce que j'apprenne que j'avais gagné. Alors maintenant, je suis inscrite à un cours de cuisine de gâteaux. Il commence demain.

Complètement décontenancé, Adam s'entendit demander ce que l'appel avait coûté.

– Quelques euros, plus les frais de réseau habituels.

– Donc un assez bon retour sur investissement.

Lia cassa un autre carré de chocolat.

– En fait, l'hôtel est fabuleux et la campagne est fantastique. J'ai toujours voulu voir la Wild Atlantic Way.

– N'es-tu pas enthousiaste à l'idée de suivre ce cours ?

– Bof. Pas tant que ça.

Elle lui jeta un coup d'œil en biais.

– Ne te méprends pas. Je veux dire, il n'y a rien de mal à aimer les gâteaux, n'est-ce pas ? Mais c'est animé par un chef célèbre, et je parie que ce sera un imbécile.

Au prix d'un effort herculéen, Adam émit un rire convaincant.

– Tu as certainement appris la langue en arrivant ici.

– Un côté de ma famille était irlandais. Ils transportaient des criminels.

– Vraiment ?

– Non, pas vraiment, c'est juste une réplique que j'utilise, dit-elle en se léchant les doigts. C'était il y a plusieurs générations. Ils étaient irlandais, mais Dieu sait d'où ils venaient et ce qu'ils faisaient.

Plus cela durait, plus cela devenait embarrassant, alors Adam ouvrit la bouche pour avouer son identité. Avant qu'il n'ait pu parler, le bus franchit une colline et Lia s'exclama :

– Ouah, il y a l'océan !

Se ressaisissant, il dit :

– Le tournant pour Lissbeg arrive bientôt. Quand tu descendras du bus, il n'y a pas loin à marcher pour aller jusqu'à une plage.

Lia regarda longuement par la fenêtre.

– Mon Dieu, j'ai vraiment manqué de vagues assez grandes pour faire du surf.

– Je n'essaierais pas de surfer sur les eaux irlandaises pendant la semaine de Noël. Tu serais gelée.

– Mais tu sais quoi ? Je pourrais sauter le cours et passer mon temps à communier avec l'Atlantique. Elle fronça le nez d'un air pensif.

– D'un autre côté, je n'ai jamais refusé un cadeau. Oh, et puis zut, je verrai comment je me sens demain. Je suivrai l'humeur du moment.

Adam espérait à moitié que c'était sa porte de sortie. Si elle séchait le cours, il n'aurait pas à s'expliquer. Il pourrait prendre son petit déjeuner dans sa chambre et l'éviter à l'hôtel. Ils descendraient du bus, se diraient au revoir, et il ne la reverrait plus. Pas d'embarras. Pas d'explications. De loin le meilleur scénario. Sauf que, malgré le fait qu'il n'ait passé que dix minutes en sa compagnie, il avait vraiment, vraiment envie de la revoir.

Le bus tourna sur une route de campagne entre des champs bordés de murs de pierre et de fossés. Sur la droite, les champs descendaient jusqu'à des falaises et, en contrebas, de petites plages. Le foisonnement de fleurs sauvages d'été dont Adam se souvenait était retombé, mais les ajoncs dorés fleurissaient encore parmi les tiges épineuses au bord de la route. Lia regardait toujours par la fenêtre.

– J'aimerais que Seán puisse voir ça.

– Seán ?

– Nous allons passer Noël ensemble. Mais c'est un maniaque du contrôle qui ne supporte pas s'il n'est pas responsable de tout, alors il ne veut pas que je sois là, ni personne d'autre, pendant les prochains jours.

Toujours concentrée sur la vue, Lia émit un petit rire affectueux.

– Il y a le choix du vin, les chocolats et, je ne sais pas, probablement des feux d'artifice. J'ai déjà reçu une cinquantaine de textos à propos de mon cadeau, et je dois constamment préciser que c'est censé être une surprise.

Le cœur d'Adam sombra. Elle sortait avec quelqu'un. Bien sûr qu'elle sortait avec quelqu'un. Elle était belle, détendue et pleine d'esprit, et elle avait eu le bon sens de commander des œufs pochés et d'opter pour du chocolat biologique à soixante-quinze pour cent issu du commerce équitable. Bien sûr que quelqu'un comme elle était en couple.

– Oh, ouah ! Regarde-moi ça ! Tu parles d'une déferlante de l'Atlantique !

Alors que le bus prenait un autre virage serré, elle se précipita à ses côtés et s'agenouilla sur un siège si près d'Adam qu'il put sentir son parfum. Ses cheveux noirs étaient teintés de roux et sa peau était couverte de taches de rousseur et de crème.

– Sérieusement, Adam, regarde ! As-tu déjà vu quelque chose de plus beau ?

La poitrine serrée, Adam répondit que non et se rappela qu'il était à Lissbeg pour travailler.

CHAPITRE QUATRE

Cela faisait seulement dix jours que la mère de Saoirse Kavanagh était rentrée d'une séance de tricot et de bavardage à la bibliothèque de Lissbeg en annonçant que Phil, du Centre du couvent, avait besoin de quelqu'un pour faire la vaisselle.

– Pour un cours de pâtisserie. Elle sait que tu as donné un coup de main ici dans la cuisine, alors elle se demandait si ça te dirait. C'est trois jours et demi de travail pendant la semaine de Noël.

Saoirse, quinze ans, n'était pas enthousiaste.

– Faire la vaisselle n'est pas un travail. C'est une forme de torture.

– Si tu ne veux pas, je dirai à Phil de trouver quelqu'un d'autre pour ce Rashid.

– Attends. Quoi ? Adam Rashid ?

La mâchoire de Saoirse avait failli tomber par terre.

– Je crois que c'était son nom.

– Mais, maman, c'est le chef le plus cool.

– Ah oui ?

– Je veux dire qu'il a littéralement gagné le concours du *Chef le plus cool.* Il est très suivi sur TikTok. J'ai vu toutes ses vidéos. Il est incroyable.

Amusée, Theresa avait répondu :

– Eh bien, il donne un cours à Phil. Il commence jeudi prochain.

– Oh, mon Dieu ! Appelle-la. Dis-lui que je suis tout à fait d'accord.

– Bien. Tu seras contente d'avoir un peu d'argent de poche quand nous arriverons à Londres.

Jusqu'alors, la perspective de ce voyage en famille pour la nouvelle année avait été le plus grand événement à l'horizon pour Saoirse. Mais même Londres et un spectacle du West End n'étaient pas comparables à l'idée de rencontrer Adam Rashid. Elle avait eu le cœur qui battait jusqu'à ce que Phil lui envoie un texto lui disant de venir au Centre du couvent pour une réunion d'information. Elle était attendue à dix heures et, bien qu'il ne soit que six heures et demie, elle se leva, se doucha, se lava les cheveux et passa plusieurs heures à essayer des vêtements. Puis, soudain effrayée à l'idée de rater le bus, elle attrapa son sac, se précipita en bas et fonça hors de la maison.

En dehors des sorties scolaires à la bibliothèque, Saoirse n'avait jamais pénétré dans le Centre du couvent. En descendant à l'arrêt de bus de Broad Street, elle traversa jusqu'au rond-point, où un abreuvoir à chevaux en pierre était planté de pensées d'hiver violettes et jaunes. De l'autre côté de la rue se trouvait l'espace ouvert que les habitants de Lissbeg appelaient encore « le jardin des nonnes ». En été, le feuillage et les herbes fleuries adoucissaient ses lignes formelles, mais à cette époque de l'année, on pouvait en voir les os nus. Des parterres d'herbes aromatiques bordés de murets et de haies de buis étaient disposés en cercles concentriques entre des promenades semées de gravillons. Au centre, sur un socle dans un large bassin de granit, l'eau jaillissait de fleurs sculptées aux pieds d'une statue de saint François.

Saoirse fut frappée par le fait que tout rayonnait depuis la statue. Elle se trouvait en face d'une rangée de vitraux dans un bâtiment gris où sa mère lui avait dit que les religieuses vivaient autrefois. À angle droit du bâtiment se trouvait l'ancienne école, avec des panneaux modernes au-dessus des portes cintrées. Le texte disait de passer par une porte marquée « STUDIOS/WORKSHOPS/LISSBEG KITCHEN ». Elle traversa le couloir jusqu'à ce qu'elle arrive au bureau de Phil. Après avoir évité le monde, Saoirse traversa le jardin et trouva la bonne entrée, mais il était trop tôt, alors elle alla prendre un café au *Café du jardin*.

À une table juste à l'intérieur, un type enfilait du pop-corn et des canneberges sur une longueur de ficelle. Les gens achetaient des bûches et des tartes au chocolat, et Bríd était derrière le comptoir, en train de préparer des boîtes à sandwichs, dans un tablier à carreaux avec un foulard assorti sur ses cheveux noirs. Saoirse commanda un café au lait et s'assit à une table avec son téléphone, faisant défiler une page de liens sur Adam Rashid. Beaucoup d'entre eux affichaient simplement des images de gâteaux incroyables. D'autres renvoyaient à des articles de magazines et à des extraits de son émission télévisée. La même bio, qu'elle connaissait par cœur, apparaissait partout. « Adam Rashid : 26 ans, Irlandais/Égyptien. Gagnant de l'émission télévisée Le Chef le plus cool. Alimentation durable. Écologie. Produits locaux. » En cherchant plus loin, elle trouva un lien qu'elle n'avait jamais vu auparavant et lut qu'il avait fait un don à une association caritative pour les sans-abri de Dublin. D'autres liens menaient à des communiqués de presse sur ses cours de cuisine et à des photos de lui en compagnie de personnes comme Nigel Slater, la princesse de Galles et un politicien qui regardait l'appareil photo en essayant d'avoir l'air cool.

Elle était plongée dans un trou sans fond de clics quand, soudain, il fut presque dix heures et elle dut sprinter à travers le jardin. Pendant les premières minutes, elle était tellement paniquée à l'idée qu'elle avait failli être en retard qu'elle n'entendit pratiquement rien du briefing. Puis, à son grand étonnement, Phil se leva et dit :

– Je ferais mieux de t'emmener voir Adam. Il est dans la cuisine.

À bout de souffle, Saoirse la suivit en passant devant une salle où des gens entonnaient des chants de Noël, et en empruntant des couloirs jusqu'à une double porte au-dessus de laquelle un panneau indiquait « LISSBEG KITCHEN », et en dessous, en lettres plus petites, « Eat at the Edge of the World » (« Déjeunez au bout du monde »). Phil, qui ne s'était pas arrêtée un instant de parler, dit :

– Il t'attend. Je lui ai dit que je t'amènerais quand tu arriverais.

Son téléphone sonna et, l'attrapant, elle disparut dans le couloir, laissant Saoirse pousser la lourde double porte et entrer.

Sa première vision fut celle d'un grand espace épuré agrémenté de bancs en acier inoxydable, de fours, de réfrigérateurs-congélateurs et d'éviers massifs. Puis elle réalisa qu'à l'autre bout de la pièce, Adam Rashid était assis sur un rebord de fenêtre et consultait son téléphone. Il leva les yeux en entendant les portes s'ouvrir.

– Je m'appelle Saoirse.

Il lui adressa le sourire qu'elle reconnut d'après ses vidéos.

– Je m'appelle Adam. Du café ?

Saoirse allait dire qu'elle venait de prendre un café au lait, puis elle s'arrêta, se demandant s'il voulait dire qu'elle devait lui en préparer un. Mais apparemment, ce n'était pas le cas, parce qu'il ajouta :

– J'ai une cafetière sur le feu. Du lait et du sucre ?

Saoirse cligna des yeux. Il était plus grand que ce à quoi elle s'attendait. Son accent dublinois semblait plus fort dans la réalité. Il était encore plus beau en jean et en sweat-shirt qu'à l'écran dans sa tenue blanche de chef cuisinier. Une grande table patinée se trouvait au fond de la pièce, et un buffet à l'ancienne avec des carafes et des assiettes dessus. Saoirse s'assit. Il lui servit une tasse de café et lui tendit un dossier sur lequel était imprimé « Cours de cuisine de gâteaux à rapporter à la maison ».

– C'est le dossier d'information que les participants reçoivent. Lis-le.

– Je pensais que j'allais juste faire la vaisselle.

Saoirse entendit sa voix grincer. C'était vraiment bizarre de parler à Adam Rashid à travers une table, en buvant un café qu'il lui avait servi avec désinvolture, comme s'ils étaient des amis. Son téléphone sonna et il y jeta un coup d'œil avant de se retourner vers elle. Son sourire était tout aussi magnifique dans la vraie vie qu'à l'écran.

– C'est le cas, mais tu ne seras pas enfermée dans une arrière-cuisine. Considère-toi comme un membre de l'équipe. En fait, il n'y aura que toi et moi. Ça te va ?

– D'accord. Très bien. Ça me va.

– Tu devras garder un œil attentif sur les bancs. Prends un chiffon et nettoie si besoin. Il y a toujours un idiot qui n'arrive pas à mettre deux œufs dans un bol sans les faire tomber.

– D'accord.

– C'est censé être une séance amusante et détendue, mais il faut rester discipliné.

Ses yeux s'égarèrent à nouveau sur son téléphone.

– Écoute, je suis désolé. J'ai un e-mail à traiter. Veux-tu prendre ton café et te promener ? Tu trouveras les éviers et les lave-vaisselle au bout. Attention, l'eau est brûlante.

Lorsque Saoirse se leva, il ajouta :

– Phil dit que tu as déjà lavé des casseroles dans une cuisine professionnelle.

– J'ai donné un coup de main. Mon père et ma mère gèrent la maison Garrybawn. C'est un logement protégé. La plupart des résidents font leur propre cuisine, mais il y a des petits déjeuners et des dîners disponibles s'ils le souhaitent. Comme l'a dit Phil, je les ai aidés lorsque nous manquions de personnel.

– Génial. Tu es une experte, alors.

Il avait été si gentil que Saoirse se retrouva à bavarder :

– Nous avons un chef – enfin, un cuisinier. Papa et maman ne s'occupent pas de la restauration. Ce sont des infirmiers diplômés. Ils travaillaient à l'hôpital de Carrick avant de prendre le poste de direction. À l'époque, ils travaillaient toujours dans des équipes différentes. J'aime mieux ça maintenant, parce qu'on passe plus de temps ensemble à la maison. Au début, je n'aimais pas Garrybawn. Nous habitions à Carrick et mes amis étaient là, et mon école, et dès que nous avons déménagé, il y a eu le Covid et c'était la cata. Mais maintenant, je vais à l'école à Lissbeg et je me suis fait de nouveaux amis.

Une voix dans sa tête lui dit *Mais enfin ! Il est occupé, il s'en fiche de l'histoire de ta vie*, mais Adam hocha la tête et lui confia :

– Mes parents aussi travaillaient dans un hôpital.

– Vraiment ?

– Papa était pharmacien. Maman était infirmière.

– Oh là là.

Son téléphone sonna de nouveau et il dit :

– Écoute, je suis désolé…

– Non. Vraiment. Je vais juste… Je vais jeter un coup d'œil. Ne t'occupe pas de moi.

– Cela ne prendra pas beaucoup de temps. Si tu as des questions, n'hésite pas à les poser. C'est pour cela que tu es là. Je veux que tu sois au courant pour demain.

Après avoir vérifié les bancs, Saoirse se dirigea vers les éviers et les grandes armoires à portes coulissantes qui contenaient des boîtes de conserve, des plats et des bols. Phil avait dit que des plateaux consistants seraient apportés pour le déjeuner.

– Dans la plupart de ces cours, le déjeuner est constitué de ce que les participants préparent le matin. Mais ils ne peuvent pas survivre avec des gâteaux, alors j'ai commandé des plateaux à partager à Bríd au *Café du jardin*.

Appuyée sur un banc, Saoirse lut des lignes au hasard dans le dossier : « Superbe génoise », « Cake surprise aux pommes et noisettes épicées », « Dressage professionnel pour cookies et gâteaux de Noël ». Dix personnes étaient inscrites au cours, donc si les déjeuners étaient préparés par un traiteur, la vaisselle ne serait pas écrasante. La journée des participants se terminait à quinze heures trente et Phil lui avait dit qu'elle devrait avoir terminé à dix-sept heures.

– Mais tu resteras jusqu'à ce qu'Adam soit satisfait de la préparation du lendemain matin. Il tient absolument à ce que les choses soient parfaites.

Adam l'appela depuis l'autre bout de la pièce :

– Tu pourrais me donner du rab ?

Elle apporta donc la cafetière à la table et remplit sa tasse. Il fronçait les sourcils devant son téléphone et, sans lever les yeux, dit :

– Assieds-toi. Je suis à toi dans une minute. Quel est mon roman préféré ? Tu dirais quoi ?

Troublée par la question, Saoirse paniqua. Si elle donnait une mauvaise réponse, est-ce qu'il déciderait qu'elle n'était pas à la hauteur du poste ? Adam fit alors glisser son téléphone sur la table et, en regardant l'écran, elle vit une liste de questions numérotées. Il s'agissait d'un jeu de questions-réponses présenté sous forme de cases, dont certaines étaient remplies. La première était : « Bienvenue à Finfarran ! Dites-nous un peu pourquoi vous aimez notre belle péninsule. » Cette question avait reçu une réponse d'une seule ligne. La suivante, qui disait « Quel est votre roman préféré ? », était vide. La troisième demandait : « Ballybunion ou les Bahamas ? Parlez-nous de votre lieu de vacances préféré. »

Adam se passa la main dans les cheveux.

– Je déteste cet exercice. Je ne le fais jamais. Mes collègues londoniens les remplissent et les envoient dans la stratosphère. J'aurais refusé celui-ci, mais c'est pour le *Finfarran Inquirer*. Phil s'est arrangée avec le journaliste et il doit le récupérer aujourd'hui.

Saoirse décrocha le téléphone et continua à faire défiler les questions. Il y en avait dix.

– Combien de mots veulent-ils en tout ?

– Quoi ? Huit cents, je crois. Tu t'y connais en la matière ?

– Un peu.

Elle ne lui dit pas qu'elle avait retenu chaque mot que ses Londoniens avaient lancé dans la stratosphère.

– Si j'étais toi, je dirais que tu n'as pas le temps de lire des romans. Ensuite, tu mentionneras ton nouveau livre de cuisine et tu diras que tu t'es totalement concentré dessus.

– Vraiment ?

– Toutes les stars font ça.

– Ah bon ? Je ne lis jamais ces choses-là non plus.

– Ça sert à promouvoir ton dernier livre.

Saoirse revint à la troisième question.

– Alors. Ballybunion ou les Bahamas ?

– Je n'ai pas le temps pour les vacances.

– Tu pourrais simplement mettre : « Ce ne serait plus un secret ! »

– Tu en penses quoi ?

– Oui, et écoute, celle-ci est facile. « Thé ou café, et où aimez-vous le boire ? » Mets : « Bubble Tea. »

– Je déteste ça aussi.

– Ton Insta dit que tu l'adores. Tu l'as découvert à Taïwan.

Adam sourit.

– OK. Bubble Tea. À Taïwan. Je crois que j'y ai fait une escale.

Elle fit défiler les numéros quatre et cinq, qu'il avait déjà remplis.

– Quel est ton premier souvenir ?

Il s'assit un moment, puis dit :

– La pêche avec mon père.

– C'est bien. C'était où ?

– Dans le canal royal à Dublin. Je ne pense pas que nous ayons attrapé beaucoup de poissons.

– C'est quand même sympa. On peut dire que c'était une chose importante dans ton enfance.

– D'accord. Et c'était vraiment le cas.

Son esprit semblait s'être à nouveau égaré, alors Saoirse demanda :

– Tu veux que je les remplisse pour toi ?

– Non, ce n'est pas grave. Merci pour ton aide, Saoirse. On se voit demain. Nous ferons une bonne équipe.

L'entrée principale de la bibliothèque de Lissbeg se faisait par Broad Street, à travers ce qui avait été les portes de l'école du couvent. Une porte voûtée dans le mur latéral du jardin des nonnes menait à une cour devant la porte de la bibliothèque. Après avoir pris contact avec Phil, Adam rendit visite à Hanna, qui sourit lorsqu'il passa la tête par la porte.

– Oh, bien. J'espérais que tu aurais le temps de passer pendant que tu es en ville.

Elle était à son bureau et s'occupait d'une pile de livres retournés. Assis autour d'une table basse, des enfants fabriquaient des chaînes en papier, tandis que l'arbre de Noël de Fury était suspendu avec des fées créées à partir de cure-pipes et des rouges-gorges en laine.

– La bibliothèque n'a pas changé d'un iota.

– Je suis surprise que tu puisses la voir avec toutes les décorations. À ce stade du mois, nous avons eu environ six séances de bricolage de Noël. Entre les enfants, le groupe d'art et les gens qui tricotent et discutent, je manque d'endroits pour accrocher les résultats.

– Phil m'a fait visiter le Centre tout à l'heure. C'est une bonne cuisine qu'elle a là.

– Elle est comme un chat surexcité à ce sujet. J'espère que tu apprécieras ton cours. Je vois qu'il est complet.

Pendant un moment, Adam faillit lui raconter sa rencontre avec Lia dans l'autobus et le fait qu'il n'avait pas réussi à lui expliquer qui il était. Mais admettre le pétrin dans lequel il s'était mis serait embarrassant et, de toute façon, il ne trouvait pas les mots. Il dit plutôt qu'on venait de lui présenter Saoirse Kavanagh.

– Phil l'a réservée pour qu'elle me donne un coup de main. Elle a l'air gentille.

– C'est un chou, et je dirais qu'elle sera très bien. Ma mère vit dans l'un des appartements de Garrybawn House, ces jours-ci. C'est très bien tenu. Saoirse vient d'une famille qui travaille dur.

– C'est bon à savoir.

– En fait, ma mère s'est inscrite à ton cours. Mary Casey. Elle peut être difficile à gérer, alors j'espère qu'elle ne te rendra pas dingue.

Il sourit.

– Les chefs s'habituent à gérer des personnalités difficiles.

– Cela semble te faire du bien. Tu as l'air en forme.

– Les chefs ont aussi l'occasion de manger beaucoup.

Hanna rit.

– Et maintenant, tu es un auteur. J'attends avec impatience le lancement en librairie.

– Je ne suis pas sûr que compiler des recettes compte pour être un auteur à part entière.

– Ne te dévalorise pas. C'est une grande réussite.

Adam sortit une carte de bibliothèque. Il l'avait cherchée avant de quitter Londres et l'avait trouvée dans un vieux portefeuille.

– Est-ce que je peux t'emprunter un livre ? Celui qui parle du jardin des nonnes. J'aimerais en parler pendant le cours.

– Pas de problème. Je ne le garde pas sur les étagères accessibles, mais il est là, dans la vitrine.

Elle alla lui chercher le livre, qui parlait d'herbes et de fleurs en pot. Adam tourna les pages.

– C'est ici que tout a commencé pour moi. Avec le jardin des nonnes et l'importance des produits cultivés localement.

– Ça fait plaisir de t'entendre dire ça.

– Je vais m'occuper de ça.

– Je sais que ce sera bien.

Alors qu'Adam se retournait pour partir, la porte s'ouvrit et un homme entra, esquissant un signe de la main en direction de Hanna. Elle l'appela.

– Adam, voici Stephen Gallagher. Il vit à Bridge House, au-delà de Sheep Street. Stephen, voici Adam Rashid qui était bénévole dans le jardin.

Stephen, qui avait l'air d'avoir la cinquantaine, donna à Adam une poignée de main ferme.

– Enchanté de rencontrer un autre bénévole. J'anime des séances individuelles pour des élèves adultes. Entraînement à la lecture. En fait, j'ai un gars qui doit arriver dans une minute, alors si vous voulez bien m'excuser, je vais passer et m'installer.

Il disparut en direction de la salle de lecture et, tout en rangeant le livre sous son bras, Adam dit au revoir à Hanna.

– Je repasserai avant de quitter la ville.

– Ça marche. Et je serai à la librairie pour ton lancement.

À la porte, il fut arrêté par deux dames qui gazouillaient d'excitation, disant qu'elles avaient adoré le voir à la télé. Hanna observa le charme professionnel avec lequel il sourit et avança, et se demanda si elles auraient été aussi promptes à s'arrêter pour lui parler si elles l'avaient rencontré la dernière fois qu'il était venu à Finfarran.

CHAPITRE CINQ

Ce matin-là, Stephen avait traîné pour prendre son petit déjeuner, car pendant la semaine de Noël, ses séances à la bibliothèque étaient moins nombreuses. Par la fenêtre de la véranda, un rouge-gorge aux yeux brillants sautillait en l'attendant. Resserrant la ceinture de sa robe de chambre, il sortit pour émietter des toasts sur la table des oiseaux et retourna à l'intérieur pour réfléchir au reste de la longue journée qui l'attendait. La maison, une agréable bâtisse en pierre que Fury avait rénovée, était impeccable et ne nécessitait aucune attention, ce qui n'était pas surprenant puisque, vivant seul, Stephen n'utilisait pas la moitié des pièces en pratique. En fait, en hiver, avec peu de choses à faire dans son jardin, il se demandait parfois s'il avait eu raison d'abandonner ses racines citadines et de s'installer à Lissbeg. La décision avait été difficile à prendre et, en y réfléchissant, il se disait qu'il ne l'aurait pas prise si Fury ne s'en était pas mêlé.

Les travaux effectués à Bridge House avaient pour but d'en faire une maison de rêve dans laquelle sa femme Sophie et lui prendraient une retraite anticipée. Fury s'en était occupé pendant qu'ils vendaient leur bien à Dublin et parlaient avec enthousiasme de leur avenir. En lavant la vaisselle de son petit déjeuner, Stephen se souvint du choc le jour où il avait perdu

Sophie, victime d'une attaque cérébrale, il y avait cinq ans, et quelques mois seulement avant le déménagement prévu.

Il s'était encore senti engourdi lorsqu'il était descendu à Finfarran après l'enterrement, avec l'intention de signer la fin des travaux et de remettre la maison en vente. Mais lorsqu'il avait tourné le coin de Sheep Street, Fury était là pour l'accueillir, appuyé contre le portail avec Diablo à ses côtés. La maison de style géorgien, carrée, en pierre, avec sa porte en éventail et ses fenêtres à guillotine, semblait enfoncée jusqu'aux genoux dans l'herbe et les fleurs qui encombraient son jardin. La porte était peinte exactement dans la teinte de bleu que Sophie avait choisie, et les pièces étaient décorées exactement comme elle l'avait prévu. Lorsque Stephen suivit Diablo dans le couloir menant à la nouvelle véranda, il put voir les marguerites parsemer la pelouse qui descendait jusqu'à la rivière derrière la maison. Tout était serein et parfait et, en voyant cela, il avait lutté contre une vague d'émotions contradictoires. Puis Fury, les épaules osseuses appuyées contre le chambranle d'une porte, avait allumé un *roll-up* et lui avait jeté un coup d'œil complice.

– Tu n'arrives pas à décider ce que tu vas faire ensuite, n'est-ce pas ?

– Tout semble parfait. Si tu veux bien facturer, je t'enverrai un chèque.

– Ne sois pas bête, ce n'est pas du tout ce que j'ai voulu dire. Tu es embêté parce que c'est la maison que ta femme et toi aviez imaginée ensemble, et tu ne sais pas si tu dois rester ou la vendre. C'est à toi de choisir, et tu peux me dire de me mêler de mes affaires. Mais ce que je dis, c'est que tu n'as pas d'autre endroit où aller.

La vérité avait frappé Stephen comme un coup de massue. Figé dans le couloir éclairé par le soleil, il avait réalisé que l'idée de vendre la maison ressemblait à une trahison. Pourtant, comment pouvait-il supporter de vivre seul dans cette maison ? Finalement, c'est le pragmatisme de Fury qui l'avait convaincu. Il ne pouvait pas échapper à la douleur de perdre Sophie, alors autant essayer de vivre leur rêve, même sans elle.

En raccrochant le torchon, Stephen regarda son jardin hivernal en pensant à tout ce qu'il avait accompli depuis cette décision. Se préparant à sortir seul, il s'était inscrit à un club de lecture à la bibliothèque. Plus tard, sur la suggestion de Hanna, il avait suivi un cours sur l'alphabétisation des adultes et était devenu mentor bénévole. Se souvenant des projets qu'il avait faits avec Sophie, il avait passé de longues journées d'été à travailler dans le jardin, écoutant la rivière couler de l'autre côté du mur. Au fil du temps, il avait noué un lien avec un merle qui avait appris à tapoter à sa fenêtre et avec les pinsons qui nichaient dans un sycomore devant la porte de sa cuisine. Mais sans Sophie pour partager le plaisir de planter et de cultiver, et s'ébrouer lorsqu'il descendait préparer le petit déjeuner, il n'avait pas vraiment l'impression de vivre un rêve. Il se sentait seul. De temps en temps, des personnes qu'il avait connues à Dublin lui rendaient visite le week-end, mais comme la plupart d'entre elles travaillaient encore, il ne voulait pas empiéter sur le temps qu'elles auraient pu passer avec leur famille. De même, il se méfiait des exigences de ses nouveaux voisins et prenait soin de ne pas avoir l'air dans le besoin. Et peu de gens savaient – même s'il était sûr que Hanna s'en doutait – qu'il lui arrivait de refuser des invitations simplement parce qu'il détestait rentrer chez lui dans une maison vide.

Alors qu'il montait s'habiller, la pensée de Hanna lui rappela la première fois qu'il avait rencontré Catherine. Il était assis au bureau lorsqu'elle était entrée dans la bibliothèque, une femme grande et blonde avec un air d'autorité tranquille, un peu comme le sien.

– Êtes-vous le bibliothécaire ?

– Non, je suis juste un bénévole. Hanna est près des étagères, elle devrait revenir dans une minute.

La femme avait souri.

– Désolée. Je suis nouvelle à Lissbeg et je ne connais pas encore beaucoup de monde.

– Ne vous excusez pas. Moi aussi, je suis nouveau.

– Ma mère et moi avons ouvert la librairie de Sheep Street. On peut dire que je vis mon rêve.

Cet écho inattendu des conversations qu'il avait eues avec Sophie avait ravivé des souvenirs et fait tressaillir Stephen. Il s'était détourné pour cacher sa réaction, en disant :

– Et voici Hanna. Excusez-moi. Je devrais être dans la salle de lecture.

Catherine n'avait pas semblé troublée par sa brusquerie et, alors qu'il partait, il l'avait entendue se présenter à Hanna.

– Quel bel espace vous avez là !

– Nous l'avons agrandi pour accueillir le psautier. Nous sommes devenus un véritable centre communautaire, ce que devrait être une bibliothèque, et l'exposition a fait des merveilles pour le tourisme local.

– Je sais. C'est en partie pour cela que ma mère et moi avons choisi de venir ici.

– Ah, je suis heureuse que vous l'ayez fait. Lissbeg avait besoin d'une librairie.

Catherine et lui s'étaient retrouvés une fois de plus lors d'un dîner chez Hanna et Brian. Autour d'un café, Hanna avait expliqué à Catherine que, pendant des années, après un divorce difficile, elle avait dû vivre avec sa mère.

– Dans l'arrière-boutique de son bungalow. C'était l'enfer ! Tu as de la chance de t'entendre si bien avec ta mère.

– Tu ne t'entends pas avec la tienne ?

– Elle est ce qu'on appelle quelqu'un de difficile ! Et elle a toujours détesté mon mari, alors quand il s'est avéré qu'il m'avait trompée, elle n'a jamais cessé de me le rappeler.

– C'est malin…

Hanna rit.

– Pourtant, elle m'a accueillie lorsque je suis revenue avec ma fille et que je n'avais nulle part où vivre. Jazz n'était alors qu'une adolescente et j'étais rongée par la culpabilité.

– Pourquoi ?

– Oh, parce que je l'avais déracinée et traînée ici sans prévenir. Je voulais tellement m'éloigner de mon mari que je me suis enfuie. En fait, Jazz a adoré emménager ici, et elle s'est toujours entendue comme larrons en foire avec ma mère. Mais j'ai craint pendant des années qu'elle ne souffre de l'absence d'une figure paternelle. Les choses peuvent être enfouies profondément, n'est-ce pas ? Mais elle et moi avons pu en parler, et je crois que c'est ce qui compte.

Stephen avait remarqué avec amusement que, bien que Catherine ait hoché la tête, elle ne semblait pas convaincue que le fait de parler des choses résolvait tous les problèmes. Étant donné sa propre sensibilité, il avait trouvé cela plutôt séduisant. Il ne l'avait pratiquement pas revue par la suite, sauf les quelques fois où il était passé dans sa librairie pour acheter un livre. Ils avaient alors bavardé un peu, mais surtout à propos de la bibliothèque.

– J'aime faire du bénévolat et je pense que je suis utile. Les adultes ont souvent du mal à admettre qu'ils ont des difficultés à lire, et il n'est pas facile de trouver quelqu'un d'empathique et d'assez compétent pour les aider.

– Je n'ai pas vraiment trouvé le temps de me construire une vie sociale. J'ai toujours l'intention de m'inscrire à l'un des clubs de bibliothèque de Hanna, mais après une longue journée à la librairie, c'est plus facile de s'installer devant la télé.

Il n'avait pas dit que son bénévolat était plus un moyen de passer le temps que de se construire une vie sociale. Et après cela, il y avait eu le Covid et l'isolement, et quand tout avait rouvert et qu'il était entré pour commander un livre, il s'était demandé si elle l'avait reconnu. Non pas qu'elle l'ait ignoré ou quoi que ce soit d'autre, mais elle n'avait pas eu l'air particulièrement heureuse de le voir. Réalisant où ses pensées l'avaient mené, Stephen fronça les sourcils et se dit qu'il ne fallait pas verser dans la mièvrerie. Pourquoi une libraire très occupée se souviendrait-elle de lui ? Quelques brèves rencontres au fil des ans n'équivalaient pas à une amitié. Le fait est que, s'il voulait mieux connaître Catherine, il devait agir au lieu de rester assis à se morfondre.

CHAPITRE SIX

La camionnette était garée dans une rue latérale. Diablo était étendu de tout son long sur le siège passager, les oreilles aplaties et la tête sur la cuisse de Fury. La cabine était pleine de fumée, et Fury en était à sa troisième clope roulée. Tout ce qui s'était dit dans le bureau de Carmody avait déterré un passé qu'il avait voulu oublier. L'alcoolisme de son incapable de frère. Leur père, qui savait que Paudie ne s'occuperait pas de la forêt, lui avait laissé le soin de s'en occuper parce qu'il était l'aîné. Leur mère était morte depuis, et dès que son père avait été enterré, Fury, qui n'avait hérité de rien d'autre que de la maison familiale dans laquelle il avait grandi, avait pris le bateau pour l'Angleterre. Il avait seize ans et ne pouvait pas supporter d'assister à un processus constant de déliquescence. Il avait donc juré de ne pas rentrer chez lui tant que Paudie vivrait.

Travaillant sur des chantiers de Camden Town à Cricklewood, il avait écouté les histoires de son frère qui vendait des parcelles de bois pour l'argent qui payait ses bières. Puis vint le jour où il apprit que le reste de la forêt avait été vendu à un touriste larmoyant qui avait reniflé dans sa pinte en disant à Paudie qu'il voulait un morceau de cette vieille terre pour le léguer à ses petits-enfants. C'était il y a cinquante ans, et ni l'acheteur ni sa famille n'étaient réapparus à Finfarran. Alors, après être rentré chez lui et avoir restauré sa maison, Fury s'était simplement comporté comme si la forêt lui appartenait également. S'imposant comme le meilleur maçon local, il avait pris soin des arbres qu'il avait toujours aimés, en taillant les bosquets, en débroussaillant les chemins et en vendant du bois quand cela lui convenait. Personne n'a jamais remis cela en question et, au fil du temps, il est devenu connu sous le nom de « l'homme de la forêt ».

– « La forêt de Fury ».

Il avait misé sur le fait qu'il serait mort et parti avant que quelqu'un ne se rende compte qu'il n'en était pas le propriétaire. Mais maintenant, alors qu'il se sentait trop vieux et trop fatigué pour se battre, sa chance avait tourné.

– Tu n'as pas besoin de faire ton imitation de Greyfriars Bobby.

Diablo prit un air offensé et se retira derrière le levier de vitesse. Incapable de croiser son regard, Fury jeta un coup d'œil sur le pare-brise.

– Tu sais toi aussi comment est Carmody. C'est un homme qui sait rendre service, tant qu'il en sort plus riche. Notre forêt est à vendre, et ce que Carmody veut, c'est une guerre d'enchères. Il touchera un pourcentage du prix de vente et, crois-moi, il a l'oreille attentive. Quelqu'un doit déjà tirer les ficelles pour obtenir un permis de construire pour ces fichues tours d'habitation. Ne me dis pas qu'il n'y a pas eu d'enveloppes kraft qui ont glissé dans les bars de Dublin et de caisses de whisky qui ont volé dans les taxis.

Ramassant un morceau de tabac sur sa lèvre inférieure, Fury haussa les épaules.

– L'essentiel, c'est que toi et moi, nous sommes ruinés.

Diablo grogna. Fury lui fit signe de la tête.

– Ne te fatigue pas à t'énerver. Je t'ai dit ce qu'il en était. Et je sais. Je sais. Nous parlons des dernières forêts anciennes de Finfarran. Des espèces indigènes. Des dégâts écologiques. Je te garantis que Carmody est en ce moment même au téléphone avec un escroc à Dublin. Il parle d'infrastructure. Du tourisme. De l'économie locale. En train de cocher toutes les cases de la feuille de l'agent qui va planifier tout ça. Et ne commence pas à râler. Ça ne sert à rien. Nous savons tous que les escrocs se fichent éperdument de l'économie locale. Ils ne se soucient pas des gens qui travaillent dur pour créer des entreprises. Ils remettent quelque chose à chaque fois qu'ils retirent quelque chose. Tu le sais bien. Je le sais. Les garçons avec les enveloppes kraft dans leurs poches arrière le savent. Mais il s'agit du genre d'argent que toi et moi n'avons pas et ne pouvons pas réunir. Nous ferions donc mieux de nous habituer à l'idée qu'ils vont tuer tous les arbres de la forêt et construire des boîtes de luxe qui resteront vides la majeure partie de l'année.

Le regard toujours fixé loin à travers le pare-brise, Fury gratta les oreilles poilues de Diablo.

– C'est ainsi et nous allons devoir l'affronter. Je ne vais pas lancer des pétitions, brandir des pancartes et m'enchaîner aux grilles du Dáil. Je n'ai pas la force de déclencher une guerre à ce stade.

Tirant une dernière bouffée, il jeta sa cigarette dans le caniveau.

– Toi et moi sommes trop vieux pour nous attaquer à des rats.

Ils roulèrent jusqu'à la périphérie de la ville, où une courte zone industrielle s'étendait jusqu'à la campagne. L'entrée enjambait une petite rivière qui coulait sereinement sous un pont en béton. Chez *Shamie Doyle's Builder's Merchants*, l'homme sortit du bureau et dit :

– Ah, Fury, tu vas bien ? Tu as attrapé la grippe ?

Il y avait une goutte au bout du nez de Fury. Faisant fi de la question, il ouvrit l'arrière de la camionnette et sortit le dernier arbre mince.

– Dis au patron que je lui souhaite, ainsi qu'à sa famille, un joyeux Noël.

– Compte sur moi, bien sûr. De même pour toi.

En lui coulant un regard en biais, l'homme ajouta :

– Un salon de thé s'est ouvert de l'autre côté de la cour. Leur thé est drôlement infusé. Ils font aussi de bons gâteaux. Diablo et toi, vous vous réchaufferiez là-bas, si vous avez froid.

Après avoir frotté le dos de sa main sur le bout de son nez, Fury fit claquer ses doigts à l'intention de Diablo.

– Nous pourrions aussi bien y aller. Il fait assez froid. Allez, viens. Je vais voir s'ils veulent bien te faire un beignet.

De retour au bureau, l'homme fit une grimace à un garçon qui travaillait sur l'ordinateur.

– Pfiou, tu n'as pas vu ça… Fury O'Shea se fait vieux.

Sans lever les yeux, le garçon appuya sur une touche qui totalisait les recettes de la semaine précédente.

– Qui ? Oh, le vieux monsieur avec le terrier. Qu'est-ce qu'il est venu chercher ? Un don de Noël, c'est ça ?

Le crépuscule tombait. Ils retournèrent en ville en passant par Sheep Street, dans une circulation réduite au minimum par les tentatives des gens de devancer l'heure de pointe. Les vitrines des magasins étincelaient de décorations. Les lampadaires étaient allumés et les trottoirs étaient lisses et brillants à cause de la pluie fine. Fury et Diablo étaient assis côte à côte, inconscients de l'atmosphère de Noël, le poids du monde pesant sur leurs épaules. Après avoir ralenti presque jusqu'à s'arrêter, Fury jeta un coup d'œil à *Lissbeg Books* et vit Catherine, à l'extérieur de la boutique, apparemment en train de se disputer avec un type d'une vingtaine d'années à l'air choqué. Sous ses yeux, elle se passa les mains sur le visage et, d'un geste violent, le type s'éloigna et disparut dans une ruelle entre les façades des magasins.

Catherine baissa les mains, ses épaules se soulevèrent et Fury vit qu'elle pleurait. Immédiatement, ses propres épaules se redressèrent et, faisant tourner le volant, il quitta la rue pour monter sur le trottoir.

– Tu restes là, Diablo.

Et il sortit de la camionnette. Les mains de Catherine tremblaient et son visage était d'un blanc cadavérique. Derrière elle, les lumières de l'arbre à livres de la vitrine clignotaient joyeusement. Fury dit :

– Calmez-vous. Vous avez eu un choc. Qu'est-ce qui s'est passé ?

Elle semblait incapable de parler, mais elle se retourna et gesticula en direction de la boutique. L'attrapant par le coude, Fury poussa la porte et entra. Ann se tenait près de la caisse, l'air tout aussi ébranlée. À l'avant du magasin, les présentoirs de best-sellers étaient bordés de guirlandes. Mais la moitié arrière du magasin était une scène de dévastation.

La colère propulsa Catherine sur le siège derrière la caisse où, l'air souffrant, elle posa sa tête sur le comptoir. Ann balbutia :

– Il s'est effondré. Tout le plafond. Il y a eu ce bruit épouvantable et il s'est effondré.

Se dirigeant vers l'endroit où le décor de Noël s'interrompait et où le chaos commençait, Fury regarda vers le haut et pointa une poutre du plafond.

– Là, c'est ce qui a sauvé la moitié avant de votre boutique.

Catherine avait encore la tête sur le comptoir, mais Ann s'interrogea :

– Comment ça ?

En avançant prudemment, Fury inspecta le chaos.

– On peut voir qu'il y avait deux pièces ici, une devant et une plus petite derrière. C'est le plafond de la pièce du fond qui s'est effondré.

La plus grande partie de ce qui était tombé avait atterri sur une table d'exposition dont les pieds métalliques s'étaient déformés sous ce poids. De la terre, des cartes de Noël, des livres, des poutrelles cassées et de gros morceaux de plâtre déchiquetés étaient éparpillés sur le sol jusqu'à hauteur de genoux. Au-dessus d'eux, il y avait un trou béant dans le plafond, à travers lequel Fury pouvait voir les solives sous le plancher de la pièce du dessus. Il loucha à nouveau vers le haut. Puis il s'approcha du désordre sur le sol et le remua avec sa botte.

– Et voilà la raison de l'effondrement. Ce terrain est détrempé. De l'eau a coulé le long de vos solives et s'est accumulée au-dessus du plâtre.

Ann vint voir et il lança :

– Reculez, m'dam, il y en a encore beaucoup qui va dégringoler. C'est du plâtre à l'ancienne là-haut. Un morceau tombant sur votre tête pourrait vous tuer.

Ann recula et, retournant au comptoir, Fury s'adressa à Catherine :

– J'en déduis donc que le petit con que j'ai vu sur le trottoir a fait des bêtises à l'étage dans votre appartement ?

Catherine s'était redressée et avait séché ses yeux.

– Il était en train de remettre à neuf la cuisine. En fait, au début, il devait juste carreler une crédence.

– Eh oui, bien sûr.

– Mais il y a eu un problème avec le plan de travail.

– C'était sûr.

– Il était vieux de toute façon, alors je me suis dit qu'il fallait aller de l'avant et le remplacer. Mais les anciennes armoires et le nouveau plan de travail ne s'accordaient pas bien.

– Quand a-t-il commencé à tripoter votre tuyauterie ?

– Il y a quelques jours. Il a inondé le sol de la cuisine. Mais il a passé la serpillière. Il l'a fait très rapidement.

– Je parie que oui. Et, quelque part, il a fait un trou dans le revêtement de sol en vinyle ?

– Une couture s'est détachée lorsqu'il a déplacé les armoires. Il a dit qu'il pouvait remplacer le vinyle. Qu'un de ses amis avait un magasin qui vendait des revêtements de sol à prix cassés et qu'il pourrait nous faire un bon prix.

Fury jura à demi-voix.

– Ce petit voleur. Est-ce qu'il vous a soutiré de l'argent ?

Ann passa son bras autour de Catherine.

– Il voulait une avance. Mais à ce stade, nous parlions juste de refaire le carrelage, alors nous avons dit que nous le paierions quand le travail serait fait.

Elle regarda Fury d'un air sombre.

– Les ventes de cette semaine étaient censées nous permettre de tenir jusqu'à l'été, lorsque les activités touristiques reprendront. Mais nous ne pouvons pas rester ouverts dans cet état.

Catherine posa vivement sa main sur sa bouche.

– Et le lancement du livre d'Adam Rashid ? Il y a une énorme liste de presse. L'événement a été diffusé sur les réseaux sociaux. Il y a des affiches dans toute la ville. Maman, *qu'est-ce qu'on va faire* ?

Fury retourna inspecter le chaos. Des boucles de papier déchiré et des copeaux de bois pendaient du plâtre qui subsistait autour du trou de deux mètres. La chute avait manqué les étagères. La partie effondrée était décentrée, laissant un chemin sale, mais dégagé, jusqu'à la porte qui menait au bureau et à la réserve et, au-delà, à la cour derrière le magasin. Il resta un moment debout, puis retourna à la caisse.

– Le reste du plâtre doit tomber avant que nous ne commencions le nettoyage. Nous ne trouverons pas de location de benne pendant la semaine de Noël. Je ferai passer le tout à la brouette et nous allons installer une décharge temporaire dans la cour.

Les deux femmes le regardèrent d'un air absent, et Catherine dit :

– De quoi parlez-vous ?

– Je vous dis que ce n'est pas un petit escroc qui se prétend ouvrier qui va vous faire perdre vos ventes de Noël.

Avec l'air d'un général qui se prépare à la bataille, Fury alla tourner l'écriteau de la porte de la boutique sur « Fermé ».

– Alors, tout d'abord, avez-vous un téléphone portable à portée de main ?

– Un quoi ?

– Un téléphone. Un téléphone portable avec une caméra. Il faut filmer les dégâts pour l'assurance. Sinon, ils remettront en question chaque euro que vous aurez versé. Je vais faire la vidéo dans une minute. Je sais ce que veulent ces empaffés.

Il jeta un coup d'œil avec une magnifique insouciance sur le téléphone qu'Ann lui tendait.

– Android. C'est tout à fait correct. Mais ce n'est pas ce que je choisirais. Diablo et moi avons toujours été des hommes à iPhone.

Certaine à ce stade qu'elle devait avoir des hallucinations, Catherine s'entendit dire :

– Chacun son métier.

Fury disparut avec le téléphone et passa les vingt minutes suivantes à enregistrer tous les détails des dégâts, à l'étage et en bas. Catherine et Ann s'étaient affalées sur des chaises jusqu'à ce que Catherine se lève et, allant à la fenêtre, éteigne les lumières de Noël scintillantes de l'arbre à livres. Elles restèrent assises, abattues et moroses, jusqu'à ce que Fury réapparaisse, traverse le chaos et retourne au comptoir.

– Bien. Quand a lieu le lancement du livre ? La date et l'heure ?

Surprise par son énergie, qui semblait emplir la boutique, Ann répondit :

– À dix-sept heures trente, après-demain.

– C'est serré, c'est vrai. Il ne faut pas traîner, alors. Nous ferions mieux de nous dépêcher. Rendez-vous à la première heure demain matin. À six heures précises.

Trois heures plus tard, Ann et Catherine se trouvaient à l'étage de l'appartement. Ann était allée se coucher et Catherine était dans le salon, en train de parler à Hanna au téléphone.

– Nous ne le connaissons même pas. Il est arrivé comme ça, et maintenant il a pris la direction des opérations.

– Honnêtement, Catherine, ne t'inquiète pas. Les choses seraient bien pires s'il ne l'avait pas fait. De toute façon, tu ne le connais peut-être pas, mais Fury connaît tout le monde à Finfarran.

– Je ne vois pas comment les choses pourraient être pires. Et regarde ce qui s'est passé la dernière fois que j'ai fait confiance à un ouvrier.

– Oui, mais ce n'était pas un ouvrier digne de ce nom. Apparemment pas.

Catherine regarda l'armoire à moitié faite, coincée contre le bout de son canapé, et les piles de choses qui auraient dû se trouver dans sa cuisine, mais qui étaient empilées au hasard dans son salon.

– En fait, c'est ce que Fury a dit. Il l'a traité de minable qui donne une mauvaise réputation aux bons constructeurs.

– Tu sais, Fury est une véritable affaire. Tu ne peux pas trouver mieux. Écoute, as-tu déjeuné ? Tu as dit que ta cuisine était interdite.

– Nous ne sommes pas censées y retourner tant que Fury n'a pas dit que c'était sans danger. Mais ça n'a pas d'importance. Je ne pourrai pas manger. Je pense que je serais malade si j'essayais. Nous avons le lancement d'Adam Rashid vendredi, des courses tardives le samedi, un événement pour les enfants le dimanche et des chants de Noël la veille de Noël. Les affiches sont partout dans la ville. Les éditeurs envoient quelqu'un de Londres pour le lancement du livre.

– Je sais. Tu me l'as dit. Calme-toi. Que dit Fury ?

– Il dit qu'il sera là à six heures demain matin. Qu'il va faire en sorte que les choses s'améliorent progressivement et que personne ne s'en apercevra. Il a perdu la tête, Hanna. L'arrière du magasin ressemble à un champ de bataille.

– Mais la partie avant est fonctionnelle ?

– Oui. C'est bizarre. Quand tu la regardes, tu pourrais penser que tout est… parfaitement bien.

– Alors, peut-être qu'elle peut faire écran pour boucher la vue sur l'arrière pendant qu'il travaille.

– C'est ce qu'il a dit, mais je ne vois pas comment.

Catherine passa son téléphone d'une oreille à l'autre.

– Qu'est-ce que ça veut dire, au fait ?

– Je n'en ai pas la moindre idée. Mais si Fury dit que c'est ce qu'il te faut, ça marchera.

– Et autre chose. Qu'est-ce que c'est que ce nom bizarre de Fury ?

Hanna éclata de rire.

– Pour autant que je sache, il a été baptisé sous le nom d'Alphonse. On l'appelle Fury parce qu'il s'attaque aux choses comme un tourbillon.

– Comment se fait-il que tu saches tout cela ?

– Eh bien, Brian est l'architecte du comté, et Fury était autrefois le plus grand maçon de la péninsule.

– Lui ? Il ressemble à un épouvantail.

– Ne juge pas un livre à sa couverture.

Catherine répondit par un faible gloussement et, heureuse de l'entendre se détendre, Hanna lui confia :

– Il est vieux et excentrique, mais je te promets que tu as de la chance de l'avoir. Tu devrais voir le travail qu'il a fait à Bridge House, en haut de ta rue.

– La vieille maison en pierre au-dessus de la rivière ? Celle qui appartient au gars qui fait du bénévolat pour toi à la bibliothèque ?

– C'est ça. C'est Fury qui en a fait la rénovation. Dis, il faut que tu manges et tu n'as pas de cuisine. Pourquoi je n'apporterais pas une gourde de soupe ?

– Non, vraiment, nous sommes des grandes filles. Fury a installé le grille-pain sur une boîte en haut de l'escalier. Il y a aussi une bouilloire et une boîte de nourriture. Mais merci beaucoup, Hanna. Je n'aurais pas dormi si nous n'avions pas discuté.

– Si Fury arrive à six heures, tu ferais mieux de te mettre au travail.

– Je vais le faire. Au moins, je sais maintenant qu'il ne cherche pas à me rouler.

– Non, je dirais qu'il a décidé de se confronter à toi.

– Mon Dieu, cela semble inquiétant.

– Il a vu que tu avais besoin d'aide, alors il fait preuve de bon voisinage. C'est ce qu'il fait.

– D'accord, ça sonne mieux.

Hanna émit un rire rassurant.

– Mais je te préviens, ce seront des montagnes russes. Quand Fury s'attaque à quelqu'un, il prend le dessus. Et, en plus, il n'a jamais été homme à mâcher ses mots.

JEUDI

19 décembre

CHAPITRE SEPT

Cinq heures du matin. Assis à la table de la cuisine, Diablo regardait Fury par-dessus un bol de porridge en fer-blanc. Fury mordait dans un vaste sandwich à la saucisse.

– Ne me fais pas de peine à cette heure de la matinée. Je ne pouvais pas laisser ces pauvres libraires dans l'embarras. Pas pendant la semaine de Noël. Il y a fort à parier qu'elles auraient essayé de faire revenir ce minable pour réparer les dégâts.

Les poils de Diablo se hérissèrent et il grogna férocement. Prenant un couteau, Fury tartina sa saucisse de moutarde.

– Exactement. Et puisqu'il n'y a rien à faire contre notre désastre, autant aller s'occuper du leur.

Attirant l'attention de Diablo, Fury lui lança un morceau de saucisse.

– Écoute, c'est mieux que de rester assis ici à attendre que notre propre monde s'écroule.

Elles se garèrent dans la ruelle derrière *Lissbeg Books* juste cinq minutes avant dix-huit heures. Catherine ouvrit la porte arrière et l'emmena à l'étage où Ann préparait du thé sur le palier. Aucune des deux femmes n'avait l'air d'avoir dormi. Fury ne perdit pas de temps pour faire des commentaires sur leur apparence. Il refusa les toasts, accepta le thé et les conduisit au salon.

– Alors, une chose à la fois et chaque chose en son temps. Hier soir, j'ai passé quelques coups de fil. Tintawn Terry et Angela devraient arriver d'ici quelques minutes.

Diablo glapit et, en se dirigeant vers la fenêtre, Fury dit :

– Il a raison. Ce sont eux, justement, qui entrent dans la cour.

Ignorant les regards ahuris de Catherine et d'Ann, il souleva le battant de la fenêtre.

– La clé est dans ma camionnette. Apporte les draps, hein, Terry ? Je les ai passés à l'eau bouillante hier soir et ils en sont sortis grandis. Prends aussi mon escabeau. Tu peux le porter jusqu'au magasin.

Catherine décida qu'elle devait s'affirmer.

– C'est très gentil, mais je ne comprends pas. Qui est Tintawn Terry ?

– Un monsieur qui vend vraiment des revêtements de sol et qui peut vous faire une offre.

Fury prit une gorgée de thé.

– Angela est sa fille. Elle est plombière. Terry a un entrepôt de tapis et de carrelage à l'arrière de sa quincaillerie. Il nous donnera un coup de main général dans les prochains jours. Angela va jeter un coup d'œil à votre cuisine. Dieu sait quels dégâts ce sale type a causés à votre tuyauterie.

– Mais…

– Écoutez, je ne vais pas me casser la tête à régler votre problème en bas et laisser une autre fuite en suspens ici.

– Comment…

– Vous savez, nous ferions avancer les choses bien plus vite si vous répondiez toutes les deux quand on vous parle.

D'un air enjoué, Fury tendit sa tasse vide à Catherine.

– Vous ouvrez à dix heures, c'est ça ?

– Vous ne pensez pas que nous allons ouvrir aujourd'hui ?

– Vous n'ouvrirez pas si vous continuez à poser des questions stupides.

Catherine regarda Ann d'un air impuissant. Diablo tournait la tête de gauche à droite, comme s'il regardait un match de tennis. Angela, qui était menue et joyeuse, apparut sur le palier.

– Bonjour, mesdames. Je peux jeter un coup d'œil à la cuisine, Fury ?

– Vas-y, ma fille. Viens ici, Terry a apporté le seau ?

– Oui. Il est sorti pour faire les cent pas. Nous avons garé notre camionnette derrière la tienne dans la ruelle.

Se tournant vers Catherine, Angela demanda :

– Est-ce que ça ne vous dérange pas ? Nous ne voulons pas que les policiers se plaignent.

– C'est très bien. C'est très gentil de votre part à tous. Je… je ne sais pas quoi dire.

Fury parla en se montrant très patient.

– C'est pour cela que je vous ai dit de ne rien dire. La meilleure chose que vous puissiez faire, c'est de sortir et de prendre un petit déjeuner chaud. Vous devriez aussi vous débarbouiller. Sans vouloir vous offenser, vous avez toutes les deux l'air d'avoir été traînées à reculons dans une haie.

Il disparut, laissant Catherine regarder la tasse de thé vide.

– Comment pouvons-nous ouvrir la librairie aujourd'hui ? Pense à l'état dans lequel elle se trouve.

Avant qu'Ann ne puisse répondre, Angela passa la tête par la porte.

– Fury dit que vous voudrez vous doucher avant que je ne coupe l'eau.

– Dix minutes maximum, dit-il, et même huit si tu le peux.

Une demi-heure plus tard, douchées et encore sous le choc, Catherine et Ann buvaient un café et mangeaient des petits pains aux œufs frits. Ce n'était pas un bistrot qu'elles avaient l'habitude de fréquenter. Des flots de clients allaient et venaient entre les tables recouvertes de formica. Des artisans sur la route du travail, des femmes de ménage qui sortaient de leur service tôt le matin, des travailleurs qui se rendaient dans des magasins ou des bureaux, tous s'arrêtaient pour prendre un petit déjeuner, un thé ou un café à emporter, la tête baissée et concentrés sur leur prochaine destination. Catherine regarda autour d'elle.

– Je ne suis jamais allée dans un endroit comme celui-ci depuis que je faisais de la route. Les gens ne se parlent pas beaucoup, mais il y a un sentiment de camaraderie, et tout le monde fait le plein de caféine pour continuer à fonctionner.

– Ces journées sur la route te manquent-elles ?

Catherine fit un sourire réticent.

– Les jours comme celui-ci, oui.

Elle posa son *bap* sur son assiette.

– Écoute, maman, je suis désolée. C'est moi qui t'ai embarquée là-dedans, et si on fait faillite, tu auras perdu tes économies.

– Je ne me plains pas.

– Tu sais que si nous perdons les ventes de cette semaine, nous risquons de ne pas survivre jusqu'à l'été ?

Ann touilla son café en réfléchissant.

– Tu sais quoi ? Si tout s'écroule, je ne regretterai pas de m'être lancée dans ce rêve. Je regretterai juste que nous ne l'ayons pas vécu pleinement.

– Je sais. Nous sommes ici depuis si peu de temps.

Ann secoua la tête.

– Ce n'est pas ce que je veux dire. Réfléchis, Catherine. Hanna dit que Fury O'Shea est une légende dans le coin. Il savait qui nous sommes, mais toi et moi n'avions jamais entendu parler de lui avant hier. Les gens de ce café sont nos voisins. Nous n'avons pas adressé deux mots à aucun d'entre eux.

– En fait, il y a un gars là-bas qui vient tout le temps dans la boutique pour acheter des thrillers.

– Alors il est l'exception qui confirme la règle.

Haussant les épaules, Catherine sirota son café.

– Chaque année, Fury fait le tour de la ville avec des arbres de Noël provenant de sa forêt. Hier, il s'est arrêté devant la boutique et m'en a offert un. Je ne savais pas que c'était un cadeau. Je pensais qu'il cherchait de l'argent.

– Je n'avais jamais entendu parler de la quincaillerie de Tintawn Terry. Et toi ?

– Je crois que c'est dans Bridge Street, dit Catherine en fronçant les sourcils.

– Lorsque nous avons aménagé l'appartement et le bureau, je prenais la voiture pour aller au grand magasin de bricolage de Carrick.

– Tandis que Bridge Street se trouve à quelques pas d'ici.

En soupirant, Catherine constata :

– Je suppose que nous avons toutes les deux la tête dans le guidon, à essayer de continuer et de payer les factures.

– Nous nous sommes donc retrouvées avec un ouvrier que nous avons trouvé sur un site internet tape-à-l'œil, alors qu'il y a des gens comme Fury et Terry ici même à Lissbeg.

– Des maniaques, tu veux dire ?

En se mordant la lèvre, Catherine lui dit :

– Mais je vois où tu veux en venir. Nous ne nous sommes pas vraiment intégrées à Finfarran.

– On peut dire que nous n'avons pas vraiment vécu notre rêve.

Elles restèrent assises un moment avant que Catherine ne demande :

– Tu penses que Fury va nous permettre de nous en sortir ? Je veux dire, l'excentricité est hors norme.

– Hanna dit que nous pouvons lui faire confiance.

– Je n'arrive pas à imaginer ce qu'il peut bien faire là derrière. Mais je suppose que si Angela est vraiment plombière, nous aurons au moins un évier de cuisine en état de marche.

Elles retraversèrent la ville animée, où les commerçants ouvraient des portes et retiraient des auvents. C'était bizarre de frapper à la porte de leur propre boutique et, quand elle s'ouvrit, de voir le visage poilu de Diablo au niveau de leurs genoux et le nez de Fury plus haut. Il ouvrit la porte en grand pour les laisser entrer et, au-delà de ces deux figures improbables, Catherine et Ann virent la partie avant de la boutique inchangée. Mais, accroché à la poutre qui séparait la façade de la dévastation, était maintenant suspendu ce qui semblait être deux lourds rideaux crème aux motifs vifs et aux éclaboussures de couleurs abstraites. À chaque extrémité, là où ils rencontraient les murs latéraux, il y avait une bannière écarlate de deux mètres de haut avec « LISSBEG BOOKS » imprimé en lettres d'or.

Abasourdie, Catherine se dit que Fury avait dû trouver la réserve où ses bannières roulées et ses chaises empilables étaient conservées entre deux événements de la librairie.

Au point central où les rideaux se rejoignaient, il y avait un grand seau galvanisé et, à côté, un récipient rempli de sable. Tandis qu'ils restaient bouche bée, Fury jeta dans le seau l'arbre de Diablo, dont les branches étaient toujours étroitement liées au tronc. En le stabilisant, il dit :

– Mets-le là-dedans, Terry.

– On pourrait prendre encore quelques briques dans le seau.

– Oh non. Il pèse une tonne. Mets les briques qui sont là autour de lui et dépose le sable dessus.

Après avoir suivi les instructions, Terry se mit en retrait.

– C'est vrai, il a l'air beau. Va chercher la corde.

D'un seul coup flamboyant, Fury coupa la corde qui enserrait les branches. Elles jaillirent, rappelant à Catherine un livre pop-up de Noël. À l'angle, de chaque côté, les bannières encadraient l'immense arbre touffu, qui se rétrécissait jusqu'à atteindre précisément leur hauteur au sommet. Diablo poussa un glapissement extatique et, enroulant la corde, Fury annonça :

– Et voilà. Noël avec une ambiance à la Jackson Pollock.

Catherine serra les mains de joie. Les éclats de couleur sur le tissu crème épais formaient un fond vibrant, et le seau à la base de l'arbre produisait une lueur d'argent sous les branches sombres. Il y avait bien un air funky de Jackson Pollock, mais l'effet dominant était celui des décors de théâtre peints sur les cartes de Noël de jouets qu'elle recevait de sa grand-mère. Hypnotisée, elle en fit la remarque à Ann, qui acquiesça.

– C'est magique. C'est vraiment magique, Fury.

Avec une série de mouvements agités, Diablo indiqua qu'il était totalement d'accord. Fury rigola.

– Ça fera l'affaire pour l'instant, mais je vous préviens, ça va être un enfer logistique d'ici la veille de Noël.

– Je ne comprends pas.

– Je vais devoir continuer à faire des changements rapides ici devant pendant que nous travaillons comme des fous derrière les rideaux. Nous devons susciter l'impatience. De l'excitation. Créer un peu d'esprit théâtral. Sinon, les gens se rendront compte qu'il ne s'agit que d'un sapin de Noël et de quelques feuilles de poussière tachées de peinture.

– Mais c'est l'arbre parfait. Je ne sais pas comment vous remercier.

Diablo poussa un hurlement d'indignation et Fury grimaça.

– D'accord, c'est juste, je ne vais pas le nier. C'est lui qui l'a sélectionné spécialement pour vous.

CHAPITRE HUIT

Mary Casey aimait ce qu'elle appelait un bon bol de cornflakes, et elle ne supportait pas les bavardages joyeux pendant qu'elle les mangeait. Elle l'avait dit haut et fort lorsque Hanna l'avait emmenée pour la première fois voir la maison Garrybawn.

– J'aime avoir un peu d'intimité quand je prends mon petit déjeuner. Et je ne veux pas que des gens se présentent sans y être invités. Si je ferme une porte, elle reste fermée jusqu'à ce que je l'ouvre.

– Je sais. C'est pourquoi nous avons pensé que Garrybawn serait parfaite pour toi. Tu auras ton propre appartement, avec ta propre porte d'entrée, et tu pourras te faire à manger si tu le souhaites. Ou si tu choisis de prendre certains de tes repas dans la salle à manger, les autres résidents seront d'une excellente compagnie.

Mary avait répondu qu'elle en serait juge.

Theresa leur avait montré la salle à manger, le salon, le charmant jardin d'hiver avec ses fauteuils, ses livres et ses magazines, et un appartement qui donnait sur le jardin. Au-delà du jardin, il y avait des champs et les contreforts des montagnes. Mary avait inspecté la chambre à coucher et le salon confortable de l'appartement, ainsi que les placards de la kitchenette. En ouvrant la porte de la salle de bains, Hanna avait dit :

– Tu vois, maman ? Il y a des barres d'appui. Et tout est à bonne hauteur. C'est ce que Brian te disait hier soir.

– Et comme je l'ai dit à Brian, je peux encore me lever des toilettes sans aide.

– Je sais. Mais une barre est formidable pour t'aider à sortir du bain. J'en ai une.

– Tu ne devrais pas avoir besoin de barres d'appui à ton âge. Tu n'as pas de force dans les muscles, c'est ton problème.

Après avoir congédié Hanna, Mary s'en était prise à Theresa.

– Pourquoi voudrais-je m'asseoir ici, à l'arrière de la maison, pour regarder l'herbe pousser ?

– Les appartements situés à l'arrière sont les plus demandés, madame Casey.

– Eh bien, cela ne me conviendrait pas du tout. Je voudrais être à l'avant, avec vue sur l'arrêt de bus, pour voir qui se rend en ville.

Elle avait asséné cela avec l'air de quelqu'un qui avait abattu sa carte maîtresse, mais Theresa avait répondu que, comme par hasard, un appartement de devant était vacant.

– Ils ont tous la même taille. Voulez-vous le voir ?

À contrecœur, Mary avait dit oui. Après avoir visité, elle avait pincé les lèvres avec une moue belliqueuse.

– Je ne sais pas pourquoi vous essayez tous de me coller dans un foyer.

– Oh, Mam ! C'est n'importe quoi. C'est une vie protégée. Tu as dit toi-même que le bungalow devenait trop grand pour toi, et la vérité, c'est que nous nous inquiétons de te savoir seule là-bas.

– Je t'ai dit, quand j'ai accepté de visiter, que je ne me laisserais pas faire, Hanna. Si je décide de m'installer ici, ce sera pour une bonne raison. Et je te dis franchement que je n'en ai pas encore vu une seule.

Hanna avait immédiatement fait marche arrière, mais ce soir-là, Jazz, que Mary adorait, s'en était mêlée.

– Tu sais, Gran, que tu es assise sur un capital important dans ton bungalow ? Je parie qu'un comptable dirait que si tu liquidais tes biens, tu ferais un choix judicieux que tu ne regretterais pas.

Le comptable qu'elle avait trouvé pour Mary l'avait soutenue.

– Bien sûr, madame Casey, vous souhaitez peut-être léguer vos biens à quelqu'un dans votre testament. Mais si vous vendiez, vous libéreriez un capital considérable, que vous pourriez dépenser de votre vivant comme vous le souhaitez.

– Ces appartements de Garrybawn ne sont pas gratuits, tu sais.

– C'est un établissement géré par le conseil municipal. Les résidents versent une contribution ; le gouvernement paie le reste.

La réunion avec le comptable avait été déterminante. Hanna et Jazz, qui travaillaient toutes les deux, étaient heureuses dans leur propre maison, tandis que le seul revenu de Mary était sa pension d'État. Avant d'aller visiter la maison Garrybawn, Hanna et Brian lui avaient demandé de s'asseoir et lui avaient dit qu'elle ne devait pas se préoccuper de l'argent.

– Si tes économies s'amenuisent, nous couvrirons tes frais, quel que soit l'endroit où tu choisis de vivre. De notre point de vue, ce qui compte, c'est que tu sois heureuse.

C'était gentil de leur part, et Mary savait qu'ils étaient sincères, mais elle détestait l'idée de perdre son indépendance financière. Elle savait aussi qu'ils s'inquiétaient sincèrement pour elle ces derniers temps. À vrai dire, elle était elle-même un peu inquiète. Johnny, le voisin, avait subi un cambriolage qui l'avait déstabilisée et, ces derniers temps, elle se surprenait à oublier les choses les plus simples, comme l'endroit où elle avait laissé ses pantoufles, la raison pour laquelle elle était entrée dans une pièce, ou si elle avait bien éteint le gaz. Ce genre de choses ne pouvait qu'empirer, et à ce moment-là, elle risquait de perdre complètement son indépendance. Alors, allongée dans son lit au bungalow, elle avait pris sa décision et n'avait jamais regretté d'avoir emménagé à Garrybawn House. De temps en temps, surtout si elle avait quelque chose à se reprocher, elle prenait même son petit déjeuner dans la salle à manger.

Aujourd'hui, vêtue d'un pull Pringle et d'un gilet assorti, elle avait choisi une table, ajusté un rang de perles sur sa poitrine imposante et cherché quelqu'un à qui parler. Il était trop tôt pour que la plupart des autres résidents apparaissent, alors elle se contenta de Saoirse, qui était venue prendre sa commande.

– Des champignons frits avec des tomates grillées sur des toasts, et je ne veux pas que du basilic se cache parmi les champignons.

– Pas de problème. Ils sont frits à la demande.

– Vas-y, alors, je les prendrai. Et je dois me dépêcher. Je vais à Lissbeg ce matin par le bus de neuf heures trente.

Le visage de Saoirse s'illumina.

– Moi aussi.

Mary fronça les sourcils devant cette digression parmi ses propres projets, mais, sans se décourager, elle continua :

– Ma petite-fille m'a réservé quelque chose pour me faire plaisir, comme cadeau de Noël anticipé. J'ai bien vendu mes affaires, alors j'aurais pu payer moi-même, mais Jazz a toujours été très gentille avec moi.

– C’est bien.

– Elle est responsable marketing. Très haut placée. Elle est à Londres pour Noël, alors elle a tout organisé à l’avance.

– J’espère que vous passerez un bon moment.

– Ce n’est pas à Londres que tes parents et toi vous rendez au début de l’année ? Tu feras de bonnes affaires pendant les soldes de janvier.

Saoirse répondit que son père avait réservé des places pour un fabuleux spectacle et qu’ils seraient logés dans un hôtel du West End. Ignorant cette remarque, Mary secoua sa serviette de table.

– Il s’agit d’un cours de pâtisserie pour stars au Centre du couvent. Note bien que je battais la meringue pour obtenir des pics fermes bien avant ta naissance. Mais je ne voudrais pas que ma petite-fille pense que je suis ingrate. Et bien sûr, qui sait, je pourrais donner quelques conseils de pâtisserie à ce type blindé et célèbre.

De retour dans la cuisine, Saoirse transmit ces informations à sa mère.

– J’imagine Mary Casey donnant des conseils au chef le plus cool ! Et elle ne manquera pas d’annoncer qu’elle me connaît. Je mourrai de honte.

– Ça suffit comme ça. Fais attention à tes manières. Et, pour l’amour du ciel, utilise ta tête, Saoirse. La moitié des gens qui suivent des cours de stars sont des retraités. Qui d’autre serait libre, ou aurait l’argent pour ça ?

C’était un point qui n’avait pas effleuré l’esprit de Saoirse. Elle avait vaguement imaginé que le cours serait rempli de personnes glamours comme Adam. Maintenant, elle se rendait compte que c’était idiot. Les participants ne seraient pas passionnants. Ce seraient des gens ordinaires de Finfarran et, comme le disait sa mère, il y avait de fortes chances qu’ils ne soient pas si jeunes que ça. C'était un peu décevant, mais en remettant la commande de petit déjeuner de Mary, elle se dit que rien ne pouvait changer le fait que le chef le plus cool lui avait versé son café et l'avait laissée le conseiller sur ses questions-réponses.

Adam avait passé la majeure partie de la nuit éveillé, à réfléchir. Gagner le titre de chef le plus cool avait été un grand pas en avant dans sa carrière. Il avait travaillé vingt-quatre heures sur vingt-quatre pour l'obtenir, sachant que les portes que ce titre ouvrirait changeraient sa vie. Ce qu'il ne savait pas, c'est à quel point cela lui ferait perdre sa vie privée. Il avait appris à faire face aux parasites, aux trolls sur Internet et aux paparazzis, mais le regard des gens ordinaires lorsqu'ils le reconnaissaient le faisait toujours flipper. C'est ce qui s'était passé lorsqu'il avait vu Lia dans la salle à manger du *Royal Vic* et qu'il avait détourné le regard dès que leurs yeux s'étaient croisés. Et puis, miraculeusement, quand il l'avait rencontrée dans le bus, il s'était avéré qu'elle ne l'avait pas reconnu. Ils n'étaient que deux personnes qui s'étaient croisées dans la salle à manger d'un hôtel. C'était tellement important qu'il avait paniqué lorsqu'il avait appris qu'elle était inscrite à son cours.

Se retournant dans son lit, Adam grimaça à ce souvenir. Il aurait dû lui dire qui il était, et il en avait eu l'intention, mais il n'avait pas réussi à trouver les mots. La vérité, c'est qu'il avait eu peur. Il avait imaginé un regard confus se transformant en colère. L'amabilité se transformant en méfiance. L'intérêt remplacé par l'embarras. Tout s'était passé si vite – et puis il y avait eu l'espoir d'un sursis, lorsqu'elle avait dit qu'elle renoncerait peut-être au cours. Il s'était accroché à l'idée que, si cela arrivait, il pourrait la trouver à l'hôtel et parler sans que personne regarde. Au moment où son réveil avait sonné, il avait décidé que la discussion aurait lieu au petit déjeuner.

Mais quand il était descendu prendre son petit déjeuner, Lia n'était pas là. Il envisagea de demander au serveur si elle avait déjà fini, mais il savait que s'il le faisait, cela risquait de faire jaser dans la cuisine. Après avoir commandé, il commença donc à faire défiler ses messages du matin. Le premier provenait de Dom. « Tu parles français, n'est-ce pas ? » Déconcerté, Adam répondit : « Non. Pourquoi ? » Immédiatement, le téléphone sonna et la voix éraillée de Dom surgit dans son oreille.

– Pour l'amour du Christ, Adam, tous les chefs parlent français ! Qu'est-ce qui t'arrive ?

– Non, ce n'est pas le cas.

– Qu'en est-il de tous ces « Oui, chef » qui retentissent dans les cuisines ?

– C'est une convention. Je ne parle pas français. Qu'est-ce qui t'a donné cette idée ?

– Je t'ai entendu parler de « cuisson », de « cordon-bleu » et de « pommes frites ».

– Tu m'as aussi entendu parler des pâtes qui sont « *al dente* ». Cela ne veut pas dire que je parle italien.

– D'accord. Très bien. Oublie ça. Passons à autre chose.

– Mais pourquoi voulais-tu savoir ?

– C'est juste une idée qui a été lancée pour ta série.

La voix de Dom s'était ramollie.

– Cela n'aurait probablement pas fonctionné de toute façon. Je t'ai dit d'oublier.

Adam fronça les sourcils.

– Tu m'as dit qu'on n'en était qu'aux débuts. Je ne savais pas que tu parlais de format.

– C'est le cas. Nous n'en sommes pas là. C'était juste une discussion dans un ascenseur, Adam.

– Mais pourquoi ?

– Oh, pour l'amour de Dieu, je ne passe pas toute ma vie à parler d'argent, tu sais. Il faut bien qu'il y ait un peu de flim-flam pour graisser les rouages et faire avancer les choses. Tous les petits cadres veulent être des créatifs. Tu le sais bien. Oh… attends… j'ai un appel à prendre. On se parle plus tard.

Le serveur arriva avec des toasts et Adam beurra une tranche, se sentant inquiet. C'était bizarre de penser que des gens lançaient des idées sur son avenir sans qu'il soit question qu'il fasse partie de la discussion. Il supposait que c'était juste une autre chose qui venait avec le fait d'être une célébrité et, de plus en plus, il n'était pas sûr d'aimer ça.

Une heure plus tard, il passa la tête par la porte du bureau de Phil. Elle se leva d'un bond.

– Tout est prêt. Tes ingrédients sont arrivés et ils sont en bas dans la cuisine. Un coursier est venu avec les cadeaux. Je les ai déballés. Des produits de qualité. J'ai mis les tabliers sur les bancs de travail – la blanchisserie passera les prendre chaque jour et les rendra le matin, donc c'est arrangé. Vos déjeuners sont prêts, Saoirse est déjà là, et je ferai des allers-retours quand je le pourrai. Et, bien sûr, je serai là pour faire les présentations de ce matin.

– Génial. Tu es manifestement au courant de tout.

– Je suis une personne attentive aux détails. La concentration est mon mot-clé.

– Je suppose qu'il n'y a pas eu d'annulation ?

Phil avait l'air perplexe.

– Des annulations ?

Adam avait passé le trajet jusqu'à Lissbeg entièrement concentré sur Lia. En rougissant, il dit :

– Je me demandais juste si l'un des participants avait annulé. Cela arrive parfois.

– Pas ici. Les gens n'arrivent pas à croire que tu sois venu jusqu'à Lissbeg. Même avec une jambe cassée, ils arriveraient en titubant sur des béquilles.

– Oh ? D'accord. Bien. Je vais y aller et m'installer.

Saoirse était arrivée une heure avant les participants, comme prévu, et avait été ravie de recevoir un tablier du *Chef le plus cool.* Il était en lin vert avec des inscriptions crème, et avait de longs cordons qui faisaient plusieurs fois le tour de sa taille. Sur chacun des bancs se trouvaient un tablier identique, un fouet ballon et les ingrédients pour une génoise. Saoirse avait étudié le dossier d'information jusqu'à ce qu'elle le connaisse par cœur. Un en-tête sur chaque page indiquait « Des cakes à rapporter à la maison », et la recette du jour se trouvait sur une feuille plastifiée illustrée d'une photo. Adam expliqua qu'aujourd'hui, quand les participants auraient préparé une version de base du gâteau, il ferait la démonstration d'un petit pain suisse au chocolat avec du gingembre cristallisé et une garniture de crème au beurre et à la meringue suisse.

– Il s'agit d'un mélange très simple. Ils l'auront probablement tous déjà fait. Le but est de montrer qu'il est possible de l'améliorer, si...

À bout de souffle, Saoirse répondit :

– « ... si vous lui donnez un peu d'amour ».

Adam rit.

– J'allais dire « si vous utilisez votre imagination ». Quoi qu'il en soit, c'est notre thème. De nouvelles tournures pour nos plats traditionnels préférés. Nous le développerons avec les autres recettes au cours des prochains jours.

Saoirse aurait préféré se taire. Le slogan qu'elle avait trouvé était celui qu'elle l'avait entendu utiliser sur TikTok, mais le citer de cette façon avait probablement semblé totalement grossier. Se retirant au bout de la pièce où se trouvaient les lavabos, elle s'assit et relut le dossier d'information.

La première participante à arriver était Darina Kelly, une grande femme aux cheveux mal coiffés. Elle était suivie d'un instituteur à la retraite, M. Maguire, et de deux dames de Cork portant des sacs fourre-tout Orla Kiely. Impressionnées par la célébrité d'Adam, les dames de Cork restaient silencieuses, mais son charme et sa simplicité les détendirent et bientôt elles bavardaient et échangeaient des plaisanteries avec lui, comme de vieux amis. Saoirse se demanda si elle ne devrait pas proposer aux gens de prendre leur manteau. Décidant qu'elle pouvait bien le faire, puisqu'elle ne faisait rien d'autre, elle alla tendre la main pour prendre la veste en fourrure de Darina Kelly. Adam dit :

– Santé, Saoirse. Votre attention tout le monde, voici Saoirse Kavanagh, mon bras droit pour les prochains jours.

Tout le monde avait l'air impressionné et, chargée de chapeaux, de manteaux et d'écharpes, Saoirse se demanda ce qu'elle devait faire ensuite. Heureusement, Phil arriva et la traîna à travers la pièce jusqu'à un portemanteau, où Saoirse accrocha les vêtements au hasard, en espérant qu'elle se souviendrait de ce qui appartenait à qui.

D'autres personnes arrivèrent. Mary Casey fit son entrée, s'inclina devant Phil et serra gracieusement la main d'Adam. Saoirse reconnut Declan de Tintawn Terry's Hardware, qui l'avait devancée à l'école et qui travaillait maintenant pour son père. Derrière lui se trouvait une femme à la carrure marquée et au visage sympathique et, derrière la femme carrée, un couple tranquille qui semblait avoir à peu près le même âge que les parents de Saoirse.

Ils prirent un café autour de la table en bois. Saoirse s'assit à côté de Phil. Les gens se présentèrent les uns aux autres et Adam, en tenue blanche de cuisinier, leur expliqua la forme que prendrait le cours. Il avait semblé nerveux tout à l'heure et n'avait cessé de jeter des coups d'œil à la porte, mais une fois que Phil avait prononcé son discours d'accueil et déclaré le cours ouvert, il s'était détendu. En arrivant à la recette du jour, il brandit l'un des fouets ballon imprimés avec le logo du *Chef le plus cool.*

– La génoise est donc une génoise classique enrichie de beurre et de jaunes d'œufs. Elle est légère, humide et moelleuse, et la montée dépend de la façon dont vous fouettez vos œufs. Si vous utilisez un batteur électrique, il faudra au moins huit à dix minutes au-dessus d'un bol d'eau chaude. Et je vous préviens, si vous utilisez un fouet ballon, vous finirez par respecter le chef qui a imaginé la recette !

Jetant un coup d'œil autour de la table, il afficha un sourire charmant et professionnel.

– Ce matin, en même temps que vos tabliers du *Chef le plus cool*, vous trouverez un de ces fouets sur votre plan de travail. À vous de voir si vous l'utilisez comme un défi ou comme un rappel. Quoi qu'il en soit, avec cette recette, le fouet sera le secret de la réussite.

Il y eut un bourdonnement d'anticipation, interrompu par un reniflement de Mary Casey.

– Moi, on ne me trouvera pas en train d'utiliser l'un de ces trucs, et je n'ai pas besoin qu'on me donne un tablier gratuit. J'ai ma propre bavette qui me sert depuis des années dans mon sac, et j'ai passé beaucoup trop d'années de ma vie à battre des œufs.

Cramoisie jusqu'aux oreilles, Saoirse plongea le nez dans son café. Lorsqu'elles s'étaient assises pour la première fois à la table, Mary avait donné un coup de coude à la femme à côté d'elle et lui avait dit :

– Bien sûr, la petite Saoirse et moi partageons la même maison.

À la façon dont elle avait parlé, on aurait pu croire qu'elles étaient colocataires ou quelque chose du genre, alors maintenant, vraisemblablement, tout le monde se demandait quel genre d'énergumène traînait avec quelqu'un d'aussi définitivement embarrassant.

Phil intervint :

– Je vais prendre ton tablier, Mary, si tu n'en veux pas.

– Ah non. Si ça vient avec le cours, ma petite-fille ne sera pas la seule à ne pas en avoir. Je l'ai payé au prix fort. Je le rapporte à la maison et je l'emballe pour elle, en guise de cadeau de Noël.

Sa sortie provoqua une tempête de rires de bonne humeur. Saoirse regarda Adam sous ses cils, mais ça ne semblait pas le déranger. En fait, on aurait dit qu'il n'avait rien entendu. Debout, rigide, au bout de la table, tenant toujours le fouet, il regardait par-dessus la tête de tout le monde. En se retournant, Saoirse vit que la double porte s'était ouverte et qu'une fille au nez retroussé, aux yeux gris et aux cheveux noirs et bouclés était entrée.

CHAPITRE NEUF

– Je n'arrive pas à croire que tu n'aies pas compris que je plaisantais.

Lia avait réglé son batteur électrique en mode turbo, et Adam s'efforçait de l'entendre par-dessus le vrombissement qu'il produisait.

– Enfin, Adam, j'ai gagné le prix à la télé. Il y avait des clips de ton émission sur toute la largeur du mur et des photos de toi très beau gosse...

– Beau gosse ?

– D'accord, pas beau gosse. Charmant. Faisant du charme à l'Irlande pour que les gens misent sur toi.

Lia souleva le batteur.

– Est-ce que c'est ce que tu appelles la hauteur du ruban ?

– J'ai dit huit à dix minutes, au minimum. Il faut qu'il triple de volume.

– D'accord. Ne sois pas si méchant.

Lia abaissa à nouveau le batteur dans la pâte qui se trouvait au-dessus d'un bol d'eau fumante.

– Bien sûr que je t'ai reconnu. Comment aurais-je pu ne pas te reconnaître ? Certes, j'étais un peu énervée quand j'ai participé au concours, mais l'énorme photo d'identité sur le dossier d'information m'aurait mis la puce à l'oreille.

Adam se sentait lourdaud. Du coin de l'œil, il pouvait voir Mary Casey se glisser sur son banc pour essayer d'entendre ce qui se passait. Il n'en avait aucune idée et était encore plus gêné qu'avant. Pourquoi n'avait-il pas compris que Lia plaisantait ? Comment avait-il pu penser que quelqu'un inscrit à son cours ne l'aurait pas reconnu d'après sa photo ? Était-il possible qu'on perde la tête quand on tombait amoureux ? Parce qu'apparemment, c'était ce qui s'était passé. Lia lui avait tendu une tablette de chocolat biologique Fairtrade à soixante-quinze pour cent, et il avait perdu le pouvoir de penser rationnellement. Elle leva à nouveau le battoir et haussa les sourcils pour l'interroger.

– Léger, duveteux et semblable à un ruban, c'est ça ?

Adam dit :

– Tu ne peux pas précipiter les choses à ce stade. Tu sauras que c'est bien à la façon dont tu te sentiras.

Il s'était déplacé et s'occupait de M. Maguire lorsqu'il se rendit compte qu'il venait de se dire qu'il était amoureux. Ce n'était pas bon. Il n'en avait pas besoin. Il n'en avait pas envie. Il savait exactement ce que Dom dirait, et il frissonnait à l'idée d'y penser. Et, bon sang, il y avait Seán, le petit ami, à Dublin, qui organisait Noël et envoyait des textos à n'en plus finir. Il bégaya, perdit le fil de ce qu'il disait à M. Maguire, mais, heureusement, M. Maguire s'était lancé dans un discours.

– Je fais chauffer mon sucre à l'avance et j'adopte l'approche Cordon Bleu classique pour mon bain-marie. Deux minutes sur le feu, pas plus, et *je* continue. Et je ne crois pas qu'il faille essayer d'aérer avec un batteur électrique. Je n'ai jamais trouvé cela satisfaisant.

Sur le banc suivant, la femme carrée fit un clin d'œil à une dame de Cork.

– Chez moi, nous jetons les ingrédients dans le saladier et nous prions.

Se ressaisissant, Adam éleva la voix :

– Ceux d'entre vous qui fouettent à la main, comme M. Maguire, mettront plus de temps, mais tout le monde devrait se retrouver avec un bol de pâte jaune pâle. Vous devez continuer, mais vous devez y aller doucement. C'est la même chose pour l'incorporation des autres ingrédients. Et quand votre gâteau est prêt à aller au four, n'oubliez pas de régler la minuterie. Il n'y a rien de plus sec qu'une génoise desséchée.

Il y eut un fracas à l'autre bout de la pièce, un cri étouffé et un flot d'excuses de la part de Darina.

– Oh, mon Dieu, je suis vraiment désolée. Le bol m'a échappé des mains.

Saoirse s'en occupa immédiatement, sans souci et avec une efficacité tranquille.

On ne peut pas en dire autant de moi, pensa Adam, en apercevant les cils de Lia et en sentant son cœur déraper et se mettre à l'envers.

Une fois les gâteaux au four, ils firent une pause thé, pendant laquelle Adam brandit le livre qu'il avait emprunté à la bibliothèque.

– Ceux d'entre vous qui vivent dans la région connaissent le jardin des nonnes. Ceux qui ne le connaissent pas l'ont vu à leur arrivée. Elles y cultivaient des herbes et des plantes qu'elles utilisaient en cuisine.

Il ouvrit le livre et tourna les pages pour montrer un plan du jardin, et des recettes illustrées par de délicats dessins.

– Vous pouvez voir comment les compétences culinaires se transmettent de génération en génération et comment, jusqu'à très récemment, le jardinage et la cuisine allaient de pair.

Saoirse, qui était en train de débarrasser, vint les rejoindre et Adam lui tendit le livre pour qu'elle le fasse circuler.

– Il s'agissait d'ingrédients cultivés à quelques pas de la cuisine. Les gens oublient à quel point les fleurs et les herbes étaient utilisées dans les gâteaux autrefois. Pour colorer. Pour la saveur. Pour la décoration et la texture. Pensez au gâteau aux graines, qui utilise du carvi. Eh bien, les feuilles de carvi sont comestibles elles aussi, et la racine a une texture douce et noisettée. C'est le genre d'idées que vous pouvez apporter pour remplir une simple génoise à étages.

M. Maguire tiqua et dit :

– Ce n'est pas vraiment du Cordon Bleu.

Mary annonça qu'elle avait l'intention de recouvrir ses gâteaux de confiture et de crème fraîche.

– Il n'y a rien de mieux. Attention, vous devez la secouer si vous l'achetez dans la boutique de Cassidy. Il n'y a aucune pression dans les aérosols de cette boutique.

Une des dames de Cork lui demanda quelle sorte de confiture elle faisait. Mary renifla.

– Oh, je ne m'embêterais pas à ramasser des fruits et à faire bouillir du sucre. Vous auriez des taches au plafond. Non, j'ai pris un pot chez *Cassidy* en allant chercher la crème. La moitié de son stock vient de l'étranger maintenant, et les prix ne peuvent pas être meilleurs.

Prenant le livre, Declan en tourna les pages.

– Ma mère avait l'habitude de faire des pétales de rose en sucre pour les gâteaux de mariage. Elle les vendait à une boulangerie de Carrick.

Lia déclara :

– Ma grand-mère faisait un glaçage avec des feuilles de myrte citronné.

Adam compléta :

– Et de nombreuses herbes que nous considérons comme des ingrédients pour les plats salés fonctionnent très bien dans les gâteaux et les biscuits. Le basilic est délicieux.

Mary regarda Saoirse d'un air sombre.

– Ce matin encore, tu n'essayais pas de cacher du basilic sous mes champignons ?

– Non, pas du tout.

– Eh bien, tu l'aurais fait si je n'y avais pas mis un terme. Tu ne me trouveras pas en train de mettre du basilic dans un biscuit. Ni de carvi non plus. À mon âge, les graines se retrouvent sous l'assiette.

Au fil de la matinée, Adam avait pris la mesure de son groupe. Les femmes de Cork étaient des boulangères compétentes qui étaient venues pour apprendre et pour avoir quelque chose à se dire après. Mary lui avait déjà dit à quoi s'attendre, et il avait déjà rencontré M. Maguire. Kevin et Karen, le couple tranquille qui s'était offert le cours comme cadeau d'anniversaire, ne semblaient pas particulièrement intéressés par la pâtisserie, mais Declan, qui avait expliqué qu'il travaillait comme peintre et décorateur, s'était montré enthousiaste dès le début. Darina allait passer son temps à casser des choses, à s'excuser et à prendre beaucoup trop de temps à Saoirse. Cette femme aux formes carrées avait manifestement le sens de l'humour. Et même si traiter avec Phil revenait à manipuler un épagneul surexcité, il avait cerné la jeune femme dès le début et savait qu'elle voulait bien faire.

Seule Lia restait une énigme. Son gâteau avait parfaitement levé et elle avait rempli la génoise refroidie d'une crème mousseline au chocolat. Lorsqu'il lui avait demandé où elle avait appris la recette, elle avait répondu :

– Dans un magazine dans la salle d'attente du dentiste. J'ai une mémoire photographique. C'est une malédiction.

Elle ne correspondait à aucun des stéréotypes qu'il avait l'habitude de rencontrer dans les cours, ce qui n'était pas surprenant puisqu'elle était là par hasard. Un ordinateur l'avait sélectionnée parmi des centaines de participants au concours ; s'il avait été programmé différemment, quelqu'un d'autre aurait gagné. La pensée des probabilités présidant à leur rencontre donnait le vertige à Adam. *C'est sûrement un signe que le destin est de mon côté,* se dit-il. Peut-être que Seán, à Dublin, tomberait sous un bus ou quelque chose comme ça. Ou, mieux encore, tomberait amoureux de quelqu'un d'autre pendant son absence.

Une fois les créations du groupe terminées, il passa à sa démonstration.

– Il s'agit d'un petit pain suisse au chocolat fourré de crème au beurre et à la meringue suisse et de gingembre cristallisé. C'est à peu près la recette de base que vous venez d'utiliser, mais avec du chocolat fondu au lieu du beurre. Le rouler est facile, une fois que vous avez appris à le faire, et vous vous retrouvez avec quelque chose d'impressionnant comme pièce maîtresse de la fête.

Il prépara son mélange pour génoise et le versa dans un moule oblong, qu'il tapota sur le plan de travail pour éliminer les bulles d'air.

– Quand je ferai la crème au beurre, je hacherai le gingembre. La crème fouettée aromatisée avec un trait d'expresso fonctionne aussi très bien. C'est un choix sophistiqué si vous aimez le moka.

Mary fit remarquer sur un ton acide que, pour autant qu'elle s'en souvienne, les religieuses n'étaient jamais sorties de leur cuisine pour récolter du cacao ou du café.

– Ni de gingembre d'ailleurs.

L'une des dames de Cork dit qu'elle faisait pousser du gingembre dans un pot.

Adam sourit à Mary.

– Je suis très attaché à la saisonnalité et aux ingrédients cultivés localement, mais je ne suis pas un fanatique, je vous le promets. Vous pouvez très bien utiliser d'autres ingrédients.

Succombant à son charme, elle lui rendit son sourire à contrecœur.

– Pouf, je vous le dis, mère Aloysius n'était pas très sophistiquée. C'est loin des shots d'expresso que nous avons été élevés.

En levant les yeux de la recette, Declan demanda à Adam :

– Un rouleau suisse sophistiqué ne s'appelle-t-il pas une roulade ?

– Tous les petits pains suisses sont des roulades. Mais toutes les roulades ne sont pas des petits pains suisses.

– Comme si tous les romans étaient des livres, mais que tous les livres n'étaient pas des romans ?

– Exactement. Une roulade, c'est tout ce qui est enroulé autour d'une friandise ou d'un plat salé. Il y en a une super qui est juste composée de feuilles d'épinards enveloppant des champignons et des herbes.

Voyant le regard de Mary à la mention des champignons, Adam s'empressa de poursuivre :

– Cette cuisson prendra donc douze à quinze minutes. Moins que vos gâteaux, parce que c'est une couche plus fine dans un moule peu profond.

Ils passèrent le temps de la cuisson réunis autour de la table, regardant par-dessus l'épaule des uns et des autres le livre des religieuses. Darina était toujours à son établi, essayant de couper en deux couches le gâteau qu'elle avait réalisé d'un seul tenant. Adam la trouva en train de se débattre avec un long fil.

– Oh là là, je l'ai fait pivoter pour lui donner de l'élan, et il s'est enroulé autour de la pince qui retient mes cheveux.

Serrant les deux extrémités du fil, elle le regardait d'un air impuissant.

– Je suis sûre d'aggraver la situation si je les lâche. Est-ce que vous croyez que vous pouvez m'aider ?

C'est le genre de choses dont s'occupait normalement un assistant. Dépassé, Adam fixait l'espèce de nid d'oiseau enchevêtré sur la tête de Darina, certain que s'il essayait de le démêler, les choses empireraient encore.

Puis la voix de Lia demanda :

– Il y a du nouveau ?

Et elle apparut à côté de lui. Darina sursauta.

– Je ne veux pas vous déranger. Je me suis juste emmêlé les pinceaux. C'est une méthode pour couper une génoise. Je l'ai lue dans *Good Housekeeping*.

Lia demanda, l'air impassible :

– Dans la salle d'attente du dentiste ?

– En fait, oui. Comment diable le savez-vous ? Il faut utiliser un couteau. D'abord, vous faites une incision peu profonde. Ensuite, vous torsadez le fil autour du gâteau, et ça passe à travers.

– Ingénieux. Voici donc un plan. Asseyez-vous. La tête en avant. Parfait. Maintenant, Adam tient les extrémités du fil et je démêle le reste.

Après les avoir immobilisés tous les deux, elle retira l'agrafe d'un geste efficace, déroula le fil et sourit à Adam.

– Le problème est résolu.

Darina essayait de ramener ses cheveux ondulés en arrière pour former un chignon.

– Je ne sais pas comment j'ai réussi à provoquer un tel gâchis. Cela semblait si simple.

– Ne vous inquiétez pas. Vous voulez un coup de main pour vos cheveux ?

– Oh, vous voulez bien ? J'ai l'impression d'avoir du fromage sur les bras. Du mascarpone. C'est pour la garniture.

Lia tira les cheveux en chignon et le fixa avec la pince à cheveux.

– Qu'est-ce que vous en pensez ?

Darina secoua la tête.

– Ah, c'est serré.

– On retourne donc à la case départ.

Lia adressa un sourire éclatant à Adam.

– Tu n'as pas dit que ta génoise aurait besoin de douze à quinze minutes de cuisson ? Tu devrais peut-être y jeter un coup d'œil ? J'ai entendu dire quelque part qu'il n'y a rien de plus sec qu'une génoise desséchée.

CHAPITRE DIX

À la librairie, Ann était à l'étage et aidait Angela à déplacer les dernières armoires de cuisine. Dans la cour, avec son bonnet de laine rouge rabattu pour garder ses oreilles au chaud, Tintawn Terry dégageait l'espace pour l'utiliser comme décharge temporaire. Catherine avait ouvert le magasin sur le coup de dix heures et expliquait à une cliente qu'elle avait prévu une semaine de Noël particulièrement excitante.

– Ce sera vraiment théâtral, avec des changements magiques chaque jour pour soutenir nos événements festifs.

– Que voulez-vous dire exactement ?

Ne sachant que répondre, Catherine la regarda d'un air absent. À sa grande horreur, elle s'entendit répondre d'un ton arrogant :

– Ah, c'est à moi de le savoir et à vous de le découvrir.

Maudit Fury, pensa-t-elle, *j'ai l'air d'une idiote. S'il me fait jouer dans une pantomime, il aurait au moins pu me donner un texte.*

Une femme, les mains sur les hanches, considérait l'arbre de Diablo, qui semblait frémir d'énergie canine.

– C'est très coloré, n'est-ce pas, avec les rideaux et les bannières ? Mais vous n'allez pas décorer votre sapin de Noël ?

Instantanément, Fury émergea de derrière les feuilles de poussière.

– Madame Sullivan ! Cela fait une éternité que je ne t'ai pas vue. Comment va la famille ?

La femme était rayonnante.

– Nous allons très bien, Fury. Ça fait un moment, d'accord. Il faudra que tu passes prendre un verre à Noël. Je disais justement à Catherine que son sapin ressemblait à un gros bonhomme sans vêtements.

– Ah, c'est parce que son programme d'événements de Noël est lié à un projet communautaire plus large. Le groupe de retraités de la bibliothèque prépare des décorations pour Noël. Les artistes aussi. Il faudra que tu reviennes jeter un coup d'œil quand elles seront montées. Elles seront grandioses.

– Parbleu, c'est possible.

– Il y a des affiches avec la liste de tous les événements. Tu veux en prendre quelques-unes et les donner à tes voisins ?

– Bien sûr.

Prenant un prospectus, Mme Sullivan regarda Fury d'un air radieux.

– Ah, regarde ça ! Des chants de Noël la veille de Noël ! Est-ce qu'il y aurait des tartes au chocolat à distribuer ?

– Tu peux en être sûre.

– Alors je reviendrai. Il y a toujours quelques petites choses à récupérer en ville un soir de Noël, n'est-ce pas ?

– Et il n'y a rien de mieux qu'un livre, madame Sullivan. À bientôt donc.

Lorsque la femme partit avec une brassée de prospectus, Catherine croisa les bras et regarda Fury.

– Depuis quand mes événements font-ils partie d'un projet communautaire plus large ?

– Depuis que j'ai passé un coup de fil à Hanna hier soir. La bibliothèque regorge de décorations faites à la main. Elle en a la moitié coincée à l'arrière et n'a nulle part où les accrocher.

– Je peux me permettre d'acheter quelques babioles et guirlandes, vous savez.

– Pourquoi ? C'est du pur gaspillage. Et de cette façon, ils reviendront tous pour voir leur travail exposé. Si vous n'arrivez pas à leur vendre un livre pendant qu'ils sont là, c'est que vous n'êtes pas une bien grande commerçante. Mais dites-moi, avez-vous un bonnet de bain en plastique dans la maison ?

– Le mien est dans la salle de bains. Maman en a un aussi. Attendez, pourquoi les voulez-vous ?

– Établissement des priorités. Les affaires qui se trouvaient derrière ont atterri principalement au centre. Tout ce qui se trouvait sur la table en dessous est allé sur le côté. Il en va de même pour la table en question et pour le présentoir de vos cartes de Noël. Vous avez des trucs humides au milieu et de la crasse sur les bords et, quand nous aurons fait tomber le reste du plafond, la poussière sera envahissante. Nous allons donc commencer par passer l'aspirateur sur les étagères et les recouvrir de plastique. Si elles sont propres et scellées avant que nous ne commencions à faire tomber d'autres poussières, les livres qui s'y trouvent pourront rester en place.

– Vous voulez dire que nous avons perdu tout ce que nous avions installé sur la table ?

– Ça et toutes les cartes que vous aviez sur le présentoir.

C'était un coup dur. La table, proche du coin des enfants, exposait des livres de coloriage et des puzzles. Les étagères situées dans la partie arrière de la boutique contenaient tous ses titres classiques et son stock de livres d'occasion. Catherine remercia sa bonne étoile : au moins, les dernières publications et les best-sellers de Noël n'avaient pas été touchés. Puis elle cligna des yeux.

– Attendez un peu. Vous allez couvrir les livres du fond avec des *bonnets de bain* ?

– Arrêtez de dire n'importe quoi. Nous allons couvrir les étagères avec des feuilles de plastique. Terry et moi irons avec des masques et des lunettes de protection. Nous aurons besoin de quelques bonnets de bain sur la tête.

Pendant que Fury partait à la recherche des bonnets de bain, Catherine appelait son distributeur, traquant la commande qui avait été bloquée à la douane.

– Je ne veux pas vous mettre la pression, mais j'ai un lancement ici demain avec l'auteur des *Cakes à rapporter à la maison.*

– Apparemment la palette sera libérée aujourd'hui ou demain matin.

– Pas plus tard que demain matin ? Mon événement a lieu dans l'après-midi.

– Dès qu'elle sera chez nous, les livres seront dehors avec le courrier.

Sachant qu'il n'y avait plus rien à dire, Catherine dit merci et raccrocha. Elle hésitait entre l'espoir et le désespoir lorsqu'une tête apparut à la porte.

– Bonjour, Hanna m'a demandé de déposer des décorations.

– Oh, bonjour. Oui, nous nous sommes déjà rencontrés. Vous êtes Stephen Gallagher.

D'un air satisfait, il entra en disant :

– Je pensais que vous ne vous souviendriez pas de moi.

– Si, si, c'est vrai. C'est un plaisir de vous revoir.

– Je suppose que cela fait un moment. J'ai beaucoup utilisé votre site pendant les périodes de fermeture. Vous remportez certainement un grand succès ici.

– Oui, eh bien, nous continuons à lutter.

Consciente du chaos détrempé qui régnait à quelques mètres d'elle, Catherine s'empressa de changer de sujet.

– C'est gentil à vous d'apporter les décorations.

– Ce n'est pas un problème. Je passe devant votre porte en rentrant chez moi.

– Je sais. Je veux dire, Hanna me l'a dit. Elle a dit que vous viviez à Bridge House.

Catherine jeta un coup d'œil dans le sac poubelle qu'il avait posé près du comptoir.

– Elles sont magnifiques. Dieu sait quand j'aurai le temps de les mettre en place. Les affaires vont bon train aujourd'hui.

– J'imagine que la musique vous aide. Je peux l'entendre dans la rue.

Un vieux lecteur de CD, descendu de l'appartement, jouait des tubes de Noël pour noyer le bruit des aspirateurs.

Catherine avait déjà baissé le volume, craignant une visite de ses voisins ou même de la police, mais Fury avait surgi d'un air réprobateur, l'avait remonté et avait disparu à nouveau derrière les draps. Elle sourit à Stephen en s'excusant.

– Est-ce que c'est trop fort ?

– Pas du tout. C'est la fête.

Il marqua une pause au cours de laquelle il sembla prendre une décision.

– Écoutez, je suis libre pour le reste de la journée. Je pourrais décorer l'arbre pour vous.

– C'est très gentil, mais je ne peux pas vous demander ça.

– Vous ne me l'avez pas demandé, c'est moi qui l'ai proposé. Continuez. Pourquoi je ne le ferais pas ? J'ai l'œil pour la symétrie, et j'aime bien les anges laineux et les cloches pailletées.

En reculant, il contempla l'arbre.

– C'est un gros morceau, hein ?

Catherine acquiesça.

– C'est un cadeau de Fury O'Shea. Vous le connaissez ? Oh, mais bien sûr que oui. Hanna m'a dit qu'il avait travaillé dans votre maison.

Pendant un instant, le visage de Stephen sembla se fermer, et Catherine se souvint que Hanna lui avait aussi dit qu'il avait perdu sa femme et qu'il était sensible aux ragots. Mais si c'était là le problème, des excuses risquaient d'aggraver la situation, alors elle sourit et ajouta :

– Je n'ai jamais vraiment appris à connaître mes voisins. Hanna a dû m'expliquer qui était Fury. Je ne l'ai rencontré que l'autre jour, quand il m'a offert l'arbre.

À son grand soulagement, Stephen se détendit et hocha la tête.

– Oui, il a travaillé dans ma maison. Alors, qu'en dites-vous ? Je m'occupe des décorations ?

– Si vous en êtes si sûr…

Au lieu de répondre, il fit basculer le contenu du sac et commença à le trier. Les petits anges, faits de brins de laine de mouton et de plumes blanches, étaient ceints de fils d'or et couronnés d'auréoles. Les cloches étaient en feutre cramoisi parsemé de paillettes vertes, et le groupe d'artistes plastiques avait utilisé de la paille d'avoine pour fabriquer des étoiles en trois dimensions.

– Avez-vous un escabeau ?

– Dans la réserve. Si vous commencez par les branches du bas, j'irai vous le chercher.

– Pas de problème. Je vais le chercher moi-même. Par ici, c'est ça ?

Au grand désarroi de Catherine, il souleva le bord d'un drap de poussière, puis s'éloigna en titubant tandis que Diablo déboulait de l'arrière-boutique en aboyant férocement et en se plantant parmi les anges. Il était suivi par Fury, qui portait le bonnet de bain d'Ann, avec un masque qui pendait à une oreille et des lunettes de protection à la main. Catherine avait fait un pas en avant au moment où Stephen faisait un pas en arrière, et il avait atterri lourdement sur son pied. Elle grimaça de douleur et il l'attrapa par les coudes.

– Ça va ?

Fury rugit sur Diablo qui cessa brusquement d'aboyer et se recroquevilla entre les feuilles de poussière.

– Désolé. Il a l'habitude de surveiller les sites. Je lui dis qu'un mot discret suffirait, mais il n'y prête pas attention.

Se libérant de l'emprise de Stephen, Catherine se frotta le cou-de-pied.

– Je vais bien.

– C'est bien ainsi.

Reprenant ses lunettes, Fury annonça qu'il retournait à sa bâche en plastique. De nouveau seule avec Stephen, Catherine fit la grimace.

– Comme vous l'avez sans doute compris, nous avons subi une catastrophe majeure.

– Oui, je l'ai repérée en entrouvrant l'ingénieux camouflage.

– C'est un cauchemar.

– Vous pourriez essayer de voir cela comme un passionnant défi.

En pliant son pied meurtri, Catherine lui lança :

– Non, je ne peux pas.

Et elle se sentit immédiatement malhonnête. Après tout, il avait proposé son aide et aurait pu être mordu pour la peine.

Il aurait également pu se sentir offensé par sa réponse, mais il n'en avait pas l'air. Au lieu de cela, il s'accroupit et commença à rassembler les décorations éparpillées.

Au bout d'une heure environ, le gémissement des aspirateurs fut remplacé par le crissement du ruban adhésif utilisé pour fixer les feuilles de plastique. Terry avait transporté l'escabeau jusqu'à l'avant du magasin pour Stephen et, en commençant par positionner les cloches scintillantes, Stephen montait les échelons. Les anges faisaient des accents blancs et dorés étincelants parmi les branches sombres, et les étoiles étaient suspendues par des boucles de ruban cramoisi. Catherine surveillait la progression de derrière la caisse, et plusieurs personnes qui étaient entrées et étaient parties faire des courses en ville étaient revenues pour voir comment il s'en sortait. Des membres du groupe artistique avaient commencé à apparaître, disant qu'ils passaient par là, et, saisissant l'occasion, elle leur vendit quelques livres de science-fiction et le dernier roman policier. Deux d'entre eux restèrent à discuter de la toile de fond éclaboussée de peinture derrière l'arbre, et leurs voix étaient clairement audibles.

– *Santa Baby* chantée par Eartha Kitt.

– C'est un peu comme Jackson Pollock, n'est-ce pas ?

– Mais les couleurs sont du pur Mondrian.

– Sans le noir.

– Sans le noir, évidemment. Mais il s'agit d'une approche différente.

– Quoi qu'il en soit, Mondrian n'est qu'une question de lignes droites et d'arêtes vives. Regarde ces formes fluides et cette magnifique allure contemporaine. Je suis sûre de connaître le nom de l'artiste. Je l'ai sur le bout de la langue. Je crois qu'il est suédois.

Hâtivement, Catherine se détourna pour dissimuler un sourire. Fury lui avait dit que les éclaboussures provenaient de cinquante ans de peinture sur les murs et les plafonds de Finfarran.

– Et n'est-ce pas formidable la façon dont le lavage à l'eau bouillante se débarrasse de la saleté et conserve les couleurs ? Je vais te dire une autre chose. Les couleurs les plus vives sont les plus anciennes. Parbleu, il y a une thèse philosophique là-dedans.

À midi, Ann vint demander si Catherine voulait bien sortir pour manger des sandwichs.

– Fury dit double fromage et jambon avec cornichon et moutarde pour lui et Terry. Angela veut une salade. Je ne serais pas contre un petit pain au thon et au maïs doux.

Levant les yeux de la liste qu'elle tenait à la main, elle sursauta et s'exclama à la vue du sapin que Stephen venait de terminer. Catherine les présenta.

– Maman, voici Stephen Gallagher. Hanna avait des décorations de rechange à la bibliothèque. Stephen a eu la gentillesse de les monter et de les accrocher pour nous.

– C'est incroyable. Angela dit que le *Café du jardin* fait les meilleures salades à emporter. Si Stephen est libre, pourquoi ne l'emmènerais-tu pas là-bas et ne lui offrirais-tu pas le déjeuner, pour le remercier ?

– Oui, êtes-vous libre, Stephen ? Voulez-vous venir ?

– Je n'ai vraiment pas besoin d'être remercié. C'était assez facile de passer voir.

– Oui, mais regardez le temps que vous avez passé à décorer ce splendide sapin.

Ann lui tendit la liste.

– Si ça peut vous rassurer, comme vous passerez devant le magasin sur le chemin du retour, vous pouvez aider Catherine à porter ce lot.

En riant, Stephen dit :

– Oui, pourquoi pas ? Cet escabeau m'a ouvert l'appétit.

Ils descendirent Sheep Street et traversèrent jusqu'au rond-point de Broad Street, où une crèche avait été installée pour collecter des fonds au profit d'une association caritative qui hébergeait des personnes dormant dans la rue. En attendant une interruption de la circulation pour traverser la rue jusqu'au jardin des nonnes, Catherine admira les personnages en bois brut. Saint Joseph était un jeune homme assis près de la crèche, les bras serrés autour de ses genoux relevés, le front appuyé sur eux, et à ses pieds un pain à moitié mangé et son sac d'outils de charpentier. La Vierge était couchée sur le côté, sous une couverture qui recouvrait son corps, un coude replié et la tête appuyée sur sa main. Ses cheveux, qui tombaient sur son visage, étaient aussi délicatement sculptés que la paille sur laquelle reposait l'Enfant emmailloté. Catherine regarda la tension dans les mains du jeune homme et l'affaissement épuisé de la tête de la jeune fille. Quelques semaines plus tard seulement, pensa-t-elle, ils étaient des demandeurs d'asile, fuyant vers l'Égypte devant les soldats d'Hérode qui les poursuivaient. Sentant le regard de Stephen sur elle, elle dit :

– Je n'ai jamais vu un berceau comme celui-ci, et vous ? C'est touchant. Et je ne pense pas qu'ils se soient réellement agenouillés pour adorer.

– Pas si elle vient d'accoucher.

– Avez-vous des enfants ?

Il secoua la tête.

– Non. Cela ne s'est jamais produit. J'avais un gros poste dans la distribution de films. Je voyageais beaucoup. Ma femme tenait une boutique à Dublin avec un ami. Nous avions dans l'idée de travailler à temps plein, de prendre une retraite anticipée et de venir ici pour vivre notre rêve.

Catherine dit :

– Je suis désolée. Quand est-elle morte ?

– Il y a quelques années. Elle a eu une attaque. Elle était là une minute et disparaissait l'instant d'après.

La circulation leur offrit un répit et ils traversèrent le jardin des nonnes, où les feuilles cramoisies faisaient des flaques de couleur le long des murs d'enceinte. Alors qu'ils s'approchaient du café, Bríd en sortit avec une pile de plateaux surmontés de couvercles en plexiglas, et sourit en passant. Bien que Catherine n'ait pas l'habitude de poser des questions personnelles à des inconnus, elle s'arrêta sur les marches et demanda à Stephen :

– Quel était ce rêve ? Celui que votre femme et vous aviez en tête ?

Sa réponse fut si longue à venir qu'elle craignit d'avoir été indiscrète. Puis il sourit.

– Oh, le simple fait d'être ici. S'installer. Faire pousser des choses. Le jardin derrière Bridge House descend jusqu'à la rivière. Sophie, ma femme, avait prévu de le remplir d'arbres pour attirer les oiseaux.

Il ouvrit la porte et ils entrèrent dans le café. À son grand étonnement, Catherine s'aperçut que ses yeux étaient pleins de larmes.

CHAPITRE ONZE

Lorsqu'elle revint au magasin, un panneau sur la porte indiquait « Fermé pour le déjeuner ». Catherine s'empressa donc de descendre le chemin de traverse et d'entrer dans la cour, puis elle ouvrit la porte arrière et monta à l'appartement. Les vieilles armoires de cuisine avaient disparu, les cartons des nouvelles armoires étaient empilés et bien ordonnés le long du palier. Dans le salon, Ann et Angela buvaient du thé.

– Nous avons fermé pour le déjeuner ?

– Question de santé et de sécurité, dit Angela en posant sa tasse, dont le bord portait l'inscription « Tintawn Terry's Tiles Take the Biscuit ! » en lettres rouges. Papa et Fury sont sur le point de faire tomber le reste du plafond. Là, tu peux les entendre maintenant.

Une série de chocs et de détonations sembla ébranler le bâtiment.

Catherine se figea.

– Mon Dieu, qu'est-ce qu'ils font ?

– Ils frappent avec un manche à balai. C'est leur méthode préférée. Lorsque tu donnes un bon coup de poing à un morceau qui pend, le reste suit.

Un autre choc produisit un effondrement.

– Et c'est l'équivalent de cent ans de poussière qui se trouve sous le plancher de ta cuisine.

Angela regarda le sac que Catherine avait à la main.

– As-tu réussi à me trouver une salade ? Elles se vendent très vite.

– Quoi ? Des pois chiches, de la salade de chou et de betterave.

– Fabuleux.

Angela s'installa avec sa salade, et Catherine tendit à Ann un petit pain au thon.

– Il n'y avait pas de thon avec du maïs doux. Je l'ai pris avec des échalotes.

– Parfait. Stephen et toi avez bien déjeuné au café ?

Assise à côté d'elle, Catherine siffla :

– Tu *sais* que nous ne fermons jamais la boutique à l'heure du déjeuner.

– Contre l'amour, ça ne sert à rien de lutter. Fury a raison. Nous ne pouvons pas risquer de blesser un client.

Des pas claquèrent sur le palier et le visage moustachu de Diablo apparut dans l'embrasure de la porte. Angela le regarda en secouant la tête.

– J'ai pris de la salade. Tu n'aimerais pas.

Il entra dans la pièce et, après avoir reniflé les échalotes d'Ann, se recroquevilla dans un coin de soleil hivernal et s'endormit.

Ann sourit à Catherine.

– Heureusement qu'Angela a apporté sa propre tasse. À ce stade, la plupart des nôtres sont alignées en attendant la vaisselle. J'ai réservé toute l'eau que nous avons pour boire. Il a fallu couper l'arrivée d'eau à nouveau. Apparemment, la plupart des joints de la cuisine étaient défectueux.

En tendant la théière, elle demanda :

– Veux-tu du thé ? Il est encore chaud.

– Je suppose que je pourrais aussi bien, si je ne peux pas reprendre mon costume de libraire.

– Tu pourras le faire dès que le plafond sera tombé. Et ne panique pas. Nous avons fait de bonnes affaires ce matin, et beaucoup de gens nous ont demandé des tracts sur les événements.

– Je suppose que les livres d'Adam Rashid ne sont pas arrivés ?

Ann la poussa doucement.

– Pas encore, et s'inquiéter ne les fera pas arriver plus vite. Parle-moi de ce Stephen Gallagher. Il a l'air sympa.

En bas, Fury et Terry étaient couverts de poussière de plâtre. Leurs lunettes avaient laissé des cercles sombres sur leurs visages blancs comme de la craie, et des gouttes de sueur coulaient de leurs bonnets de bain à leurs masques. Ils étaient appuyés sur des balais, enfoncés jusqu'aux chevilles dans les débris, lorsque la porte s'ouvrit et qu'Angela dit :

– Mon Dieu, vous ressemblez à deux bonshommes de neige en train de fondre !

Elle regarda vers le haut.

– C'est très bien, vous avez réussi à le faire en un temps record.

Terry répondit :

– Il faudra beaucoup plus de temps pour transporter les gravats jusqu'à la cour. Et encore plus longtemps si les gens continuent à nous interrompre.

Fury retira son masque et regarda Angela.

– Un coursier a frappé à la porte, il avait des cartons d'un distributeur de Dublin. Ils sont près de la caisse.

– Voilà qui va remonter le moral de Catherine.

Angela revint avec des victuailles.

– C'est le bon moment, s'exclama Fury en essuyant la sueur de son visage, redressant ses épaules.

– Et maintenant, des sandwichs. Puis des pelles. Et dis aux dames à l'étage qu'elles peuvent rouvrir leur porte et vendre des livres.

Catherine défaillit presque de soulagement lorsqu'elle ouvrit la boîte. La couverture crème du livre de cuisine était ornée d'une photo d'un succulent gâteau au chocolat garni de mûres, et une photo d'Adam en noir et blanc agrémentait le dos du livre. Ann sortit un exemplaire de la pochette en plastique.

– Imagine un peu qu'ils soient arrivés à temps, mais que nous ayons dû annuler le lancement.

– Je ne veux même pas l'imaginer. Tout cela est trop proche pour être rassurant.

Ann l'entoura de son bras.

– Mais jusqu'à présent, tout va bien. Et le sapin n'est-il pas encore plus beau maintenant qu'il est décoré ?

– Je suis tout à fait d'accord. J'adore la façon dont ils se répondent avec l'arbre à livres. Bravo à Fury.

– Et à Stephen.

En commençant à déballer les livres, Catherine se souvint de la conversation au café. Ils s'étaient assis à une table d'angle avec vue sur le jardin et avaient commandé la soupe maison du jour avec du pain de campagne. La soupe était chaude et le pain délicieux et, à sa grande surprise, elle s'était détendue. Stephen était d'une compagnie facile, il avait de l'esprit et lisait beaucoup. En bavardant, elle avait découvert que, comme elle, il avait passé du temps à Berlin pour son travail.

– J'y allais chaque année pour le festival du film. La première fois que j'ai vu la Potsdamer Platz, j'ai senti que j'avais vraiment réussi dans le métier.

– Notre siège social se trouvait juste au coin de la rue, dans l'un de ces gratte-ciel en verre réalisés par un architecte à la mode. D'emblée, la visite m'a semblé être le summum de la sophistication.

– Ensuite, les paillettes s'estompent et il ne reste plus qu'à emballer et déballer les caisses.

– Vous en avez assez de voyager constamment, n'est-ce pas ? Ce n'est pas que la librairie soit un métier facile. Quand on possède sa propre entreprise, on est toujours à la limite de ses capacités.

Catherine émietta le pain dans son assiette.

– C'est pour ça que je me suis emportée contre vous tout à l'heure. Je suis désolée.

– Oubliez ça. Ma blague était stupide.

– C'est juste un plafond qui est tombé. Je ne sais pas pourquoi je me suis laissée aller à tant d'énervement.

– Parce que la librairie est votre gagne-pain et qu'en plus, quelqu'un aurait pu être gravement blessé.

– Nous avons un programme chargé cette semaine, alors nous essayons d'aller de l'avant sans que les gens sachent ce qui s'est passé. Hanna est au courant, mais c'est différent.

– Quand il s'agit des affaires des autres, Hanna est la discrétion incarnée. Et je ne dirai pas un mot.

Catherine esquissa un sourire et essaya de changer de sujet.

– Désolée. Je suis ennuyeuse. Parlez-moi un peu plus de votre travail.

– Pas tant que vous restez assise là, l'air effrayé. Dites-moi à quoi vous pensez.

Elle avait entendu sa voix vaciller.

– Oh, mon Dieu. Je ne sais pas par où commencer. En fait, si. Nous avons un énorme lancement de livre pour une star demain. La presse vient. Les éditeurs envoient quelqu'un de

Londres. Je n'ai aucune idée de la folie que Fury va inventer. Et ces fichus livres pour le lancement ne sont pas arrivés.

– Qu'est-ce qui se passe ?

– Ils sont bloqués sur une palette à la douane.

– À cause de l'ETA ?

– Ils ne savent pas. J'attends un appel.

Comme elle était ramenée au présent, Catherine attrapa son sac.

– Et je dois vraiment retourner à la librairie. Le déjeuner est un créneau très chargé.

– Votre mère s'en occupe, n'est-ce pas ?

– Oui, mais – oh, je ne sais pas – j'ai juste besoin d'être là. Et ne me dites pas que cela ne fera aucune différence. Je le sais.

– Si vous voulez mon avis, c'est ça le vrai problème.

– Quoi ?

– Toute votre vie semble soudain vous échapper.

Normalement, cette analyse aurait fait ressortir le pire chez Catherine. C'était beaucoup trop intime de la part de quelqu'un qui était un étranger, et beaucoup trop proche de la réalité pour qu'elle se sente à l'aise. Pourtant, quelque chose dans la façon calme dont Stephen l'avait dit la poussa à retenir une critique instinctive. Mais cela avait entamé l'ambiance détendue et la tension était revenue. Se souvenant qu'il était son invité, elle lui proposa un café, mais Stephen secoua la tête en disant :

– Pas pour moi. Rentrons.

Lorsqu'ils eurent quitté le café, il prit le sac contenant la commande à emporter et le porta pendant qu'ils marchaient vers le magasin. C'était le genre de geste qu'elle avait toujours rejeté de la part des hommes avec qui elle travaillait ou qu'elle fréquentait, estimant que cela la plaçait en position de faiblesse. Pourtant, elle n'avait pas discuté et, en y repensant maintenant, elle n'arrivait pas à comprendre pourquoi.

Après avoir déballé les livres, Catherine dépiauta le carton et le mit de côté de façon à ce que les clients ne puissent pas trébucher dessus. Ann tourna le panneau de la porte et, au moment précis où elle le fit, de fortes détonations et des raclements retentirent à l'arrière de la boutique. Avec un gémissement résigné, Catherine se dirigea vers le lecteur de CD et monta le volume sur la chanson de Bing Crosby.

– Le medley de Noël à fond.

Plombée par les pensées contradictoires qui se bousculaient dans sa tête, elle aurait préféré travailler en silence. Mais elle commençait à se rendre compte que, pour sa santé mentale, elle ferait mieux de s'habituer à sortir de sa zone de confort.

Lorsque Stephen laissa Catherine à sa porte, il remonta Sheep Street. Arrivé en haut, il alla se poster sur le pont qui enjambait la rivière, d'où il pouvait apercevoir son propre jardin. Les bouleaux, avec leur écorce argentée et leurs chatons dorés, avaient ravi Sophie. Lorsqu'ils avaient acheté la maison, il avait demandé à Fury de planter un jeune arbre au bout du jardin pour lui faire une surprise. Le jour où il avait quitté Dublin en voiture avec l'intention de remettre la maison sur le marché, un couple de pinsons s'était envolé du jeune arbre pour aller gazouiller sur le mur d'enceinte. Les yeux secs, il avait refermé sa main sur le tronc mince de l'arbre, imaginant la réaction de Sophie si elle avait vécu pour le voir. Il ne lui avait pas semblé possible de rester et de le regarder grandir sans elle.

Maintenant, en regardant son jardin, il se souvenait de sa réaction face à l'intervention de Fury à qui il n'avait rien demandé. Alors qu'il rentrait à Dublin, l'esprit en ébullition et son avenir en jeu, il s'était senti à moitié libéré et à moitié furieux, des émotions qu'il reconnaissait maintenant chez

Catherine. Il n'était pas étonnant qu'elle soit à cran. Fury avait fait irruption dans sa vie sans la moindre introduction, et avait tout simplement pris le dessus. C'était évidemment ce dont elle avait besoin, et elle avait de la chance qu'il soit passé, mais après avoir subi un choc, elle devait maintenant affronter une invasion. Stephen se demanda si ses efforts pour être amical n'avaient pas aggravé la situation. Car, en toute objectivité, ne s'était-il pas comporté exactement comme Fury ? Pour commencer, il était entré et s'était emparé de son arbre de Noël, puis, dans le café, il lui avait parlé comme une vieille tante qui vous donne des conseils. Ce qui était étrange, car, tout en étant très attaché à sa propre vie privée, il était toujours très attentif à ne pas empiéter sur la vie des autres.

Tandis qu'il essayait de comprendre son comportement inhabituel, il rentra chez lui et pénétra dans sa maison vide. Une enveloppe scellée avec un autocollant de Noël était posée sur le paillasson, et il reconnut l'écriture de la sœur de Sophie. Stephen sortit la carte de l'enveloppe, et lut la note qui s'y trouvait, sachant avant même de l'ouvrir ce qu'elle contenait. Sophie n'était pas très proche de sa famille, et il les avait vus pour la dernière fois à l'enterrement, mais depuis sa mort, ils l'avaient consciencieusement invité à chaque Noël. « Pense à venir nous rejoindre à Dublin cette année ! Tu sais que nous cuisinons toujours beaucoup trop, et tu seras le bienvenu ! » Avec une grimace, il froissa la note et alla poser la carte sur le manteau de la cheminée. L'idée d'être le fantôme de leur festin le gênait, et le bon sens suggérait qu'ils ressentaient probablement la même chose. Pourtant, il n'arrivait pas à trouver un moyen de mettre fin à cette gêne annuelle. À des amis, il aurait pu griffonner une lettre de remerciement, mais il s'agissait de la sœur de Sophie. Ainsi, chaque année, il s'efforçait de formuler un refus poli, alors qu'en fait il voulait la supplier de ne plus l'inviter.

À côté de la carte joyeuse du bonhomme de neige, il y en avait une autre, de son filleul, qui contenait également une invitation. « Un voyage au ski. Qu'en penses-tu ? Viens et sois l'un des nôtres pour Noël. » Il avait donc signé un gros chèque, accompagné d'une carte disant « Buvez un coup à ma santé », et l'avait posté en pensant que le courrier postal et les chèques étaient aussi de son âge. En reculant, il regarda les cartes, à la fois si gentilles et si redoutées. La vérité était que, malgré ce qu'il avait dit à Catherine dans la librairie, il préférait de loin fermer sa porte aux cloches scintillantes et aux anges en laine, et se terrer jusqu'à ce que Noël soit passé.

CHAPITRE DOUZE

Alors que l'heure du déjeuner approchait dans la cuisine de Lissbeg, Adam saupoudra un torchon de sucre en poudre et sortit son gâteau. Prenant un couteau bien aiguisé, il coupa la génoise proprement et traça une ligne à l'une des extrémités.

– Vous le pliez sur la rainure pour avoir un point de départ, puis vous l'enroulez, en utilisant le torchon pour le faire avancer. Ensuite, après l'avoir laissé refroidir, vous l'ouvrez pour le remplir.

L'une des dames de Cork demanda s'il se fissurait lorsqu'on le roulait.

– J'ai déjà vu cela sur une roulade. Cela donne une belle finition.

Mary se pencha et lui donna un coup de poing dans les côtes.

– Si tu penses que les craquelures font une belle finition, tu dois être toi-même craquelée. De toute façon, c'est avec une pâte sans farine, pas avec une génoise.

Triomphante, elle se tourna vers Adam.

– Ai-je raison ou ai-je tort ?

– Les fissures peuvent faire partie du charme, Mary.

– Mon Dieu, vous êtes aussi nul qu'elle. Ça va ressembler à un gâchis qu'on n'offrirait même pas à son chat.

Pendant un instant, ses paroles restèrent en suspens. Puis Bríd arriva avec sa pile de plateaux et tout le monde se bouscula à la table pour déjeuner.

La qualité et la fraîcheur des aliments qu'elle avait apportés étaient remarquables, et Adam la félicita lorsqu'elle revint chercher les plateaux.

– C'était super. Phil me dit que tes fournisseurs sont presque tous du coin.

En calant les plateaux contre sa poitrine, Bríd hocha la tête.

– Ma cousine Aideen et son mari cultivent pour nous dans leur ferme. Une partie de leurs terres a la certification bio. De nombreux jardiniers et agriculteurs d'ici se mettent à l'agriculture biologique.

Adam regarda la pile de plateaux.

– Tu vas t'en sortir avec ce paquet ? Saoirse peut t'aider à les porter jusqu'au café si tu veux.

– Non non. Mais je ferais mieux d'y retourner. J'ai laissé Aideen servir.

– En tout cas, merci encore. Je suis vraiment impressionné.

La session de l'après-midi commença par des souvenirs de gâteaux de Noël de leur enfance.

– Je me souviens de petits bonshommes de neige en plastique sur du glaçage royal dur comme de la pierre.

– Oh, mon Dieu, le glaçage royal. Ma mère avait l'habitude d'en faire des pics pour imiter la neige.

– Il *était* dur comme de la pierre. Le Jour de l'an, on pouvait à peine y planter un couteau.

– Tu te souviens du houx en papier argenté que les magasins mettaient sur les petits pains suisses ? Comme quelque chose que l'on aurait collé sur le devant d'un biscuit ?

– Et les franges que les gens achetaient pour entourer les gâteaux de Noël ? Ta mère les enroulait pour les réutiliser l'année suivante.

– Ta mère faisait-elle durer les pots de viande hachée en y ajoutant des pommes coupées en morceaux ?

– Et les noix. Nous nous asseyions autour de la table pour les couper.

– Tu te souviens que le massepain n'adhérait jamais à l'eau ?

– Le massepain ? De quoi s'agit-il ?

Adam intervint :

– C'est parce qu'on doit garder le massepain collant pendant que le fondant fige.

Le couple silencieux rit, et Kevin dit :

– La grand-mère de Karen avait toujours l'habitude de badigeonner le massepain avec du *poitín*. Elle disait aux enfants que c'était de l'eau bénite, pour bénir le gâteau de Noël.

Après ces souvenirs, Adam termina son petit pain suisse au chocolat.

– J'apprécie le fait de couper la génoise simple et sucrée et de trouver une succulente garniture à l'intérieur. Mais vous pouvez décorer le dessus. C'est à vous de décider. Et n'oubliez pas que les pâtisseries de Noël sont avant tout des œuvres subliminales.

Saoirse l'interrogea :

– Que voulez-vous dire par là ?

Il tendit de nouveau la main vers le livre emprunté à la bibliothèque.

– Les religieuses élevaient des abeilles pour obtenir de la cire afin de fabriquer des cierges d'autel, et vous trouverez du miel dans beaucoup de leurs recettes. C'est le genre d'élément subliminal que vous pouvez exploiter : le miel suggère l'odeur de la cire d'abeille, et la cire d'abeille suggère la lumière des bougies. Même la couleur dorée du miel est festive, et c'est un édulcorant très polyvalent.

Il put constater, à leurs commentaires, qu'il avait capté leur attention. Soulagé, il dit :

– Bon, nous terminerons par un thé et une tranche de petit pain suisse. Si l'un d'entre vous veut partager ses propres gâteaux, n'hésitez pas. Il y a des boîtes sur vos bancs si vous préférez les emporter chez vous.

À la fin de la séance, le groupe se dispersa, comme des enfants à la sortie de l'école. Habitué à affronter des cours plus importants et bien plus compliqués, Adam fut surpris par son sentiment de soulagement.

Pourtant, ce cours ne ressemblait à aucun autre qu'il avait donné. Il régnait dans le groupe une joyeuse anarchie qui faisait de chaque instant un défi, et la présence de Lia qui le distrayait n'arrangeait rien. Il pouvait la voir à son banc, en train de ranger les affaires proprement, et elle partit en levant le pouce en direction de Saoirse et en saluant joyeusement les autres. Il avait espéré qu'elle veuille bien rentrer à Carrick, mais apparemment, elle avait ses propres projets.

Le temps s'étant réchauffé depuis le matin, Lia se promenait dans le jardin des nonnes, se demandant comment se rendre à la plage la plus proche. Voyant Bríd assise près de la fontaine avec un café à emporter, elle traversa le jardin avec l'intention de lui demander son chemin.

– Salut. Tu es Bríd, n'est-ce pas ? C'est un excellent déjeuner que tu nous as apporté.

– Quoi ? Oh, merci. Tu fais partie du cours ?

– Ouaip. Je m'appelle Lia. Sais-tu à quelle distance se trouve la plage ? J'ai envie d'une bouffée d'air frais.

Bríd sourit.

– Moi aussi. C'est pourquoi je fais une pause. Rester derrière un comptoir, c'est l'enfer pour les pieds.

– Raconte-moi !

– Tu travailles dans la restauration ?

Lia s'assit sur le bord de la fontaine.

– Non, je ne suis qu'une amatrice. J'ai voyagé à travers l'Europe pour travailler dans des bars.

– Cool. Combien de temps comptes-tu rester en Irlande ?

– Jusqu'à la nouvelle année. Je passe Noël à Dublin avec une bande de copains du pub.

Lia fronça le nez et plissa les yeux.

– Peut-être que la plage est une idée stupide. Il fera bientôt nuit.

– C'est à une bonne demi-heure de marche d'ici. Tu reviendrais à la lueur des étoiles.

– J'aime bien les étoiles. Mais oui, c'est une idée stupide. Mieux vaut se lever tôt un matin et y aller avant le début du cours.

– Tu as encore quelques jours devant toi, de toute façon.

– Oui, jusqu'à dimanche. Ensuite, je serai à Finfarran jusqu'à la veille de Noël.

En étirant ses jambes, Bríd avala le reste de son café.

– Alors tes copains organisent le repas de Noël ?

Lia rit.

– L'organisation incombe à Seán. C'est un garçon très pointilleux qui aime que les choses soient faites à sa façon, alors le reste d'entre nous se tient à l'écart et lui laisse la bride sur le cou.

– Il a l'air incroyable.

– En revanche, il peut se prélasser pendant la journée, tandis que nous nous occupons de la cuisine et du ménage. Donc c'est un accord équitable.

Bríd renversa son marc de café sur le gravier et dit qu'elle ferait mieux de rentrer.

– Où habites-tu pendant que tu es ici ?

– À Carrick. En fait, si je cours, je peux probablement me faire déposer là-bas. Merci pour ton aide.

– De rien. Profite du cours.

Après avoir passé la tête dans le bureau pour dire à Phil qu'il partait, Adam avait décidé de rendre le livre à Hanna. Entendant des pas derrière lui sur le chemin, il se retourna et vit Lia qui courait après lui.

– Si tu as pris ta voiture aujourd'hui, as-tu une place pour moi pour rentrer à Carrick ?

Il avait du mal à croire à sa chance.

– Bien sûr. Si tu veux. Je vais juste déposer ça à la bibliothèque.

– D'accord, je t'accompagne. C'est un livre extraordinaire. Je suis contente de l'avoir découvert.

À l'intérieur, il lui présenta Hanna. En regardant autour d'elle, Lia dit :

– J'adore le mur de verre.

– De l'autre côté se trouvent notre espace d'exposition et une boutique de souvenirs. Ils sont fermés jusqu'au Nouvel An.

Au-delà de la paroi vitrée, faiblement éclairée dans une pièce sombre, un livre ouvert reposait sur un lutrin dans une vitrine. Hanna dit :

– C'est un psautier. Un livre de psaumes médiéval, fabriqué dans une abbaye à quelques kilomètres d'ici.

– Zut, je serai partie pour la nouvelle année. J'aurais aimé le voir.

– Eh bien, je ne vois pas pourquoi tu ne le verrais pas. Viens, je vais te donner un aperçu.

Le psautier avait à peu près la taille d'un roman acheté dans un aéroport. Écrit à la main et relié en cuir doré, il se trouvait dans son étui comme une boîte à bijoux ouverte. Presque chaque centimètre de la double page était occupé par des arbres peints avec tant d'énergie qu'ils semblaient onduler et se déplacer sur le vélin. Une seule ligne de texte courait entre eux comme un ruisseau. Lia se pencha pour regarder, puis leva les yeux vers Hanna.

– C'est en latin. Qu'est-ce que cela signifie ?

– « Alors tous les arbres de la forêt chanteront de joie. » C'est un extrait du psaume quatre-vingt-seize.

Adam dit :

– Regarde les oiseaux.

Ils se penchèrent tous les deux sur le boîtier et elle vit que, dans le feuillage vert, il y avait des oiseaux multicolores touchés par l'or. Certains avaient les ailes déployées. D'autres avaient des fleurs qui s'échappaient de leur bec ouvert. Ici et là, les feuilles avaient elles aussi été dorées. Des noisettes pendaient des noisetiers. Les chênes déployaient des canopées frangées de glands. Des bouleaux élancés poussaient parmi les houx, où des merles, presque invisibles à l'exception de leurs yeux brillants, se perchaient parmi les feuilles hérissées.

– Lorsque ces pages ont été peintes, dit Hanna, une grande partie de la péninsule devait être recouverte d'une forêt dense. Le psalmiste pensait probablement à des palmiers dattiers et à des oliviers. Les moines ne faisaient que peindre ce qu'ils voyaient.

La proximité de Lia distrayait Adam, mais, à son grand soulagement, toute son attention semblait se porter sur le livre. En haut d'une des pages, un roitelet était perché sur un frêne, ses ailes barrées peintes avec des touches brunes et noires précises, et son bec ouvert chantait. Derrière sa tête se trouvait une auréole dorée soulignée par des cercles concentriques aux couleurs de l'arc-en-ciel, posés en vert-de-gris, ocre, azurite et vermillon. Les cheveux de Lia effleurèrent la joue d'Adam lorsqu'elle se retourna pour regarder Hanna.

– Waouh. Tout simplement. Merci de nous l'avoir montré.

– Je t'en prie.

– Est-ce que toutes les forêts ont disparu maintenant ?

– Il reste encore quelques hectares.

– Et les arbres qui s'y trouvent sont les descendants directs de ceux que les moines ont peints ?

– Beaucoup d'entre eux. C'est époustouflant quand on y pense, n'est-ce pas, Adam ?

Mais Adam n'avait pas entendu un mot de ce qu'elles disaient. L'expression de son visage rappelait à Hanna le premier jour où elle l'avait rencontré, adolescent maigre et méfiant, incertain de l'accueil qui lui était réservé. Totalement concentré sur Lia, dont le regard était revenu sur le livre, il n'avait pas remarqué que Hanna avait saisi son expression spontanée, ni vu la tendresse dans ses yeux lorsqu'elle avait dit :

– Tu sais quoi, Lia ? Tu devrais demander à Adam de t'emmener te promener dans la forêt de Fury.

Dans la voiture, Lia déclara :

– Tu ne savais vraiment pas que je plaisantais, n'est-ce pas ? Tu pensais que je n'avais aucune idée de ton identité.

Adam, qui s'était ressaisi, sourit.

– Oui. Je suis officiellement un idiot de star.

– Non, tu ne l'es pas. Tu es modeste. J'aime bien ça.

– Alors, sincèrement, où as-tu appris à faire de la crème mousseline au chocolat ?

– Pour de vrai dans la salle d'attente de mon dentiste. Je suppose qu'il laisse traîner les magazines pour encourager la consommation de sucre.

Lui rendant son sourire, elle poursuivit :

– Aujourd'hui a été une bonne journée. J'ai appris beaucoup de choses.

– Tu vas donc rester avec nous plutôt que de communier avec l'Atlantique sauvage ?

– Il se peut que je prenne aussi l'Atlantique sauvage. Et maintenant, j'ai aussi cette forêt sur ma liste de choses à faire.

– Tu peux toujours revenir pour une autre visite.

– On dit qu'il ne faut jamais revenir sur ses pas. Mais tu l'as fait, toi ? Je veux dire, tu es déjà venu ici. Et tu connais Hanna.

– J'y suis passé une fois.

– Désolée. Je ne voulais pas être indiscrète.

– Non, tu ne l'es pas.

Mais il avait l'air embarrassé, alors elle ajouta sur un ton léger :

– Tu es comme moi. Un vagabond.

– Tu te contentes d'errer ? Sans direction ?

– Le monde est vaste. Où que tu ailles, il y a quelque chose à voir.

– Finfarran est quand même spécial.

– Tellement spécial que tu y es passé et que tu as poursuivi ton chemin ?

– On ne construit pas une carrière comme la mienne en Irlande.

En le regardant d'un air narquois, Lia répondit :

– D'accord. Ce ne sont pas mes affaires.

Et, voyant le soulagement sur son visage, elle décida de changer de sujet. Elle fouilla dans son sac et en sortit une tablette de chocolat.

– Commerce équitable, culture durable, et quatre-vingts pour cent cette fois-ci, donc garantit une explosion de saveurs. Tu en veux un peu ?

– Tu n'as pas eu assez de chocolat aujourd'hui ?

– Assez de chocolat ? Ça ne se calcule pas. De toute façon, je n'ai même pas goûté à mon magnifique gâteau.

– Qu'en as-tu fait ?

– Je l'ai donné à Saoirse. Apparemment, la crème mousseline au chocolat est le plat préféré de sa mère.

Se léchant les doigts, Lia fronça les sourcils.

– Je parie que tu ne connais pas l'origine du mot « mousseline ».

– Il se trouve que si. Il vient du français et signifie « mousseline ».

– Oh, tu es doué.

– Bien sûr que je suis doué. Je suis le chef le plus cool. Je sais aussi que le mot français vient de l'italien Mosul, une ville du nord de l'Irak. Je sais même que les moines de Mossoul fabriquaient des manuscrits comme celui qui se trouve dans la bibliothèque de Hanna.

– Frimeur.

– En fait, j'ai noté cette dernière partie sur Twitter.

– Je suis surprise que tu postes toi-même tes tweets. Je pensais que toutes les stars avaient des assistants pour ça.

– C'est vrai, mais nous avons aussi le droit d'avoir une vie.

VENDREDI

20 décembre

CHAPITRE TREIZE

Saoirse était rentrée chez elle après son premier jour au cours d'Adam, mourant d'envie de discuter avec sa mère. Mais lorsqu'elle avait fait irruption dans l'appartement, Theresa enfilait son manteau.

– Je suis désolée, ma chérie, je pars tricoter et discuter.

Son père s'était assis, l'avait écoutée et avait émis toutes les bonnes onomatopées au bon moment, mais Saoirse s'était sentie un peu découragée. Plus tard, pensant qu'ils avaient tous les deux l'air fatigués, elle avait réglé son réveil pour se lever tôt afin de pouvoir donner un coup de main à la maison avant de prendre le bus pour Lissbeg.

Lorsqu'elle était descendue pour le petit déjeuner, Theresa mangeait des toasts à la table de la cuisine. Prenant un morceau, Saoirse lui demanda comment s'était passée sa soirée.

– Quoi ? Oh, le tricotage et le papotage. Très bien.

Theresa avait répondu sans lever les yeux de son ordinateur portable.

– En fait, nous avons des choses à régler au comité, alors je serai à une autre réunion ce soir. Peux-tu faire une omelette pour ton père et toi ce soir ?

– Bien sûr. Est-ce que je peux faire quelque chose avant d'aller à Lissbeg ?

– Rien du tout. Tu as assez à faire avec ce travail.

Le visage de Saoirse s'illumina.

– C'est génial, tu sais, maman. Je t'ai apporté un gâteau. C'est une génoise. C'est l'une des participantes au cours qui l'a faite. Elle m'a entendue dire que la mousseline au chocolat était ton préféré, alors elle me l'a offert quand ils sont tous rentrés chez eux. Elle loge dans un hôtel à Carrick, je suppose qu'elle n'en avait pas besoin. J'en ai mangé avec papa hier soir. Il t'a dit qu'on avait laissé le reste dans un tupperware pour toi ? Adam dit qu'ils se dessèchent si tu les mets au réfrigérateur.

En fronçant les sourcils devant l'écran, Theresa secoua la tête.

– Papa dormait quand je suis arrivée. C'est adorable. J'en prendrai un peu après le déjeuner avec une tasse de café.

– C'est un fourrage de crème mousseline au chocolat.

– Ça a l'air magnifique.

Saoirse se dit que son père avait dû se coucher très tôt, s'il dormait quand sa mère était rentrée. Quand elle était allée dans sa propre chambre pour poster des photos de gâteaux sur Instagram, elle avait laissé son père dans le salon, devant la télévision. Mais il n'avait pas semblé y prêter beaucoup d'attention. Peut-être qu'il s'était assoupi après une grosse journée.

Comme elle devait arriver au cours une heure avant les participants, elle n'avait pas prévu de se rendre à Lissbeg avec Mary. Mais alors qu'elle attendait à l'arrêt de bus, Mary se précipita vers elle.

– Je vais chez la bouchère, Pat Fitz dans Broad Street. Tu la connais. C'est en face de l'abreuvoir à chevaux. J'y vais pour une heure de chants de Noël avec elle avant de passer aux gâteaux.

Rien de tout cela n'avait de sens pour Saoirse, mais comme Mary s'arrêtait rarement pour respirer, cela ne semblait pas avoir d'importance.

– Dès que j'ai su que j'étais inscrite au cours, j'ai dit au groupe de retraités que je serais ND pour les répétitions de chants de Noël cette semaine.

– Non disponible ?

– Voilà. Tu as tout le jargon.

Mary se tapota l'arrière des cheveux.

– Bien sûr, je me suis lancée sur les planches dans Gilbert et Sullivan. Mais ma voix a mûri depuis Yum Yum. Je me qualifierais plutôt de contralto *profundo* maintenant.

Toujours déconcertée, Saoirse essayait d'avoir l'air intéressée.

– Approche-toi de moi, dis-moi, aimes-tu le Mikado ?

– Le biscuit ?

– Non ! Mon Dieu, la musique n'est-elle pas enseignée dans les écoles de nos jours ? Les religieuses m'ont fait porter des tabliers quand j'avais la moitié de ton âge.

Le bus apparut au loin et Mary lui fit un signe avec son parapluie. Une fois à bord, elle suivit Saoirse jusqu'à la banquette arrière, s'y assit et jacassa pendant tout le trajet.

– Le fait est que le groupe de retraités du Centre du couvent répète des chants de Noël depuis septembre. Pat Fitz et moi avons un couplet solo dans *The Holly and the Ivy*, et me voilà en train de m'amuser avec des ballons de baudruche alors que je devrais être en train d'améliorer mon vibrato. J'ai donc dit au groupe que j'irais à Lissbeg une heure plus tôt, et que Pat et moi nous ferions une répétition au-dessus de la boucherie.

Adam était dans la voiture, en route pour Lissbeg, quand Dom l'appela.

– OK, nous avons besoin de renforcer ta bio.

– Ah bon ? Pourquoi ?

– Parce que ce que j'ai ici se résume à un nom, un grade et un numéro de série. Ce dont j'ai besoin, c'est de quelque chose que je puisse vendre.

– Je pensais que tu vendais le fait que j'avais gagné le titre de chef le plus cool.

– Ça ne veut rien dire pour les gars de Californie, Adam. J'ai besoin d'une histoire. Commençons par ton enfance du mauvais côté des rails.

– J'ai eu une enfance tout à fait ordinaire dans une propriété du nord de Dublin.

– Mais ton père était un immigrant, n'est-ce pas ? Parle-moi de ses combats dans la vie.

– Papa avait un travail tout à fait ordinaire de pharmacien d'hôpital.

– Tu ne m'aides pas, Adam. Je cherche le danger. Le drame. Un gamin talentueux à l'ambition brûlante réussit à s'en sortir seul, contre vents et marées.

Adam ressentit un frisson au creux de son estomac.

– Désolé. C'est juste... Écoute, Dom, je conduis. Et j'ai ce lancement de livre aujourd'hui.

– Dans une librairie minable au fin fond de nulle part. Oh, oui bien sûr, c'est sur ça que tu devrais te concentrer.

Piqué au vif, Adam répondit :

– L'équipe du *Chef le plus cool* sait ce que ça vaut. Ils envoient un journaliste des réseaux sociaux.

– Oui, je sais. Gaby, la stagiaire maladroite. Six mois après sa sortie de l'université, et impossible de s'en défaire.

Adam savait que cette description n'était pas très éloignée de la vérité. Le rêve de Gaby était de faire du cinéma et sa stratégie était de s'accrocher au bras de quiconque l'avait fait.

La voix dans son oreille devint curieuse.

– Il ne se passe rien d'autre là-bas que je doive savoir, au moins ?

– Quoi ? Non. Quel genre de choses ?

– Tu me le dis.

– Bien sûr que non.

– Alors envoie-moi quelque chose de sexy et d'optimiste que je puisse présenter sur la côte. Et, Adam…

– Oui ?

– Je veux que tu sois prêt et concentré avant ton retour à Londres. Une affaire comme celle-ci nécessite un cent pour cent, et tu ferais mieux d'être prêt à le donner. Sinon, je perds mon temps. Et ce n'est pas dans mes habitudes.

Le timbre incomparable de sa voix créa chez Adam un sentiment de malaise. Faisant un écart pour dépasser un tracteur qui traînait sur la route, il appuya fort du pied et la voiture bondit en avant. *Tu es un idiot*, se dit-il. *Tu es parti de rien, de moins que rien. Dom t'a pris parce que tu avais du potentiel, mais beaucoup de gens ont ça, et il pourrait te laisser tomber en un clin d'œil. Tu dois arrêter de penser à Lia, qui n'est pas disponible de toute façon. Tu dois te concentrer sur ta carrière.*

Lorsque Saoirse arriva, Phil était dans le bureau.

– Oh, bien, tu es là. Nous avons une conférence de presse aujourd'hui et je suis débordée. Tu pourras t'installer toute seule ?

– Tout ira bien.

– J'ai déjà trouvé douze photographes, et je suis presque sûre que nous aurons *Nationwide*.

– Waouh. La télévision nationale. Ils vont filmer dans la cuisine ?

– Ils le feront si j'ai mon mot à dire.

Phil tapa sur le bureau.

– Ne parle pas de tout cela, tu m'entends ? On garde tout secret jusqu'à ce que je fasse l'annonce.

– D'accord.

Saoirse fit le tour des bancs, disposant les ingrédients pour le gâteau aux pommes épicées et aux noisettes, ainsi qu'un casse-noix en acier gravé du logo du Chef le plus cool. Le couple silencieux arriva et l'admira.

– C'est formidable de recevoir un petit cadeau chaque jour. Même si Mary a raison et que nous avons payé pour cela, vraiment, n'est-ce pas ?

– En fait, les cadeaux sont une édition limitée. Vous ne pouvez pas les acheter n'importe où. Vous devez participer à un cours pour les obtenir.

Lia était entrée en flânant et accrochait son manteau sur le portemanteau.

– Le chef le plus cool devrait t'embaucher, Saoirse.

Embarrassée, Saoirse répondit :

– C'est juste qu'il se trouve que je suis fan. Je veux dire que je suis Adam – enfin, le chef le plus cool – sur les réseaux sociaux.

– Ne te méprends pas. Je pense qu'ils auraient de la chance de t'avoir. Ta mère a-t-elle aimé le gâteau ?

– Maman était sortie hier soir. J'en ai mangé avec mon père. Elle va en goûter un morceau aujourd'hui. Papa et moi avons adoré. Maman n'était pas là. Je lui en ai parlé ce matin. Je suis sûre qu'elle va l'adorer.

Se rendant compte qu'elle était bavarde, Saoirse se demanda pourquoi. Ça lui arrivait quand elle était stressée ou nerveuse, mais pourquoi se sentait-elle stressée maintenant ? *Peut-être*, se dit-elle, *que je suis nerveuse à l'idée que les photographes arrivent. Je fais partie de l'équipe : et si je devais faire une déclaration pour la télévision ? Et si j'ai l'air toute brillante et totalement nulle ?*

En s'excusant, elle alla aux toilettes pour vérifier son mascara, et décida qu'elle ferait mieux d'en remettre. En cherchant sa trousse de maquillage dans son sac, elle eut un moment de panique quand elle ne l'y trouva pas. Puis ses doigts rencontrèrent la pochette à cordon qui contenait ses poupées d'inquiétude. Oubliant le maquillage, elle sortit la pochette et resta là, debout, en la tenant fermement, et elle sentit la panique qui s'était emparée d'elle s'atténuer. Puis, craignant que quelqu'un ne vienne la chercher, elle recula dans un box, ferma la porte à clé, s'assit sur le couvercle des toilettes et fit basculer les poupées tricotées sur ses genoux.

Il y en avait deux, fabriquées des années auparavant par sa mère pour sa chaussette de Noël, et pendant longtemps, elles avaient traîné dans un tiroir. Saoirse les avait retrouvées en faisant ses valises pour déménager à Garrybawn House et, stressée par cette situation, puis par la bizarrerie de la pandémie, elle avait commencé à les jeter d'une main à l'autre chaque fois qu'elle se sentait mal. Cela avait dérangé sa mère, mais son père avait dit :

– Laisse-la faire. Cela ne lui fera pas de mal, et nous vivons une époque étrange.

Ensuite, tout s'était amélioré et elle s'était sentie de nouveau à l'aise, si bien que pendant plus d'un an, elle les avait oubliées. Mais, apparemment, elles avaient encore le pouvoir d'éloigner la panique. Saoirse les rangea dans la petite pochette que sa mère leur avait préparée, la poussa au fond de son sac et retourna à la cuisine, en se sentant heureuse qu'elles soient là.

La plupart des membres du groupe étaient arrivés au moment où Adam les rejoignit. Cela ressemblait moins à un premier jour d'école, et ils avaient appris à se connaître, alors tout le monde était joyeux et détendu. Mary fut la dernière à apparaître, elle franchit la double porte en disant qu'elle espérait ne pas les avoir fait attendre. Adam la héla :

– Nous sommes sur le point de prendre un café. Venez vous asseoir et reprendre votre souffle.

– Il n'y a rien qui cloche, je contrôle parfaitement ma respiration. Vous auriez dû m'entendre dans la boucherie entonner des gloria à rallonge.

En apercevant les casse-noix, Mary posa les mains sur les hanches.

– J'espère sincèrement que vous n'espérez pas que j'utilise l'un de ces trucs. « Trente grammes de noisettes avec la peau, coupées en deux », est-il écrit dans la recette, et cent vingt autres, hachées, pour la pâte. Nulle part n'est indiqué qu'on devrait les casser nous-mêmes.

M. Maguire déclara que trente grammes correspondaient à environ vingt-cinq noix.

– C'est ce que je veux dire. C'est beaucoup de craquements, et certains d'entre nous n'ont plus la force d'antan dans les poignets.

Adam lui offrit son sourire professionnel.

– Ne vous inquiétez pas. Les noisettes qui se trouvent sur vos tables sont décortiquées. Les casse-noix ne sont qu'un souvenir de la recette du jour.

En ronchonnant, Mary murmura :

– Ni usage ni ornement.

Adam décida qu'il était temps de passer à autre chose.

– Bon, venez tous, asseyons-nous et attaquons. Ce que nous avons sous les yeux, c'est un gâteau renversé moelleux et délicieux, et la recette n'est pas précise car, contrairement à la génoise d'hier, elle laisse la place à l'instinct du pâtissier.

M. Maguire se pinça les lèvres.

– Ce n'est pas très Cordon Bleu.

– Non, mais c'est amusant à faire. C'est aujourd'hui que vous avez l'occasion d'exprimer votre personnalité.

En passant devant Adam avec un café, Lia murmura :

– Et c'est *très* important. Surtout pour une personne introvertie comme Mary.

Dans la bibliothèque, Hanna avait levé les yeux lorsque Phil passa le pas de la porte.

– Tu n'es pas vraiment censée utiliser un téléphone portable ici.

Phil mit fin à un appel.

– Désolée, c'était Joe de l'*Inquirer*. Honnêtement, il est plus exigeant que les quotidiens nationaux. Il a obtenu une séance de questions-réponses en exclusivité, et maintenant il veut des photos.

– On dirait que tu as une grosse journée devant toi.

– Je m'occupe de tout sur le front, ma grande. C'est toi qui le dis. Viens ici, serais-tu libre pour une petite séance de photos ?

– Moi ?

– Disons, Adam et toi dans le jardin, tenant le livre de recettes des religieuses. *Jardinez et éliminez le gras des fêtes*. Ce genre de choses.

– Je ne suis pas sûre d'être habillée pour une photo.

– Oh, personne ne va faire attention à toi s'il peut regarder Adam.

Lorsque Phil fut partie, Stephen sortit de la salle de lecture. Hanna lui fit un sourire et lui dit :

– Je suppose que tu n'aimerais pas prendre ma place dans une séance de photos.

– Certainement pas. Tu es la bibliothécaire, je ne suis qu'un modeste bénévole.

En s'approchant du bureau, il prit l'un des tracts de Catherine.

– Vas-tu au lancement du livre ce soir ?

– Ma mère y va, et je serai là pour la raccompagner. J'imagine qu'elle espère elle aussi une séance de photos.

– Je me suis dit que j'allais t'accompagner. J'aimerais soutenir Catherine.

En croisant le regard de Hanna, il rougit.

– C'est juste que c'est un gros événement pour la librairie. Je doute qu'elle me remarque dans la foule.

À *Lissbeg Books*, Catherine avait placé un exemplaire des *Cakes à rapporter à la maison* au pied de l'arbre à livres dans la vitrine. Ann leva le pouce depuis le trottoir et rentra dans la boutique. Catherine se tourna vers Fury.

– Vous êtes sûr que nous serons prêts pour le lancement du livre ?

– J'ai le scénario parfait en tête.

– À ce stade, je me contenterais d'un stylo et d'une table.

– Ah, c'est logique. Il y a une conférence de presse sur le terrain aujourd'hui. Il y aura la télévision et les journaux, et Phil dit qu'elle les enverra ici plus tard. Et qu'en est-il de cette personne chargée des réseaux sociaux qui vient de Londres ? Nous aurons besoin d'un artifice pour leur en mettre plein la vue.

Produisant un morceau de papier, il dit :

– Alors… gestion du temps. Je vous dis d'emblée que ça va être terrible.

Prenant position, dos à l'arbre, il pointa son doigt dans la direction de Catherine.

– Vous, vous serez ici devant, pour faire monter la tension.

– Comment ça, exactement ?

– Donnez-leur un compte à rebours. Faites tout un plat de l'exclusivité. Dites-leur qu'ils ne peuvent pas prendre le livre de Rashid tant qu'il n'est pas venu le signer lui-même.

– D'accord. Nous pouvons faire ça.

– Je serai dans la cour, en train de faire preuve de créativité. Phil a une plate-forme pliante qu'elle nous prêtera, alors Terry devra aller la chercher. Le reste du temps, il sera ici, à pelleter la merdasse comme une mouche aux yeux bleus.

Fury ôta ses lunettes.

– Voilà, c'est fait. Tout semble calme et serein, avec une activité normale, jusqu'à quatre heures et demie. Ensuite, nous fermons le magasin, nous occultons la fenêtre et nous nous lançons dans la transformation. Il faudra que chacun d'entre nous travaille comme une machine bien huilée.

Pendant qu'il parlait, le téléphone de Catherine bourdonna sur le comptoir. Elle alla lire le texte, puis le regarda avec appréhension.

– Pour l'amour du ciel, qu'est-ce qui se passe maintenant ?

– La fille qui vient de Londres vient d'arriver à l'hôtel *Royal Victoria*. Elle veut que maman et moi soyons là pour une réunion d'information.

Pendant un moment, il y eut un silence consterné. Puis Fury cria :

– C'est comme si on essayait de faire passer des moutons à travers un satané trou !

CHAPITRE QUATORZE

Adam sourit à ses boulangers qui attendaient.

– Tout d'abord, vous allez préparer vos pommes. Des pommes à dessert, d'accord ? Pas des pommes à cuire. Tout le monde sait pourquoi ?

La femme carrée, qui s'appelait Janice, s'aventura :

– Les pommes à cuire ne conservent pas leur forme ?

– Tout à fait. Les fruits d'un gâteau renversé doivent rester fermes.

Ils commencèrent avec une brève catastrophe, lorsque Darina renversa un bol d'eau. Elle fit du surplace pendant que Saoirse passait la serpillière.

– Je suis vraiment désolée. Je pense que j'ai dû le cogner avec mon coude. Heureusement que la feuille de recette est plastifiée.

Saoirse remplit à nouveau le bol et Darina le regarda nerveusement.

– Oh là là. Mais j'en ai besoin, n'est-ce pas ? Pour éviter que les pommes coupées en tranches ne se décolorent pendant que je m'occupe du reste.

– Tu devrais t'en sortir. Je ne l'ai pas rempli jusqu'au bout.

– Je suppose que je l'ai trop rempli la première fois. J'ai toujours été comme un taureau devant une porte.

Phil arriva alors qu'ils étaient en train de beurrer des moules à gâteau.

– Nous organisons une conférence de presse après le déjeuner. Si l'un d'entre vous refuse d'apparaître à la télévision ou dans les journaux, qu'il le dise. J'ai ici des formulaires d'autorisation que vous pouvez signer.

Voyant l'agitation, Adam intervint :

– Je dédicace des exemplaires de mon nouveau livre de cuisine à *Lissbeg* aujourd'hui, et ce genre de choses fait toujours un peu de publicité. Mais c'est moi qui devrai poser pour les photos, pas vous, alors ne vous inquiétez pas.

Mary releva le nez.

– J'espère que vous ne quitterez pas des yeux mon gâteau surprise renversé pendant que vous courrez promouvoir votre livre.

Phil lui lança :

– Franchement, Mary ! C'est offensant.

– Je le dis comme je le pense. Et, soit dit en passant, je ne me suis jamais retrouvée dépassée par une pomme.

M. Maguire déclara que si l'on attendait de lui qu'il signe un formulaire de décharge, il devrait vraiment y avoir un défraiement pour son apparition.

– Je ne veux pas dire que je voudrais être payé, mais je ne veux pas non plus que mes méthodes soient exposées à la vue de tous.

– Qu'est-ce que vous suggérez alors ? demanda Declan.

– Ce n'est pas à moi de faire une suggestion.

– Vous avez fait une suggestion. Vous avez dit qu'il devrait y avoir un défraiement. C'est n'importe quoi. Ce sont les méthodes d'Adam que nous apprenons, pas les vôtres. De toute façon, les vôtres sont lamentables. Vous n'avez aucun talent.

– Au moins, je n'applique pas la crème au beurre comme si je plâtrais un mur.

Adam fit un signe à Lia qui s'efforçait de garder son sérieux. Lorsque Phil disparut, il tapa dans ses mains pour attirer l'attention.

– D'accord. Les fours sont préchauffés. Les moules à gâteau sont beurrés et tapissés. Ensuite, mélangez le sucre et la maïzena dans le petit bol, et éparpillez le mélange sur le fond de votre moule.

Darina regarda avec appréhension son robot de cuisine.

– Et nous, nous fouettons nos noix ?

– Pas encore. Vous fouetterez les cent vingt grammes lorsqu'il s'agira de faire la pâte. Ce qu'on prépare maintenant, c'est la garniture.

– Bon sang, oui, désolée. Je suis nulle pour les concepts.

– Vas-y doucement et tout ira bien. Superpose tes pommes et tes noisettes coupées en deux sur le sucre et la maïzena. N'oublie pas que ta couche inférieure finira par former le dessus de ton gâteau, alors fais en sorte que l'effet soit le plus appétissant possible.

En fin de compte, le gâteau de Darina était devenu un travail de groupe. Janice l'aida à disposer les tranches de pommes et Declan prit en charge le robot culinaire, que Darina avait réussi à bloquer d'une façon ou d'une autre. Adam observait Lia depuis l'autre côté de la cuisine, elle avait ouvert la porte du four, et faisait glisser le moule sur la bonne grille. Il se souvint du contact de ses cheveux qui effleuraient sa joue dans la bibliothèque et du regard en coin qu'elle lui avait jeté plus tôt, lorsqu'elle était arrivée discrètement avec son café. En rentrant à Carrick la nuit précédente, il avait prévu de lui demander si elle aimerait dîner avec lui, se disant que c'était logique puisqu'ils logeaient dans le même hôtel. Mais quand ils étaient entrés, elle avait dit :

– Je dois me dépêcher, j'ai un appel WhatsApp. À plus tard.

Tellement sûr qu'elle était à l'étage en train de téléphoner à son petit ami, il avait dîné seul et s'était couché déprimé.

Maintenant, même si sa vue lui faisait encore chavirer le cœur, son esprit se débattait avec la conversation qu'il avait eue avec Dom. Lorsqu'il avait obtenu le titre de chef le plus cool, il avait été ravi, et le fait qu'il ait gagné à la suite d'un vote du public lui avait donné l'impression que sa philosophie en tant que chef avait été approuvée. Le ton dédaigneux de Dom lors de l'appel l'avait donc choqué. Adam avait accepté que la célébrité entraîne diverses intrusions, mais la conversation de ce matin avait fait monter les choses d'un cran. Il ne s'attendait pas à ce que sa vie soit traitée comme une marchandise, même si, avec le recul, il pouvait voir qu'il y avait des signes qu'il n'avait pas su lire au début. Et le plus stupide, c'est que ça ne lui ressemblait pas du tout d'avoir commis l'erreur élémentaire de ne pas surveiller ses arrières.

Pendant que les gâteaux cuisaient et qu'ils prenaient un café, Declan posa des questions sur le livre d'Adam.

– Qu'est-ce qui vous a donné l'idée de ce projet ?

D'habitude, Adam répondait en citant le texte de la couverture, qui respirait la nostalgie et avait été écrit par l'équipe du *Chef le plus cool*. Aujourd'hui, il se retrouvait à essayer de donner sa propre explication.

– C'est en quelque sorte un appel aux armes. La redécouverte peut être stimulante. Elle conduit à une réévaluation. Le problème, c'est que dans un monde fondé sur la consommation, on nous dit que ce que nous avons déjà ne vaut rien. Nous sommes enclins à nous battre pour obtenir plus et mieux. Mais envisager de nouvelles façons d'aborder de vieilles choses peut démontrer que nous n'avons pas besoin de construire notre vie sur cette lutte. Nous pouvons aimer, chérir et prendre un immense plaisir avec ce que nous avons.

Pendant un moment, personne ne parla, et il regretta de ne pas s'en être tenu au texte et d'avoir pris le risque de paraître idiot. Puis il y eut une vague de conversations animées et une nouvelle énergie sembla remplir la pièce. Adam regarda autour de lui et se rendit compte qu'il venait d'exprimer ce qu'il n'avait jamais pu dire à Dom. Avec un cours à donner, il n'avait pas le temps d'examiner cette prise de conscience, mais, à sa grande surprise, il se rendit compte qu'il se sentait lui aussi bizarrement réénergisé, et même doté d'un certain pouvoir.

Après le déjeuner, lorsque les journalistes arrivèrent, Darina était désespérée par son tablier.

– Il était si bien lavé quand je suis arrivée ce matin. Pourquoi je ne me souviens jamais d'utiliser un torchon pour m'essuyer les mains ?

La faisant passer rapidement à l'arrière-plan, Phil réquisitionna Adam. Il avait posé dans la cuisine, à l'extérieur de la cuisine, dans le jardin avec Hanna, sur un banc avec le groupe, et seul à côté de l'arbre de Noël que Phil avait installé près de la porte de la cuisine.

À la grande joie de tous, il fut interviewé pour *Nationwide*, ce qui impliquait des lumières, une caméra sur un trépied et quelqu'un qui se précipitait pour lui tamponner le front et lui arranger les cheveux. Ensuite, l'émission *Craic with Caitríona*, diffusée l'après-midi sur la station de radio locale, exigea le silence et tout le monde retint son souffle pendant que l'animateur posait la question :

– Alors, Ballybunion ou les Bahamas, Adam ? Vous avez peur de choisir ?

Dans la cour derrière la librairie, Fury avait fabriqué un énorme cadre avec des morceaux de bois d'environ trois mètres. Lorsqu'Ann arriva avec le thé, il utilisait un pistolet à colle pour assembler des affiches qui accompagnaient les livres d'Adam.

– Ça alors, elles rendent bien, toutes disposées en éventail autour de celle au centre.

Fury posa le collage face cachée au dos du cadre qui était terminé.

– Parfaitement adapté. Je vais le coller et mettre de la dorure sur le bois.

– À quoi ça sert ?

– Nom de Dieu, vous allez arrêter de rester debout à poser des questions ? La moitié de l'après-midi est passée. Retournez voir si Bríd est déjà là.

Bríd était arrivée à pied avec une grande boîte de petits gâteaux, chacun décoré de l'image de couverture du livre. Elle repoussait Diablo d'une main lorsqu'Ann entra.

– Ma voiture est en panne et il y a encore quatre plateaux comme celui-ci.

De derrière les draps de poussière, Angela cria :

– Papa a pris sa camionnette pour aller chercher la plate-forme pliante chez Phil. Celle de Fury est dans le couloir. Tu pourrais les rapporter avec ça.

– Je n'ai pas le permis.

– Mais moi oui.

Ils se retournèrent tous et virent Lia dans l'embrasure de la porte, arborant un sourire d'excuse.

– Désolée, je ne voulais pas mettre mon nez là-dedans. Je peux conduire une camionnette si vous en avez besoin.

En se penchant, elle gratta la fourrure derrière les oreilles de Diablo.

– Je tue le temps avant votre événement de ce soir. Je serai ravie de pouvoir vous aider si vous avez besoin d'un coup de main.

Fury roula des yeux lorsque Bríd lui présenta Lia.

– Oh, quand ce n'est pas une chose, c'en est une autre. Bon, je vais appeler l'agence et t'inscrire sur mon assurance pour la journée. Donne-moi tes coordonnées, ma petite, et dépêche-toi. J'ai encore dix poteaux à faire tomber et des mètres de cordes à peindre.

La cabine de la camionnette sentait l'huile de lin, la sciure de bois et les Silvermints. En attachant sa ceinture de sécurité, Bríd lui demanda :

– Es-tu sûre de pouvoir conduire ce véhicule ?

– Bien sûr que oui. Ce n'est pas grand-chose comparé à ce que j'ai conduit en Oz.

Lia enclencha la vitesse et la camionnette se mit à ruer comme un cheval.

– *O-kay*. Cette vieille dame semble avoir de la personnalité. Évitons les routes principales ?

– On devrait passer par Broad Street.

– Oh, bien sûr. La fortune sourit aux audacieux.

Au café, Lia aida Bríd à charger les plateaux dans la camionnette.

– Vous êtes donc propriétaire du café ?

– Ma cousine Aideen et moi, nous avons commencé par une charcuterie sur Broad Street. Au bout d'un moment, nous nous sommes mises à faire des sandwichs pour le café. Puis nous l'avons repris. Le moment n'était pas très bien choisi. J'aurais préféré attendre avant de m'agrandir. Mais il était sur le marché et, bien sûr, il faut saisir les opportunités.

– Vous voyez, c'est aussi ma philosophie.

– Cela représente un sacré travail.

– Et c'est excitant.

Bríd vérifia que les plateaux ne bougeraient pas si la camionnette calait.

– Il y a des moments où je me passerais bien de l'excitation. J'ai un autre projet de restauration pour le week-end. De plus, j'ai promis des pâtés en croûte pour le concert de chants de Noël de Catherine mardi.

– C'est un sacré programme.

– Je sais. Je suis une idiote, mais nous avons besoin de ces revenus. Remarque, les chants de Noël dans la librairie la veille de Noël sont une œuvre de charité.

Le téléphone de Bríd émit soudain une sonnerie ressemblant au cri d'un coq.

– Zut, désolée, je veux tout le temps changer cette sonnerie.

Elle s'appuya contre le véhicule pour prendre l'appel.

– Donne-nous une chance, Fury, nous ne sommes parties que depuis dix minutes. On vient juste de charger les plateaux. Nous sommes en route.

En arrière-plan, elle entendit Diablo glapir. La voix de Fury dans son oreille criait :

– Non ! Ralentissez !

– Quoi ?

– Il faut que tu restes où tu es.

– Je pensais que nous travaillions selon un calendrier.

– Raccroche le téléphone. Appelle Phil. Dis-lui d'appeler Adam Rashid.

– Quoi ?

– Demande à Phil de dire à Adam de venir te retrouver au café.

– Pourquoi ?

– Je dois mesurer sa taille assis pour installer les choses, et il y a déjà des gens devant la porte du magasin.

– Il ne peut pas passer par l'arrière ?

– Il ne faut pas que les gens le voient arriver, ça créerait probablement une bousculade. Demande-lui de te rejoindre au café. Mets-lui une couverture sur la tête, colle-le à l'arrière de la camionnette et roule à tombeau ouvert.

– Lui mettre une couverture sur la tête ?

– Il y en a une dans la voiture. Diablo aime ça quand il a envie de pique-niquer.

– Tu veux que je mette Adam Rashid dans ta camionnette avec une cargaison de petits gâteaux ?

– En fait, oublie la couverture pendant le trajet. Jette-la simplement sur sa tête quand tu le fais entrer dans le magasin par l'allée de derrière.

Le téléphone se tut et Bríd regarda Lia.

– Tu as compris ?

– Ça ressemble à un plan.

– Sérieusement ?

Avec un sourire malicieux, Lia répondit :

– Absolument. Adam Rashid est le genre de personne qui aime saisir les opportunités.

CHAPITRE QUINZE

Les clients achetaient des livres au son de *Joy to the World*. Derrière les panneaux cachant la poussière, Angela et Terry faisaient rouler des brouettes à toute vitesse sur des caillebotis branlants. Le vin était arrivé et Ann se trouvait dans le bureau, en train d'astiquer les verres. Diablo et Fury étaient dans la cour occupés à une tâche compliquée. Enveloppant le livre qu'elle venait de vendre dans un papier cadeau, Catherine le tendit sur le comptoir.

– J'espère que vous vous joindrez à nous plus tard pour lever votre verre au lancement du livre d'Adam Rashid. Nous allons bientôt fermer pour tout mettre en place.

La femme à qui elle le remettait lui fit un grand sourire.

– Oui, bien sûr. Je l'ai entendu parler tout à l'heure à la radio. Il ne donnait pas beaucoup d'informations sur Ballybunion, n'est-ce pas ? Vous croyez qu'il a un refuge secret là-bas ?

Plusieurs personnes dans la file d'attente étaient arrivées à la même conclusion, même si l'une d'entre elles était convaincue qu'il s'agissait d'un double bluff.

– C'est ce que dit ma sœur. C'est un vieux truc de star.

– Vous pensez qu'il va passer Noël aux Bahamas ?

– Je ne perdrais pas mon temps avec des spéculations. C'est un grand livre qu'il a écrit, et c'est tout à son honneur. J'adore le gros gâteau sur la couverture.

– J'ai entendu dire que la presse viendrait au lancement du livre, et que nous nous verrions tous à la télé avant la fin de la soirée.

– Non !

– C'est ce que tout le monde dit.

Quand Catherine fut libérée, Stephen, qui avait parcouru les étagères, vint à la caisse.

– Alors, j'ai entendu dire qu'il y aurait des journalistes lors du lancement du livre ?

– Oh, non ! Je n'ai aucune idée de qui sera là ou de ce que fait Fury derrière. D'après maman, il a fabriqué un énorme cadre doré. Tu es venu chercher un livre ? Je peux t'aider à trouver quelque chose ?

– En fait, je me suis juste dit que j'allais passer voir comment tu allais. Je peux y aller si je t'encombre.

– Non, reste. Ça me fait plaisir de te voir.

Pendant un instant, il sembla gêné.

– Je me suis dit que j'avais peut-être été un peu insistant au café.

– Bien sûr que non.

À la surprise de Catherine, elle se sentit rougir.

– En fait, nous nous en sortons bien pour le moment. Un peu de panique ce matin quand cette fille des réseaux sociaux venue de Londres a exigé une réunion à Carrick. Fury s'est occupé d'elle.

– Comment ça ?

– J'ai pris mon téléphone et je lui ai dit qu'elle devrait être à la conférence de presse du Centre du couvent, et non pas en train d'organiser ses propres réunions à Carrick. Elle s'est dégonflée et a dit qu'elle viendrait ici pour la mise en place. J'espère juste que lorsqu'elle arrivera, elle ne restera pas dans ses pattes.

Gaby se présenta à quatre heures et demie et anéantit immédiatement les espoirs de Catherine.

– C'est ici qu'aura lieu le lancement du livre ? Parce que je suis censée diffuser en direct des actus attractives et glamour. Et, désolée, mais cet endroit est définitivement nul.

Un grognement sourd se fit entendre tandis que Diablo se redressait lentement, et Catherine vit que Fury avait l'air d'être prêt à mordre. Elle essayait de décider lequel des deux devait être attaché lorsque Stephen apparut à ses côtés. Catherine, qui pensait qu'il était parti, fut surprise de le voir saisir la main de Gaby et la serrer chaleureusement.

– Stephen Gallagher. Je dois vous féliciter. Votre stratégie marketing est tout à fait pertinente.

Son air assuré fit clairement penser à Gaby qu'elle devait savoir qui il était. Ne sachant plus quoi faire, elle répondit :

– Euh, merci, mais ce n'est pas vraiment *ma* stratégie.

– Ah, mais vous le mettez en œuvre, n'est-ce pas ? Ce sont les opérationnels qui font la différence, comme le disait George Lucas.

Les yeux de Gaby s'agrandirent.

– Vous connaissez George Lucas ?

– Nos chemins se sont croisés.

Le grognement de Diablo avait augmenté de plusieurs octaves, alors, inspirée par la diversion de Stephen, Catherine prit les choses en main.

– J'emmène M. Gallagher prendre le thé. Voulez-vous vous joindre à nous ?

Gaby vacilla.

– Euh, je devrais être ici pour m'assurer que les réglages sont au niveau.

Voyant la tête de Fury, Catherine la prit par le bras.

– Ne vous inquiétez pas. Mon directeur technique s'en occupe. Venez et laissez Stephen nous parler de son expérience et de *Star Wars*. Savez-vous que l'une de ses scènes a failli être tournée ici, à Finfarran ?

Adam venait de sortir de la douche lorsqu'il reçut un message de Phil. « Besoin de parler. C'est urgent. Réponds s'il *te* plaît. »

Il composa son numéro.

– Je me prépare pour le lancement. Quel est le problème ?

– Fury dit que tu dois y aller sous couverture.

– Aller où ?

– À la librairie.

– Mais pourquoi, enfin ? Attends, qui est Fury ?

– Bríd dit que Lia dit que vous ne devez pas discuter.

– Quel est le rapport avec Lia ?

– Tu dois les retrouver dès que possible au *Café du jardin*.

Quand il arriva au café, Bríd et Lia étaient assises dans la camionnette. Lia baissa la vitre.

– Salut. Tu as pris ton temps.

– *Qu'est-ce qui se passe ?*

– Des trucs de star en bonne et due forme. Nous sommes tes assistantes.

Bríd se glissa à l'arrière de la camionnette.

– Les gens se rassemblent devant le magasin. Fury dit qu'il faut vous faire entrer par l'arrière.

– Qui est Fury ?

En ouvrant la porte de la camionnette, Bríd le pressa :

– Pouvez-vous surveiller les petits gâteaux ? Tout cela prend plus de temps que ce qui était prévu par Fury, alors Lia va devoir mettre les gaz.

Comme il n'y avait personne dans l'allée derrière la librairie, Adam n'eut pas à se couvrir la tête. Alors que Lia et Bríd le conduisaient à l'arrière de la librairie et vers les cache-poussière, Terry et Angela étaient toujours en train de transporter des brouettes. À l'avant de la boutique, la porte fermée à clé, Fury était en train de monter la plate-forme pliante, une estrade d'environ quinze centimètres de haut. Lia présenta Adam.

– Adam Rashid, voici Fury O'Shea. Et voici Diablo qui, si j'ai bien compris, est son associé.

Diablo poussa un cri aigu cordial et Fury lança un regard à Lia.

– Je n'ai pas compris qui tu es, et j'espère pour toi que tu n'as pas bousillé ma camionnette.

– Elle est en meilleur état que lorsque vous me l'avez donnée. J'ai resserré le couvercle de la batterie pendant que nous traînions au café.

Adam regardait le chaos derrière eux et demanda :

– Merde, c'était une fuite ?

En lui lançant un regard interrogateur, Fury dit :

– Eh bien, tu n'es ni aveugle ni stupide.

Dans le moment de tension qui suivit, Diablo regarda l'un puis l'autre, incertain de ce qui allait se passer ensuite. Puis, fixant Fury du regard, Adam déclara :

– Bien vu. Je ne suis ni aveugle ni stupide et, si vous me dites ce qui se passe, vous verrez peut-être même que je peux vous être utile.

Cinq minutes plus tard, aidé par Adam, Fury avait déplacé l'arbre de Diablo sur le côté, à l'endroit où se trouvait l'une des banderoles. Il donna la banderole à Ann, en lui demandant de la placer sur le trottoir pour marquer le début de la file d'attente qui se formait à l'extérieur.

– Quand ce sera fait, Bríd et toi pourrez commencer à préparer la table pour la nourriture et les boissons. Les poteaux de ma passerelle sont encore en train de sécher à l'extérieur. Angela est en train de peindre les dernières cordes. Elle les apportera dès que possible.

Alors qu'Ann disparaissait, il se tourna vers les autres.

– Lia, va chercher mon marteau dans la cour. Adam, donne-moi un coup de main avec ce cadre.

Adam s'était débarrassé de sa parka et avait retroussé les manches de son pull.

– J'ai besoin de dix minutes pour me changer et me brosser les dents avant que vous ne laissiez entrer la foule.

– Je veux d'abord que tu montes sur une échelle. C'est une bonne chose que tu aies eu le bon sens de ne pas arriver dans ta robe de soirée.

– Je n'ai pas eu le temps de me changer quand j'ai reçu votre convocation. J'ai juste mis mes affaires dans un sac pour les transporter. Elles auront probablement besoin d'un fer à repasser.

– Pas de problème, mon garçon. Les dames du dessus auront un fer à repasser, et Terry arrêtera la brouette dans vingt minutes. Il repassera tes affaires en un clin d'œil.

Il faisait presque nuit lorsque Catherine, Stephen et Gaby quittèrent le salon de thé. La bannière écarlate trônait à l'extérieur de la librairie, son lettrage doré capté par la lumière d'un réverbère. Une file d'attente s'étendait jusqu'à la moitié du trottoir. Ce qui cachait la vue sur la porte avait été enlevé et, entre les silhouettes excitées, Catherine pouvait voir l'étoile de son arbre à livres briller dans la vitrine. Alors qu'ils s'approchaient de la boutique, elle envoya un message à Fury et, au moment où ils atteignirent la porte, celle-ci s'ouvrit pour les laisser entrer. Catherine entendit la file d'attente gémir joyeusement tandis que la porte se refermait derrière elle. Puis elle s'étonna de la transformation.

En plein centre, devant la toile de fond des cache-poussière, une table et une chaise attendaient Adam sur l'estrade empruntée. Des verres brillaient sur la table à boissons et des bougies à chauffe-plat scintillaient le long des étagères. Éclairée par deux lampes de bureau inclinées, l'estrade était flanquée d'un côté de la deuxième bannière de *Lissbeg Books*. De l'autre côté se trouvait l'arbre de Diablo, qui avait adopté de nouvelles décorations : de petits gâteaux en céramique peinte surmontés de brins de houx. Le comptoir était rempli d'exemplaires des *Cakes à rapporter à la maison*, et une série de poteaux dorés arrivant à hauteur de la taille, reliés par une corde écarlate, créait une allée qui passait devant la caisse, faisait le tour de l'estrade et, finalement, menait à la nourriture et aux boissons. Le collage d'affiches était suspendu directement derrière l'estrade, son cadre doré soutenu par les couleurs vives des cache-poussière, et il avait l'air de valoir un million de dollars. Cool et imperturbable dans un costume et une chemise impeccablement repassée, Adam apparut derrière les cache-poussière et s'assit sur la chaise. Fury, qui avait l'air plus ébouriffé que jamais, s'esclaffa.

– Parbleu, nous avons visé juste, mon garçon. Ta tête arrive juste en dessous du gros gâteau au centre du collage.

Se tournant vers Gaby, il demanda :

– Bien. Est-ce que c'est assez attractif pour vous ? Ou vous préférez qu'il porte un chapeau à l'effigie de l'événement ?

Gaby était bouche bée.

– Oh. Mon. Dieu. On dirait le décor d'une première hollywoodienne.

– C'est l'œuvre de notre directeur technique, déclara Catherine d'un ton grave.

– Puis-je le rencontrer ? Nous pourrions discuter sur mon *livestream* ?

Fury la regarda d'un air fade.

– Oh comme c'est dommage. Vous l'avez manqué. Il est dans un avion pour New York à l'heure qu'il est.

– Non !

– Il est venu pour nous rendre service. Il s'envolera pour Los Angeles dans quelques heures.

– Pouvez-vous me dire son nom ?

– Mon Dieu, non. Il ne voudrait pas que ce soit diffusé dans le *gigaverse*. Il se passe beaucoup de choses ici que nous aimons garder secrètes.

Les yeux de Gaby étaient ronds comme des soucoupes.

– Je sais que… J'ai entendu dire. Catherine dit que c'est un secret industriel bien gardé que George Lucas utilise Finfarran comme lieu de tournage tout le temps. Je veux dire que c'est incroyablement cool.

– Incroyable, c'est le mot qui convient. Et n'allez pas répandre l'histoire. Si vous le faites, il ne sera pas difficile de retrouver l'origine de la fuite.

La file d'attente déferla, précédée de Phil et la presse. Avant de rejoindre Ann à la caisse, Catherine monta sur l'estrade, présenta Adam et dit à quel point ils étaient heureux d'accueillir le lancement irlandais de son livre. Adam fit un bref et charmant discours et sourit devant un barrage de caméras tandis que Stephen menait une conversation urbaine avec les journalistes. Saoirse versa du vin et Bríd distribua des petits gâteaux dans des assiettes en carton doré. Serrant des exemplaires des *Cakes à rapporter à la maison*, une file de personnes commença à passer devant la caisse et à emprunter la passerelle en direction d'Adam. La salle bourdonnait d'excitation tandis qu'il souriait et signait des dédicaces, personnalisant des cadeaux de Noël ou écrivant pour des fans, qui gloussaient de plaisir lorsqu'il posait joyeusement pour des selfies ou écoutait leurs descriptions des triomphes et des désastres de la pâtisserie.

Bien que l'installation de Fury ait été conçue pour mettre en valeur le livre de cuisine d'Adam, la passerelle passait devant des étagères de nouveaux best-sellers et de classiques de Noël, comme autant de tentations pour la plupart des gens à prendre des livres qu'ils n'étaient pas venus chercher mais auxquels ils ne pouvaient pas résister. Rayonnantes de soulagement et débordées, Catherine et Ann virent leurs recettes grimper en flèche au-delà de leurs espérances les plus folles. L'excitation montait, les journalistes plaçaient des micros sous le nez des gens et, près du sapin, Gaby, dont les yeux étaient encore larges comme des soucoupes, diffusait en direct une interview de Diablo.

– Je suis donc ici avec le chef le plus cool dans le lieu le plus cool d'Irlande, cachette secrète des stars, et maison de ce petit bonhomme génial qui s'appelle Diablo. Je veux dire, c'est vraiment cool, n'est-ce pas ? Dis bonjour au monde, Diablo.

Diablo aboya obligeamment et s'assit sur son derrière.

– N'est-il pas super mignon ? Comme vous pouvez le voir, l'endroit est en pleine effervescence et, comme vous vous y attendiez pour le *Chef le plus cool*, nous avons un mélange fantastique de personnes cools. Il y a Fury O'Shea, qui est une grande célébrité locale. Je ne sais pas ce qu'il fait, et il m'a dit que je ne devais pas le lui demander ! J'aperçois Stephen Gallagher, qui fait bouger les choses dans les films hollywoodiens. Et voici une dame qui vient d'acheter un livre et qui s'apprête à le faire dédicacer. Bonjour à tous ! Est-ce que vous vous décririez comme une fan d'Adam Rashid ?

Mary Casey la dévisagea de haut en bas et dit :

– Je ne dirais pas ça, non.

– Oh. OK. Avez-vous acheté son livre comme cadeau de Noël pour votre fille ?

– Ma fille est bibliothécaire en chef. Elle n'a pas besoin de livres.

– Je parie que vous faites d'excellents gâteaux.

– J'ai été épuisée ces derniers temps. Je ne suis pas souvent dans ma cuisine.

Après s'être débarrassée de Gaby, Mary fit un pas de côté et s'élança vers l'avant, les coudes en l'air. Un homme dit :

– Hé, chacun son tour, et elle lui lança un regard majestueux.

– Je n'ai aucun intérêt à faire la queue, si c'est ce que vous insinuez. Je ne serais pas non plus dans cette file d'attente si je n'y avais pas été entraînée à mon insu.

– Vous ne pouvez pas vous retenir ? Nous aurons bientôt fini.

– Je ne peux pas.

Mary joua des coudes pour se frayer un chemin jusqu'à la table des boissons, où une petite femme venait d'accepter un verre de vin de Saoirse. Elle le lui arracha et lui dit :

– Mon Dieu, Pat Fitz, tu as perdu la tête ? Tu ne sais pas ce que la piquette allemande peut faire à tes cordes vocales ?

Furieuse, Saoirse répondit :

– Ce n'est pas un vin allemand. Il est italien. Et je parie que ce n'est pas de la piquette.

– Je me fiche de savoir d'où ça vient. Elle ne devrait pas boire avant de chanter.

Pat dit doucement qu'elle ne chanterait pas avant la veille de Noël.

– C'est ce que je dis. Si tu chantes le mardi, tu ne devrais pas boire le vendredi. Tu dois respecter une semaine complète de désintoxication avant de tenter les gloria.

En faisant un clin d'œil à Saoirse, Pat dit :

– N'est-ce pas malheureux ? Car pas plus tard qu'hier soir, j'ai eu droit à un grand whisky chaud pour ma poitrine.

– Je n'ai rien changé à ton vibrato. Tu ne veux pas essayer de t'aider toi-même et de te donner une chance ?

S'approchant de la caisse, Stephen prit trois exemplaires des *Cakes à rapporter à la maison*. En les enregistrant, Ann commenta :

– Mon Dieu ! Tu dois connaître beaucoup de gens qui aiment pâtisser.

Sans le moindre signe de l'urbanité dont il avait fait preuve avec les journalistes, Stephen balbutia :

– Pas vraiment. Enfin, si, je le fais. Ce sont des cadeaux de Noël. Les livres dédicacés sont toujours bien accueillis, tu ne crois pas ?

– Bien sûr.

La file d'attente derrière Stephen se bousculait, ce qui lui donnait une excuse pour passer à autre chose. Mais en le regardant quitter le comptoir, Ann surprit un regard timide passer entre lui et Catherine et, se tournant pour s'occuper de son prochain client, elle pencha la tête pour dissimuler un sourire ravi.

CHAPITRE SEIZE

Les étoiles étaient apparues au moment où Adam quittait la librairie, et il descendit Sheep Street en sentant le givre dans le vent. Il était moulu. Arrivé au parking, il jeta le sac contenant son pull et son jean sur la banquette arrière. Puis, en s'engageant dans Broad Street, il vit Lia, debout à l'arrêt de bus, penchée sur son téléphone. Sûr qu'elle envoyait un texto à Seán, Adam faillit passer à côté d'elle sans s'arrêter. Mais il lui sembla méchant de la laisser là, dans le froid, alors il baissa la vitre.

– Je te dépose ?

– Oh oui.

En se glissant sur le siège passager, elle enfonça son téléphone dans sa poche.

– Tu es en tête des tendances sur les réseaux sociaux. Non. Correction. Diablo te bat d'un poil.

– Espérons que mon agent ne vérifie pas. Il pourrait me laisser tomber et signer le chien.

Adam fut surpris d'entendre la phrase sortir avec autant d'amertume, mais, heureusement, Lia n'eut pas l'air de s'en apercevoir. Au lieu de cela, elle se blottit dans le siège et dit :

– Il fait bon et chaud ici.

Après une longue journée comme celle-ci, Adam aurait normalement conduit seul jusqu'à la maison. Épuisé par les exigences de son travail, mais encore gonflé d'adrénaline, son esprit serait en surrégime. C'est ce qu'il ressentait maintenant, mais, d'une manière ou d'une autre, la présence de Lia faisait une différence. Elle avait fermé les yeux, mais lorsqu'il lui jeta un coup d'œil, ils s'ouvrirent.

– J'ai aimé ce que tu as dit à propos de ton livre.

– À la librairie ?

– Non, au cours, quand Declan t'a demandé quelle était ton inspiration. Comment se fait-il que cela ne figure pas sur la couverture du livre ?

– Ce n'est pas moi qui l'ai décidé. Apparemment, la nostalgie se vend mieux qu'un appel aux armes.

– S'ils utilisent ton nom et ton visage pour gagner de l'argent, ils ne devraient pas mettre des mots dans ta bouche.

S'étirant paresseusement, Lia ajouta :

– Je ne sais pas comment tu fais.

– Comment je fais quoi ?

– Comment tu gardes ton sang-froid sous la pression.

En haussant les épaules, il répondit :

– Je suis le chef le plus cool.

La salle à manger de l'hôtel retentissait du bruit d'un Noël de bureau avec les employés qui portaient des chapeaux en papier et levaient des toasts. Vaincu par le niveau sonore, Adam se détourna pour se diriger vers l'ascenseur. En le regardant d'un air narquois, Lia lui dit :

– Quand as-tu mangé pour la dernière fois ?

– Je crois me souvenir d'une tranche surprenante du gâteau à l'envers de Mary.

– Il faut bien que tu prennes quelque chose maintenant, sinon tu ne dormiras pas.

Il savait par expérience qu'il ne dormirait probablement pas tant que la roue de hamster dans sa tête n'aurait pas cessé de tourner, et ce n'était pas encore le cas. Il y avait de fortes chances pour qu'il en ait jusqu'au petit matin.

– Si, ça va.

– Ce dont tu as besoin, c'est d'un solide repas, de préférence chargé en glucides. Ils font des pizzas et d'autres choses au bar. Allez, viens. Je t'invite.

Trop fatigué pour discuter, Adam la suivit dans le bar de l'hôtel, qui était moins fréquenté que la salle à manger. Lia l'orienta vers une cabine lambrissée de chêne.

– Personne ne nous remarquera ici. Assieds-toi. Je vais commander. Je sais comment attirer l'attention du barman.

Elle disparut et revint avec deux verres de bière.

– Alors. Des pâtes carbonara. Je lui ai dit de demander au chef de mettre beaucoup de persil sur le dessus.

En tirant longuement sur la bière, Adam dit :

– Cela me semble parfait.

– Il n'y a pas beaucoup de fromage.

– Extrêmement moelleux, crois-moi. Tu ne t'es jamais retrouvée dans la cuisine d'un restaurant après un gros service.

Lia s'assit du côté opposé de la table.

– Travailler dans des restaurants, c'est ce que tu faisais avant d'être cool ?

– Oui. Des hôtels pour commencer. Les restaurants plus tard. Il faut être doué, mais pour réussir, il faut avoir de la chance. Et tu dois savoir quand rester et quand passer à autre chose.

– Comment peux-tu le savoir ?

– Tu ne peux pas. Tu dois juste garder les yeux ouverts. J'ai eu de la chance à Dublin. Le restaurant où je travaillais a ouvert une succursale londonienne dans le quartier de Belgravia.

– Zone intelligente.

– Le fait est que le chef était vraiment bon. J'ai beaucoup appris. Puis je suis passé à autre chose et j'ai continué à progresser. Finalement, l'un des gars pour qui je travaillais m'a suggéré de me présenter au concours.

Après avoir avalé une nouvelle gorgée de bière, Adam s'assit contre les coussins écarlates de la cabine.

– Et le reste appartient à l'histoire.

Une fille de derrière le bar arriva avec deux assiettes fumantes et, en poussant le moulin à poivre vers Adam, Lia dit :

– Mangeons pendant que c'est chaud.

Se demandant s'il ne l'avait pas ennuyée, Adam enfonça une fourchette dans ses pâtes. Elles étaient crémeuses, gorgées d'œuf, mouchetées de persil vert, et le jambon avait manifestement été coupé à l'os. Il s'était cru trop fatigué pour manger, mais chaque bouchée le ravivait. Il y eut un long moment de silence, puis Lia soupira et dit :

– Rien de mieux que les glucides.

– Ce n'est pas seulement du carburant. C'est de la qualité. Je parie que tout ce qui se trouve dans cette assiette provient d'une source locale.

– Vraiment ? Des arbres à spaghettis dans la forêt de Fury ?

– D'accord. Peut-être pas les pâtes.

Après avoir vidé son verre, Adam s'adossa de nouveau au siège, toujours fatigué mais plus détendu.

– Alors Fury, le gars du lancement du livre, est le gars qui possède la forêt ?

– D'après Bríd. Elle dit que c'est une force de la nature.

Adam sourit.

– Oui, je vois bien.

– Mais je l'aime bien. Et toi ?

– Il m'a rappelé le chef cuisinier de mon premier job à Londres. Le genre de gars qui ne se prend pas la tête, mais qui apprécie vraiment ce que tu as à offrir.

Lia, qui avait terminé ses propres pâtes, tendit le bras et fit tourner sa fourchette autour d'un tas de spaghettis dans l'assiette d'Adam.

– Il t'a carrément mis au travail. Comment se fait-il que tu sois si habile sur une échelle ?

Adam repoussa sa question par une autre question.

– Comment se fait-il que tu saches comment serrer un couvercle de batterie ?

– Je l'ai appris auprès de ma grand-mère.

– Celle qui glaçait les gâteaux avec des feuilles de myrte citronné ?

– Celle-là. Elle et mon grand-père vivaient au milieu de nulle part. J'avais l'habitude de leur rendre visite quand j'étais enfant.

Lia enfourna les pâtes dans sa bouche.

– Cet endroit va me manquer. Grand-père est mort il y a quelques mois, alors grand-mère vend sa maison et va vivre près de mon père et de ma mère.

Elle tendit à nouveau sa fourchette et demanda :

– As-tu encore des grands-parents ?

– Non, ils sont morts.

– C'est dur.

Adam s'agita.

– Pas vraiment. Tiens, tu veux finir ces pâtes ? J'en ai assez.

– Oh, désolée. Tu détestes quand les gens piquent de la nourriture dans ton assiette ?

– Non, c'est bon. Je suis juste fatigué. Écoute, ça t'ennuie si on va se coucher ?

Son brusque changement de comportement l'avait troublée, mais elle finit son verre et répondit :

– Bien sûr. Je vais chercher l'addition.

– Laisse-moi faire.

– C'était pour moi, tu te souviens ?

Elle alla au bar, paya et revint pour trouver Adam qui fixait la table. Levant les yeux, il convoqua ce qu'elle appelait son sourire professionnel.

– Désolé d'être ennuyeux.

– Ne t'inquiète pas. De toute façon, j'ai un appel WhatsApp. À demain, chef.

À l'étage, Adam vérifia son téléphone et trouva un message de Dom. « Félicitations pour les réseaux sociaux. Je vois que tes irlandais de libraires sont en vogue. » Jetant le téléphone sur le lit, Adam alla prendre sa troisième douche de la journée. Bien que le martèlement de l'eau chaude détendît ses muscles endoloris, son cerveau se remit en marche. Après quelques minutes, il passa de nouveau dans la chambre, enfila un peignoir et regarda le téléphone.

Quand ils l'avaient fait entrer par la cour, il avait vu l'état dans lequel se trouvait l'arrière de la librairie, et c'est spontanément qu'il s'était mis à aider. Il n'était pas difficile de comprendre que ces gens étaient à bout de nerfs et qu'ils faisaient tout pour cacher ce qui s'était passé. Il avait admiré le calme résolu d'Ann lors de la mise en place de l'opération, et reconnu le soulagement hâtivement dissimulé de Catherine lorsqu'elle était entrée et avait vu la transformation. À l'étage, après avoir enlevé son jean et son tee-shirt, il s'était rendu compte de l'état de la cuisine démontée, où les planches étaient remontées et où les solives donnaient sur la pièce du dessous. Plus tard, alors qu'il était assis en train de signer des livres, conscient de l'humidité des décombres dans la pièce derrière lui, il avait ressenti beaucoup de respect pour la façon dont Catherine et Ann avaient géré la presse et le public. Alors, même s'il n'était pas juste de reprocher à Dom de ne pas avoir vu ce qui avait été caché, la formulation dédaigneuse de son message lui déplaisait.

Ne se faisant pas confiance pour répondre, Adam éteignit son téléphone et alla regarder par la fenêtre. Sa chambre du sixième étage donnait sur le parking du *Royal Victoria* et sur une large cour pavée à l'extérieur de l'entrée de la cuisine. En se penchant, Adam pouvait voir une rangée de poubelles dans la cour. Leur sommet bombé était bordé de givre et, en plissant les yeux vers les étoiles, il vit que la neige commençait à tomber. Se retournant vers la chambre, il regarda le grand lit avec ses oreillers empilés et, sans espoir de trouver le sommeil, s'allongea sous la couette.

Lorsque le sommeil vint, il apporta un cauchemar familier. Traversant les rues sous une pluie battante, il cherchait désespérément quelque chose dont il ne se souvenait pas. Les trottoirs crasseux étaient couverts de graisse, et les foules qui se bousculaient pour passer le poussaient dans la mauvaise direction. Puis il se retrouvait seul, debout dans un immense vide, une couverture autour des épaules. Il pouvait en sentir les bords, raides de saleté. Un gros chien tirait sur une corde. Quelqu'un secouait des graines dans un morceau de papier plié. Puis, soudain, il se retrouva dans une cellule et les barreaux se refermèrent sur lui. La couverture avait disparu, tout comme son téléphone, et il savait que s'il criait, personne ne l'entendrait. Au-delà des barreaux, la foule se déplaçait et il se rendit compte qu'il était devenu invisible. La cellule rétrécissait, son téléphone n'était pas là, et quelque part les aiguilles d'une horloge tournaient follement. Puis une porte s'ouvrit et il fut submergé par un flot d'eau glacée. Haletant, il se réveilla pour se retrouver prisonnier des plis de sa couette, les yeux écarquillés par la peur et trempé de sueur froide.

SAMEDI

21 décembre

CHAPITRE DIX-SEPT

À Garrybawn House, l'arbre de Fury se trouvait dans le salon, où les résidents l'avaient décoré. À l'étage, l'arbre de la famille, fait de fils de fer recouverts de guirlandes, se trouvait sur une table ronde près de la télévision. Comme chaque année depuis que Saoirse était toute petite, son père et elle l'avaient installé ensemble, en écartant les branches argentées et en y suspendant de petits oiseaux en verre qui passaient le reste de l'année dans une boîte au grenier.

Lorsque Saoirse entra dans la cuisine le samedi matin, son père était au fourneau, en train de faire frire des saucisses fumées.

– Bonjour. Où est maman ?

À peine sortie du lit, elle avait désespérément besoin d'un café noir. Élevant la voix pour atteindre la salle de bains, son père l'appela :

– Tu as envie d'un sandwich au bœuf ?

Sa mère entra en bâillant.

– Tu es sourd ? J'ai dit que je voulais juste un café.

En s'asseyant, elle demanda si Saoirse avait apprécié le lancement du livre.

– C'était incroyable. Trop cool. Il y avait une personne chargée du marketing à Londres qui a dit que c'était comme une première à Hollywood.

Son rasoir à la main, son père dit :

– Saoirse était en train de faire un *livestreaming* pour le monde entier.

– Non, pas au début. Mais la responsable des réseaux sociaux est venue me parler. Juste une nanoseconde, mais c'était génial. J'avais un peu paniqué à l'idée de la presse, mais la fille n'était pas beaucoup plus âgée que moi, et ce n'était pas la télé, alors c'était cool. Et Adam a pris un selfie avec moi, devant tout le monde. Et la librairie est géniale.

– On dirait que tu as passé un bon moment.

– Tu devrais voir l'arbre de Noël dans la librairie. Il est énorme. Et Adam était assis sur une plate-forme devant un énorme cadre doré. Et il y avait cette toile de fond funky qui était tout en éclaboussures de couleurs.

– Es-tu rentrée à temps pour préparer l'omelette de ton père ?

– Oui, parce que je n'ai pas eu à rester pour nettoyer. Maman, il y a un autre événement qui s'y déroulera ce soir. Des achats nocturnes. Ils mettent en place un tout nouveau dispositif pour cela. On peut y aller ?

Saoirse vit son père et sa mère échanger un regard. Rory dit :

– Je crois que ta mère est encore de sortie ce soir. N'est-ce pas, Theresa ?

– Oui. Désolée, animal de compagnie.

– Mais tu aimes la librairie. C'est papa qui l'a dit.

– C'est vrai, mais ne fais pas d'histoires, Saoirse. Nous irons une autre fois.

– Mais c'est maintenant qu'elle est toute décorée. Nous pourrions amener papa et lui montrer le magasin. Dans la vitrine, il y a un sapin fait de livres, et le vrai sapin à l'intérieur est énorme.

– Tu l'as déjà dit.

Saoirse était sur le point de leur dire que l'arbre avait été recouvert de cupcakes et qu'elle en avait posté des photos sur Insta et obtenu un million de milliards de likes. En regardant son assiette, elle décida que ce n'était pas le moment. Elle regarda son père qui, semblant harcelé, laissa errer son regard d'elle à sa mère. Il s'approcha de la table avec deux sandwichs *rasher*.

– Tiens, mon chou, descends-en un. Tu as une journée bien remplie.

Prenant un sandwich, Saoirse dit :

– C'est un événement qui se déroule tard dans la nuit ce soir. Ils seront ouverts jusqu'à neuf heures. Peut-être que maman et toi pourriez passer à la fin, quand sa réunion sera terminée.

Sa mère fronça les sourcils.

– Laisse tomber, Saoirse, ton père a raison. Tu fais déjà de longues journées pour ce travail. Je ne veux pas que tu rentres tard, ni qu'on profite de toi non plus. J'espère que tu as été payée si tu as servi des boissons au lancement de ce type.

Découragée et confuse, Saoirse mordit dans son sandwich. Elle avait l'impression qu'il se passait quelque chose qu'ils ne voulaient pas qu'elle sache et, quoi que ce soit, cela mettait sa mère en colère, et son père était inquiet et bizarre.

Le cadeau du samedi était un kit d'accessoires de cuisine Le Chef le plus cool et des emporte-pièces en forme d'étoiles de différentes tailles. Alors que le groupe se rassemblait, les dames de Cork décrivaient avec enthousiasme le lancement du livre.

– Et les biscuits de Noël que nous faisons aujourd'hui sont en fait dans le livre. Ils sont tout simplement magnifiques sur les photos. Et tu n'en reviendrais pas de la déco. Elle est tout simplement incroyable !

Darina dit qu'elle avait passé la nuit à penser à toutes les choses qui pouvaient mal tourner avec une poche à douille.

– Même si je ne gâche pas la cuisson, mon glaçage est sûr de finir loin de mes biscuits.

Mary était en train de nouer son tablier à fleurs enveloppant. Elle passa une tête.

– Que Dieu vienne en aide à la pauvre petite Saoirse, avec tout le travail que tu lui donnes. Et je vais te dire quelque chose que tu ne trouveras pas écrit dans le livre d'Adam. Il n'y avait pas de cookies en Irlande avant que nous ne partions tous aux États-Unis.

Ce n'était qu'un bruit de fond pour Saoirse qui pensait encore au regard que sa mère et son père avaient échangé au petit déjeuner. Elle observa Adam rassembler le groupe autour de la table.

– Le but d'aujourd'hui est d'exercer vos talents de stylistes culinaires, d'accord ? Les gâteaux sont donc simples et rapides. Je vous ai donné trois recettes, un biscuit épicé nature, un biscuit au miel et un pain d'épices en forme de vitrail. Vous pouvez choisir d'utiliser l'une d'entre elles ou toutes, mais si j'étais vous, je ne manquerais pas le pain d'épices.

Darina dit qu'elle ne pourrait jamais se souvenir de la différence entre un biscuit et un cookie.

– Je suppose que cela n'a pas d'importance, mais c'est toujours confus pour moi.

– En fait, un biscuit se casse lorsque tu le brises. Ce n'est pas le cas d'un cookie.

Il sourit à Mary.

– Et aux États-Unis, ce que nous appelons un scone est appelé un biscuit, ce qui peut être très déroutant si vous venez d'arriver d'Irlande.

Kevin était en train d'examiner l'illustration de sa recette.

– Donc tu fais un trou dans le pain d'épices et tu y introduis un bonbon bouilli, et le bonbon fond dans le four et finit par ressembler à du verre coloré ?

– C'est tout. Et si tu mets une brochette en haut de chaque biscuit avant de les faire cuire, tu auras des décorations pour le sapin de Noël.

Voyant que Darina avait l'air perdue, Adam lui sourit.

– Ne t'inquiète pas. Je vais te montrer comment faire, et il ne s'agit pas d'être parfait. C'est le genre de pâtisserie que la famille peut préparer ensemble, pour mettre tout le monde dans l'ambiance de Noël.

Saoirse se demanda si elle ne pourrait pas faire cela avec son père et sa mère. Peut-être que si elle achetait les ingrédients et ramenait la recette à la maison, ils pourraient passer du temps dans la cuisine à faire des étoiles et des flocons de neige en pains d'épices, et la bizarrerie qu'elle avait ressentie ce matin s'évaporerait, et tout redeviendrait normal. Perchée sur un tabouret, elle décida de se concentrer sur ce que disait Adam, en espérant que Darina ne lui demanderait pas trop d'attention.

Declan se révéla très adroit avec une poche à douille. Lorsqu'Adam vint vérifier ses progrès, il était penché sur une feuille de papier sulfurisé, créant des boucles et des tourbillons complexes pour son glaçage.

– C'est impressionnant.

– Des années de travail avec du mastic souple. S'il y a une chose que je sais faire, c'est manier une buse.

En s'asseyant, Declan réfléchit à ses dessins d'entraînement.

– Je pense que je vais les utiliser pour mes biscuits et mettre du glaçage à l'eau sur mon pain d'épices.

Lorsqu'il sortit sa première fournée de pains d'épices du four, Saoirse s'approcha pour regarder. Il avait choisi de faire des étoiles à six branches avec une plus petite étoile découpée au centre, et avait utilisé une paille pour percer un petit trou au sommet de chacune d'entre elles. Saoirse admira l'effet translucide des bonbons fondus.

– C'est vraiment comme un vitrail, tu ne trouves pas ? Comme ces fenêtres dans le vieux couvent.

– C'est incroyablement efficace pour quelque chose de si facile. Je vais poser un treillis blanc sur cette fournée, et les parsemer de petites boules argentées.

– M. Maguire dit que le vrai nom des boules est dragées.

– Évidemment.

En soulevant ses biscuits sur une grille, Declan lui demanda si elle faisait beaucoup de pâtisserie elle-même.

– Pas vraiment.

– Tu pourrais essayer de les faire. Adam a raison, ils feront de superbes décorations pour le sapin.

– Mais comment les accrocher ensuite ?

– Passe le ruban dans ces trous en haut. Il faudra que j'agrandisse les trous. Ils se sont un peu refermés dans le four.

Saoirse s'imagina avec son père et sa mère à la table de la cuisine, en train de faire fondre du sirop d'or et du beurre, de verser du gingembre moulu dans la farine et de pétrir la pâte brun foncé avant de la découper en formes. Ils pouvaient écouter des chants de Noël en fond sonore et faire des blagues idiotes. Tous ses meilleurs souvenirs de Noël étaient liés à ce genre de proximité avec ses parents. Quand elle était petite, elle se réveillait dans le noir, sentait la forme des cadeaux dans sa chaussette de Noël et les sortait un par un. Ses pieds nus sur le sol froid lorsqu'elle courait jusqu'à la chambre de ses parents. Les câlins et les baisers, et la chaleur de leur couette quand elle se blottissait entre eux avec un Père Noël en chocolat à moitié mangé.

Son père faisait toujours semblant d'être fâché d'être réveillé si tôt. Il sortait du lit, revenait avec un plateau de café et volait le dernier chocolat de Saoirse. Puis, installés dans le lit avec leurs tasses de café, ils bavardaient par-dessus la tête de Saoirse pendant qu'elle leur montrait le contenu de sa chaussette de Noël. Maintenant qu'elle était plus âgée, le contenu en avait changé et, au lieu de sucreries et de jouets, elle contenait du gel de bain, du maquillage et, l'année dernière, des tatouages éphémères. Bien que ce soit maintenant elle qui fasse le café et apporte trois tasses sur un plateau dans la chambre de ses parents, ils s'asseyaient toujours ensemble, appuyés contre les oreillers, partageant un Père Noël en chocolat et plaisantant sur le petit cadeau stupide que sa mère avait tricoté pour mettre dans sa chaussette de Noël cette année-là.

Les cadeaux plus importants arrivèrent plus tard, sous le sapin de Noël argenté. Parmi eux, il y avait toujours une chemise de nuit envoyée des États-Unis par sa tante. Le reste de l'année, Saoirse dormait dans des tee-shirts trop grands. Elle avait donc l'impression que les volants et les rubans de la chemise de nuit apportaient du glamour à sa vie ordinaire. Mais depuis la pandémie, c'étaient les choses ordinaires qu'elle appréciait le plus. Les cadeaux ridicules tricotés par sa mère étaient maintenant ses préférés, et Noël lui apportait un sentiment de continuité qui lui permettait de se sentir en sécurité dans un monde en pleine mutation.

Maintenant, elle avait envie de s'essayer aux poches à douilles. Cela semblait facile dans la démonstration d'Adam, mais désastreusement compliqué dans les mains de Darina, et la plupart des gens semblaient s'y mettre. Même Mary faisait des choses créatives avec du fondant, tandis que M. Maguire avait abandonné son habituel air de dédain hautain et frappait un sac de bonbons bouillis à l'aide d'un rouleau à pâtisserie.

De l'autre côté de la pièce, Lia observait Adam. Avec moins de la moitié de son esprit concentré sur la boule de pâte qu'elle pétrissait, Lia se souvenait de l'avoir bousculé à l'arrière de la librairie l'après-midi précédent. Après l'avoir présenté à Ann et Fury, Bríd et elle étaient retournées à la camionnette pour apporter les petits gâteaux. Lorsqu'ils étaient revenus avec le premier plateau, Adam avait retroussé les manches de son pull et, en équilibre sur une échelle, suspendait le cadre doré de Fury à la poutre au-dessus de sa tête. Travaillant ensemble sans échanger plus que quelques mots, Fury et lui avaient terminé le travail proprement et s'étaient tenus à l'écart pour en observer l'effet. Plus tard, elle l'avait vu se mettre à plat ventre pour aider à positionner la plate-forme pliante, puis sortir du bureau avec une caisse de vin sur l'épaule. Elle se demandait combien d'autres auteurs célèbres de la télévision se retroussaient les manches et s'attelaient à la préparation du lancement de leur propre livre, avant d'apparaître comme s'ils avaient passé des heures à siroter des cocktails tout en étant chouchoutés par une équipe professionnelle de coiffeurs et de costumiers.

C'était comme si chaque changement de vêtements révélait un nouvel aspect de sa personnalité. Un marteau à la main, il ne ressemblait en rien aux photos publicitaires et maintenant, dans sa veste blanche impeccable et son tablier, il ne ressemblait en rien au personnage épuisé qui s'était assis en face d'elle au bar de l'hôtel. En estampillant des biscuits au miel à l'aide d'un emporte-pièce Le Chef le plus cool, elle se souvint de l'étrange fin de la soirée de la veille. Un instant, ils avaient bavardé comme des amis, et l'instant d'après, il s'était raidi et l'avait éconduite poliment, comme si elle était une étrangère insistante qui était allée trop loin. De quoi s'agissait-il ? Et comment l'autre Adam Rashid s'intégrait-il dans le tableau, quelqu'un qui manquait tellement de confiance en lui qu'il n'avait pas compris qu'elle plaisantait lorsqu'elle l'avait taquiné le jour où ils s'étaient rencontrés dans le bus ?

Au cours du déjeuner, le groupe discuta des préparatifs de Noël, et l'une des dames de Cork déclara qu'elle aimait tous les secrets à cette époque de l'année.

– Quand j'étais petite, j'entrais dans une pièce et les gens étaient toujours en train de chuchoter dans les coins ou d'empaqueter quelque chose.

Les autres rirent, et Karen s'enthousiasma :

– Oh, je sais ! J'aime toujours ça. C'est assez confortable, n'est-ce pas ? Et ça ajoute à l'excitation.

Saoirse avait l'étrange impression d'être isolée, comme si elle avait été coupée du groupe de gens rieurs qui l'entouraient et qu'elle les regardait de loin. Elle pouvait voir Mary frapper la table du plat de la main pour faire valoir un point important. Declan tenait à la main l'un de ses biscuits de pain d'épices pour capter la lumière du soleil qui tombait par la fenêtre. De l'autre côté de la table, Adam observait les taches de lumière colorée qui dansaient sur la main de Lia. Janice faisait rire Darina à propos de l'état de son tablier, et M. Maguire, qui mangeait un sandwich au jambon, était en pleine conversation avec la deuxième dame de Cork.

La discussion, les odeurs de muscade, de cannelle, de sucre roux et de miel, même les étagères brillantes d'ustensiles, semblaient exister dans un monde de certitude où Saoirse n'avait pas sa place. Elle pensa à sa mère et à son père à la table du petit déjeuner ce matin-là. Ils avaient échangé un regard en secret, mais cela n'avait rien d'excitant. Ils avaient juste semblé énervés et irrités. La scène qu'elle avait imaginée ne pouvait donc pas se produire. Pas avec une mère qui sortait tout le temps et qui se montrait hargneuse quand on lui proposait un sandwich, et un père qui allait se coucher tôt et qui avait l'air méfiant et anxieux. Les yeux fixés sur Adam, Saoirse souhaitait avoir quelqu'un à qui parler. Car, maintenant qu'elle y pensait, sa mère et son père agissaient bizarrement depuis des semaines. Où sa mère se rendait-elle en réalité ? Sûrement pas seulement à des séances de tricot et de bavardage ? Essayaient-ils de lui cacher quelque chose d'extrêmement grave ?

Soudain, son estomac se serra et, à peine consciente de ce qu'elle faisait, elle glissa la main jusqu'à son sac, qui se trouvait par terre à côté d'elle, et tâtonna jusqu'à ce que ses doigts touchent la pochette qui contenait ses poupées d'inquiétude. Elle la sortit et la garda sous la table, défit le cordon et fit glisser les deux poupées sur ses genoux. L'une était plus grande que l'autre. Sa mère avait dit qu'il s'agissait de portraits.

– C'est toi et moi, Saoirse. C'est moi qui ai les cheveux qui donnent l'impression que je n'ai jamais le temps de les peigner.

– Et c'est moi qui suis la plus petite ?

– Tout à fait. J'aurais bien fait la même chose pour ton père, mais je n'avais pas le temps.

Le contact des petites figurines tricotées était rassurant. En les tenant entre ses paumes, Saoirse se fit la leçon et se persuada que la vie à la maison avait toujours été agitée. Son père était toujours occupé et sa mère toujours en mouvement. Rien n'avait changé, vraiment, alors c'était idiot de commencer à inventer des scénarios catastrophe. Et le fait que la pièce semblait s'apaiser n'avait rien à voir avec les poupées d'inquiétude. C'est juste qu'elle aimait la sensation que celles-ci lui procuraient lorsqu'elle les tournait et les retournait, à l'abri des regards et cachées dans ses mains.

CHAPITRE DIX-HUIT

Avec les étagères encore recouvertes de lourdes bâches en plastique et le dessous des poutres visible au-dessus de leurs têtes, l'arrière de la librairie ressemblait à un chantier. Catherine regarda Terry transporter la table d'exposition cassée sur une brouette qui contenait déjà des tabourets et des bancs provenant de ce qui avait été le coin des enfants. La plupart des débris avaient disparu et l'état du sol était terriblement visible. Compactée par le poids du plâtre tombé, une couche de poussière détrempée s'était incrustée dans la moquette. Les cartes de Noël du carrousel qui se trouvait à côté de la table étaient éparpillées, déchirées et éclaboussées de saleté. Des puzzles avaient été écrasés, des jouets cassés et des boîtes de crayons de couleur pulvérisées, arrachées aux livres de coloriage des enfants, ajoutaient des taches de couleur cireuse au désordre. Voyant la mine déconfite de Catherine, Terry lui dit :

– Ne paniquez pas. Une fois que votre nouveau plafond sera en place, nous nous occuperons du sol. J'ai dans mon entrepôt des dalles de moquette dont la couleur correspondra bien et, dès qu'elles seront posées, tout cela sera derrière vous.

La gentillesse dans sa voix fit grossir une boule dans la gorge de Catherine.

– Je vous en suis vraiment reconnaissante, Terry. Je suis sûre qu'Angela et vous aviez prévu autre chose pour ce week-end.

– Ce n'est pas un problème. Nous poserons les plaques de plâtre demain, et nous ferons la finition du plafond et les nouveaux carreaux lundi. Angela va s'occuper de votre installation électrique aujourd'hui.

– Elle a dit qu'elle pouvait installer des spots, comme ceux que nous avons à l'avant du magasin.

– Ce sera très chouette. Il y a de fortes chances que vous ayez fait démonter ce plafond vous-même, à un moment ou à un autre, pour moderniser votre éclairage.

– Mais j'aurais préféré choisir le moment de le faire.

– Ah, mais la vie n'est pas une question de choix, n'est-ce pas ? On affronte ce qui survient et on se réjouit de sa chance.

De retour à la caisse, Catherine transmit les nouvelles à Ann, qui dit :

– Par ailleurs, nous avons presque épuisé *Des cakes à rapporter à la maison.*

– Mais nous ouvrons tard ce soir pour la nocturne, et il reste encore trois jours avant Noël.

– Détends-toi. C'est réglé. Gaby a contacté l'organisation des chefs les plus cools de Londres. Ils ont été tellement impressionnés par ce qu'ils ont vu de l'événement d'hier soir qu'ils sont intervenus pour que nous recevions des stocks en urgence. Et, encore mieux, Adam a signé à l'avance le stock là-bas. Ainsi, lorsque les livres arriveront, nous pourrons apposer nos autocollants « Signé par l'auteur » sur le lot.

Soulagée, Catherine passa derrière le comptoir.

– Comme le dirait Fury, si ce n'est pas un foutu problème, c'en est un autre.

La veille au soir, avec Stephen et Hanna qui étaient restés pour les aider, ils avaient remis la devanture du magasin dans ce que Fury appelait « le mode par défaut ». L'arbre de Diablo se trouvait à nouveau au centre de la toile de fond, avec les bannières écarlates et dorées de chaque côté. Fury sortit de derrière l'arbre et se dirigea à pas résolus vers le comptoir.

– Créer du suspense a fonctionné comme un rêve hier, alors nous allons le refaire pour la vente de fin de soirée. Fermez une heure avant l'événement, occultez la vitrine et préparez-vous à une transformation.

– Qu'est-ce que ce sera cette fois-ci ?

– Eh bien, le thème est évident, vu le calendrier.

Voyant leurs regards vides, Fury roula des yeux.

– Mais ce n'est pas possible, vous ne pouvez même pas suivre le calendrier ? Nous sommes le 21 décembre. Le solstice d'hiver.

Catherine objecta :

– Je sais ce qu'est le solstice d'hiver. C'est le jour le plus court de l'année. Mais je ne savais pas que c'était aujourd'hui.

Fury gloussa.

– Et vous êtes entourée de livres ! Vous devriez avoir honte.

– Je ne suis pas sûre que beaucoup de gens le sachent. Reconnaîtront-ils le thème, à votre avis ?

Avec un regard sombre inattendu, Fury déclara :

– Oh, ne vous inquiétez pas. Ce sera réussi.

– Je ne voulais pas suggérer que…

– Ah, tout va bien. Vous ne pensiez pas à mal. Regardez, Terry donne un coup de main à Angela pour le câblage. Diablo et moi sommes partis pour quelques heures. Nous serons de retour cet après-midi, à temps pour l'installation.

Dix minutes plus tard, Fury apparut dans la bibliothèque avec Diablo sous le bras. Hanna, qui bavardait avec Stephen, dit :

– Que puis-je faire pour toi, Fury ?

– Qu'est-ce qui te fait penser que nous cherchons quelque chose ?

– Le regard dans tes yeux.

– Parbleu, ça doit commencer à se voir sur mon visage que je perds mon calme.

Avec un sourire carnassier, il tourna la tête vers Hanna.

– Et il se trouve que nous sommes ici pour rendre service. Tu sais, ces cartes de vœux que tu as à l'intérieur dans ta boutique de cadeaux ?

– Oui et alors ?

– Le problème, c'est que lorsque le plafond s'est effondré, les dames de la librairie ont perdu tout leur stock de cartes de Noël. Le présentoir qui tourne s'est aussi effondré. Et normalement, les gens se ruent sur les cartes pendant la nocturne.

– Oh, pauvre Catherine !

– Elle ne peut pas les remplacer d'un claquement de doigts.

Regardant alternativement Stephen et Hanna, Fury ajouta d'un air entendu :

– Parce que, évidemment, ce qu'on cherche dans une librairie, ce sont des cartes de Noël en rapport avec des livres.

Pendant un moment, Hanna ne comprit pas où il voulait en venir. Puis elle saisit.

– Les cartes vendues dans notre boutique de cadeaux sont toutes des images du psautier.

– C'est parfait ! Et il y a quantité de photos dans ce psautier qui feraient des cartes de Noël convaincantes.

Dans la réserve, Stephen aida Fury à soulever un carton de cartes. En les étalant pour examiner les dessins, Hanna dit :

– Il y en a une qui convient, pour commencer.

Tirée de l'une des illustrations marginales du psautier, la carte montrait un cerf courant dans une forêt. Son corps élancé et bondissant était encadré par des chênes, ses sabots étaient dorés et des glands pendaient de ses bois.

En fouillant dans un deuxième carton, Stephen trouva une carte sur laquelle des créatures des bois dansaient autour d'un bassin qui reflétait un ciel étoilé.

– En voici une autre. Il doit y avoir une demi-douzaine de modèles différents qui feraient l'affaire.

Hanna regarda Fury.

– Tu as tout le temps de les remplacer avant la réouverture de notre exposition. La librairie peut en avoir autant que nécessaire, et nous ferons les comptes par la suite.

– Tu es quelqu'un de bien, Hanna Casey.

– Et, Fury, il y a un carrousel de cartes dans la boutique de souvenirs. Je le leur prête aussi. Catherine pourra le rendre après Noël.

Lorsque Fury et Diablo furent partis, Stephen se tourna vers Hanna.

– Je pourrais déposer les cartes et le carrousel à la librairie. Ma voiture est dehors et la boutique est sur mon chemin.

– Si cela ne te dérange pas.

– Ce n'est pas un problème.

Son ton soigneusement décontracté en disait long, mais Hanna ne semblait pas le remarquer. Elle acquiesça et répondit :

– Je suis terriblement désolée pour ces pauvres Ann et Catherine. Malgré tout, ce drame leur aura au moins permis de mieux connaître leurs voisins.

Stephen se détourna et commença à empiler les cartes qu'ils avaient choisies.

– Ces images sont incroyablement vivantes. Est-il vrai que le psautier représente des éléments du paysage local ?

Acceptant le changement de sujet sans commentaire, Hanna répondit :

– Certaines pages, oui. L'une d'entre elles représente la chaîne de montagnes qui descend le long de la péninsule. C'est une image minuscule et parfaitement exacte à l'intérieur d'une lettre majuscule décorée. En fait, c'est Fury qui me l'a fait remarquer.

– Vraiment ?

– Il l'a remarquée avant tous les spécialistes qui ont travaillé sur l'exposition. Je doute qu'il y ait un rocher, un arbre ou un bâtiment sur cette péninsule que Fury ne connaisse pas sur le bout des doigts. Son père lui a appris la sylviculture. C'est dommage qu'il n'ait pas d'enfants pour prendre la relève.

– Il n'a pas de famille du tout ? Il n'y a que lui et Diablo ?

– Il avait un frère qui est mort sans enfants, alors Fury est le dernier de sa lignée. C'est aussi un grand lecteur, tu sais. Apparemment, il passait des heures dans une bibliothèque locale à Londres, les jours de pluie où le travail sur les chantiers était suspendu. Mais quand il est rentré chez lui et qu'il s'est installé comme maçon, il avait l'habitude de dire à ses clients qu'il était analphabète. Brian dit que c'était une bonne idée d'éviter de mettre les choses par écrit.

– Ça ressemble au Fury que nous connaissons et que nous aimons.

– C'est triste de penser que, lorsqu'il partira, les connaissances de toute une vie et des siècles d'expérience partiront avec lui.

Tout en cahotant le long d'une piste forestière, Fury regarda Diablo.

– Je cherche à entendre un clac-clac-clac. Tu entends un clac-clac-clac ? Je ne l'entends pas.

Diablo regarda par-dessus son épaule à l'arrière de la camionnette qui tremblait.

– Pas derrière, espèce d'idiot. Il y a des outils derrière, bien sûr qu'ils vont s'entrechoquer. C'est ce foutu boîtier de batterie. La petite Lia est allée le visser hier, n'est-ce pas ? Et maintenant, il y a un silence de mort sous le capot.

Ne sachant que répondre, Diablo se gratta vigoureusement.

– Ne prétends pas que tu as une puce, alors que nous savons tous les deux que ce n'est pas vrai. Et ne crois pas que je ne t'ai pas vu devenir tout timide quand elle t'a embrassé au lancement du livre. Entre ça, aller poser avec des groupies et voler des cupcakes, tu es reparti hier soir sans une once de dignité.

Ils avaient atteint une partie de la forêt où les frênes et les rares ormes de Wych créaient une canopée si large qu'en été, la terre à cet endroit voyait rarement la lumière du soleil. Aujourd'hui, le jour le plus court de l'année, alors que la fine lumière de l'hiver s'estompait déjà, les branches dénudées formaient un entrelacs noir sur un ciel gris perle.

Si quelqu'un avait été là pour le voir, il aurait été tout à fait évident que, quel que soit le détenteur du titre de propriété, c'était la forêt de Fury : laissant la camionnette près de la piste, et prenant trois sacs et des couteaux à long manche, Diablo et lui avancèrent régulièrement à travers les arbres, en file indienne. Au pas et au trot, ils traversèrent des rangées de hêtres qui crissaient sous les pieds et les pattes. Un corbeau croassa et on lui répondit de loin. Le nez de Diablo tressaillit lorsqu'un écureuil bondit sur leur chemin. Fury s'arrêtait de temps en temps pour enrouler sa main autour d'un jeune arbre, tâtant l'écorce et sentant la sève à l'intérieur.

Dans une clairière bordée de chênes noueux, ils tombèrent sur des houx, dont les feuilles et les baies poussaient au bout de longues tiges traînantes. Fury siffla en tendant la main, sélectionna ceux qu'il allait couper, fit une boucle avec chaque tige tombée et la glissa dans l'un de ses sacs. Diablo courait en rond, évitant les feuilles brillantes et piquantes au fur et à mesure que les tiges tombaient. Une renarde qui marchait furtivement dans le sous-bois s'arrêta et regarda Fury se diriger vers un frêne recouvert de lierre. Choisissant des vrilles tout aussi longues, il remplit son deuxième sac. Puis, à un autre houx, où des grappes polies de baies et de feuilles poussaient sur des tiges courtes et ligneuses, il coupa de quoi remplir le troisième sac.

Le soleil s'était couché, le crépuscule avait envahi la forêt et des volutes de brume grise commençaient à se faufiler entre les arbres. Au centre du bosquet de houx, un rocher sortait de terre, plus haut qu'un homme de grande taille. Fury alla s'asseoir et appuya son dos contre lui, sentant sa dureté à travers l'épaisseur du tricot de laine qu'il portait et du lourd coton ciré de sa veste.

Prenant une cigarette roulée à moitié fumée derrière son oreille, il l'alluma, inspira profondément et enfouit l'allumette usagée dans la terre près de sa botte. Puis il observa le ciel, où brillait une seule étoile. À l'exception des années qu'il avait passées en Angleterre, il ne s'était pas passé un seul solstice sans qu'il aille dans la forêt comme ça, avec un chien sur les talons et la certitude que, lorsque l'obscurité qui gagnait s'estomperait, le nouveau jour apporterait le sentiment d'un retour certain de la lumière. Sûr de sa propre place dans un cycle qui ne ralentissait jamais, il avait observé les saisons tourner et vu comment un réseau de racines, de troncs et de branches nourrissait, abritait et contrôlait un écosystème réduit, mais résistant. Aujourd'hui, il n'était plus sûr de rien. Ni de sa propre place dans le monde, ni de l'avenir de sa forêt. Ni même de la bonté du retour de la lumière. La relation de la terre penchée avec le soleil ardent était en train de changer, le contrôle de la nature avait régulièrement diminué, et sa propre force s'étiolait si vite qu'il semblait ne rien pouvoir faire pour changer les choses.

En se tournant vers Diablo, il dit :

– As-tu vu l'une de ces cartes dans la bibliothèque ? Le cerf avec ses bois aux multiples ramures dans la forêt, et la rosée dorée sur ses sabots à l'endroit où ils touchent la terre ?

Diablo gémit et vint poser son menton poilu sur la botte de Fury. Ce dernier fit tomber la cendre de sa cigarette et l'éteignit.

– Il y a une photo de ce cerf sur une autre page, où il se tient à côté de ce rocher. Un cerf avec dix branches sur ses bois. Les bois sont des fleurs qui poussent sur sa tête, avec des insectes et des papillons dessus, et un ruisseau plein de poissons coule du rocher.

En tirant l'oreille de Diablo, il lui demanda :

– Je suppose que tu ne lis pas le latin ? Non, tu ne le lis pas, tu n'as pas l'éducation nécessaire. Je parie que la moitié des moines qui ont peint les images de ce psautier ne le lisaient pas non plus. Ils n'en avaient pas besoin. Je parie qu'il y en avait qui savaient manier un pinceau et tracer une ligne droite convenable, et qu'ils auraient été admis au monastère sur la base de ce talent, et de leur capacité à mélanger des peintures et à dessiner des choses. Il y avait aussi des femmes. Des paysannes qui se rendaient dans les abbayes parce qu'elles étaient orphelines, ou qu'elles avaient faim, ou qu'elles voulaient simplement des plumes et de l'encre, et des pigments à écraser pour faire des couleurs. Ce sont elles qui ont consigné ce qu'elles voyaient autour d'elles. Ils ne savaient peut-être pas ce que signifiaient les écritures, mais ils savaient ce qu'ils regardaient. Ils en connaissaient la valeur, et c'est pourquoi ils ont pu peindre ce tableau.

Diablo secoua violemment la tête et pointa son nez vers le ciel. Fury leva les yeux vers l'étoile du soir et dit :

– Je sais. Tu as raison. Nous ferions mieux de retourner à la librairie.

En écrasant sa cigarette et en l'enterrant à côté de l'allumette usée, il ramassa ses trois sacs et reprit le chemin de la camionnette. Il faisait presque nuit sous les arbres. Diablo trottinait le nez sur les aiguilles de pin tombées au sol et la rangée de hêtres. Des papillons de nuit couleur poussière et des chauves-souris aux ailes en forme de faux passaient. Des créatures aux yeux comme des bijoux s'agitaient dans le sous-bois près du chemin, et au-delà d'un if, où les baies brillaient dans la pénombre, quelque chose qui aurait pu avoir des bois tourna la tête.

CHAPITRE DIX-NEUF

Le samedi était une demi-journée à la bibliothèque, Hanna était donc libre de raccompagner Mary après le cours de l'après-midi d'Adam. Lorsqu'elle ouvrit la portière côté passager, on lui tendit une boîte de biscuits.

– Tiens-la jusqu'à ce que je sois installée, et ne la secoue pas ou ne la cogne pas. Il y a du sang, de la sueur et des larmes dans mes biscuits au miel.

– C'est ce que tu as cuisiné aujourd'hui ?

– Et le reste, ma petite. Il nous a donné trois recettes, et « Faites votre choix », qu'il a dit. Eh bien, je n'allais pas rester au Ha'Penny avec Darina Kelly. Les simples ronds épicés étaient tout ce que cette femme arrivait à faire et, je te le dis, ses talents pour utiliser les poches à douille étaient embarrassants. Non, j'ai opté pour les biscuits au miel et une fournée d'étoiles en pain d'épices. Et je leur en ai mis plein la vue à tous quand j'ai fait mon vitrail avec un sac de bonbon à la menthe.

À Garrybawn House, elle invita Hanna à entrer prendre une tasse de thé.

– Va dans la cuisine et demande-leur de te trouver une assiette pour mes biscuits.

Sachant que Mary voulait absolument montrer ce qu'elle avait fait ce jour-là pendant le cours, Hanna alla passer la tête par la porte de la cuisine. Theresa, qui vérifiait un réfrigérateur, leva la tête en souriant et lui dit qu'elle était contente de la voir.

– As-tu ramené ta mère chez nous ?

– Ainsi qu'un million de biscuits.

– Ah. D'accord. J'apporte du thé ?

Mary avait tiré deux fauteuils vers une table près du sapin de Noël et regardait les décorations d'un air interrogateur.

– Mon Dieu, les pièces que les gens ont accrochées là-dessus !

Hanna s'assit avec une assiette et ouvrit la boîte de biscuits en carton, avant de dire :

– Je pense que c'est bien. Manifestement les gens les aiment bien, tous, et ces décorations apportent de la personnalité.

– Tu appelles ça de la personnalité. Moi, j'appelle ça une déco ratée.

Theresa arriva avec un plateau, se pencha pour regarder les étoiles en vitrail, recula et s'exclama :

– Ouah ! Mary ! Ça sent drôlement bon la menthe !

– Ce sont des bonbons qu'on appelle « bullseyes ».

– Jolis vitraux au centre. Un peu sombres, quand même.

Mary se redressa, se préparant au combat.

– Les bandes noires se heurtent aux bandes blanches, ce qui crée un effet puissant et dramatique. C'est ce qu'a dit Adam Rashid lorsqu'il est venu les goûter. « Le visuel puissant correspond au punch de la saveur. » Ce sont ses propres mots.

– Le glaçage sur les biscuits au miel est adorable.

– Mes ruches ? Merci. Elles ne ressemblent pas à des collines.

– Pas du tout.

– Et elles ne ressemblent pas non plus à des soutiens-gorge, quoi qu'en dise Declan de *Tintawn Terry's* qui ricanait.

Hanna s'étouffa avec une bouchée de biscuit, et dit sincèrement que c'était délicieux.

– Merci. Plusieurs personnes ont l'intention d'utiliser les étoiles en vitrail comme décorations pour le sapin de Noël. Elles ont des trous au sommet pour y passer un ruban.

S'emparant de la théière, Mary regarda Theresa avec insistance, qui comprit l'allusion.

– Pourrais-tu nous laisser en accrocher quelques-unes à notre arbre de Noël ?

Mary inclina la tête.

– Je ne m'y opposerai pas.

– Nous trouverons du ruban et nous les attacherons.

– Elles peuvent aussi servir de parfum d'ambiance. Vous en avez vingt-quatre là, donc vous aurez toute la puissance du parfum.

Voyant l'effet que cette proposition produisait sur Theresa, Hanna dit de façon diplomatique que Mary pourrait vouloir garder quelques biscuits pour elle.

– Tu pourrais en prendre un avec une tasse de thé dans ton propre appartement un de ces après-midi.

– Une de ces étoiles ? Tu plaisantes. J'ai beau être foutue, j'ai encore du respect pour mes dents.

Elles étaient assises en train de manger les biscuits au miel – que Hanna ne pouvait plus regarder sans voir des bonnets D – quand Saoirse entra et s'arrêta pour dire bonjour. Theresa la serra dans ses bras.

– Comment va ma fille ?

– Bien.

– Bonne journée ?

Saoirse se tenait sur une jambe, les mains profondément enfoncées dans ses poches.

– Très bien, merci.

Elle avait l'air d'une adolescente embarrassée qui s'était introduite sans le vouloir dans une réunion d'adultes, alors, pour l'aider, Hanna dit :

– Le cours a l'air super, Saoirse. Ton travail te plaît-il ?

– C'est bien.

Theresa sourit.

– C'est de l'argent pour les vacances, Hanna. Elle achètera des friandises pour nous trois à Londres.

– Vous allez y voir un spectacle, n'est-ce pas ?

– Une de ces grandes comédies musicales venues de Broadway. C'était le choix de Rory. J'aurais préféré un spectacle un peu plus sophistiqué, rit Theresa. Mais c'est ton père, n'est-ce pas, Saoirse ? Rory n'a rien de sophistiqué.

Mary demanda si le spectacle était de Gilbert et Sullivan.

– C'est une erreur courante, tu sais, de penser que les comédies musicales ne sont pas sophistiquées.

– Je ne pense pas que ce soit par eux, non.

– Parce que certaines des notes que tu devrais atteindre si tu jouais Yum Yum te surprendraient.

– Je pense que le spectacle auquel ils vont assister est plus moderne que Gilbert et Sullivan, commenta Mary.

– Ce que je veux dire, c'est que si tu es bien formé, tu peux t'attaquer à n'importe quel type de musique. Les religieuses avaient l'habitude de nous faire aligner sur la scène en chantant des alléluias. Je peux te dire que ça m'a aidée quand j'étais Yum Yum.

Persuadée qu'elles se dirigeaient vers une conférence sur le vibrato, Hanna chercha un nouveau sujet et pensa à la vente nocturne de la librairie.

– Est-ce que l'un des habitants d'ici a l'intention de se rendre à Lissbeg pour assister à l'événement ? Et toi, Theresa ?

À sa grande surprise, Theresa sembla troublée par la question. C'est Saoirse qui répondit :

– Maman n'ira pas. Elle est de sortie quelque part ce soir.

Mary dit que, quoi qu'il en soit de la vente nocturne, elle espérait qu'ils viendraient tous au concert de chants de Noël de la librairie. Après avoir réussi à ramener la conversation à elle, elle dit :

– C'est pour une œuvre de charité, tu sais, et nous répétons depuis septembre.

– Est-ce que c'est pour la maison d'accueil pour les sans-abri à Carrick ? demanda Theresa.

– Absolument, et nous mettons les bouchées doubles. Des gloria pour battre le groupe, et Pat Fitz et moi avons un couplet solo dans *The Holly and the Ivy*.

– C'est bien.

– Si j'étais toi, je n'émettrais pas d'avis avant d'avoir entendu son vibrato.

Hanna était sur le point de faire une deuxième tentative pour les détourner du vibrato de Pat, quand Saoirse l'interrompit :

– Je monte à l'étage, maman.

– D'accord, mais ne sois pas impolie. Dis au revoir à Mary et Hanna.

En haussant les épaules, Saoirse répondit :

– Désolée. Je colle de partout. J'ai besoin d'une douche.

– Bien sûr que si, mon enfant, dit Mary d'un ton vif. Avec tout ce que tu as épongé autour de l'établi de Darina Kelly, je dirais que tu es pratiquement enrobée de sucre glace.

Soulagée d'avoir échappé à leur surveillance, Saoirse monta à l'appartement. Hanna Casey était assez gentille, mais Mary était tout simplement curieuse. *Si j'avais eu un peu de bon sens*, pensa-t-elle d'un air contrarié, *je serais passée par-derrière. Passer par le salon, c'était s'attirer des ennuis, et maman n'est pas la même en bas que lorsqu'on est là-haut à faire des trucs de famille.*

Dans sa chambre, alors qu'elle se préparait à prendre une douche, elle se souvint d'une conversation familiale à Carrick, avant le déménagement pour Garrybawn House. Son père lui avait dit que sa mère et lui voulaient une vie différente.

– Comme nous travaillons tous les deux à l'hôpital, nous ne nous voyons pas assez – et toi non plus. La vérité, c'est que nous ne sommes pas loin du point de rupture.

Choquée, elle avait demandé :

– Tu es en train de me dire que vous allez vous séparer ?

– Pour l'amour de Dieu, Rory, fais travailler ton cerveau avant d'ouvrir la bouche ! s'était écriée sa mère. Ce n'est pas du tout ce qu'il voulait dire, ma chérie. Dis-lui, Rory.

Son père avait ri et dit que bien sûr, sa mère et lui n'allaient pas rompre.

– Je veux dire que nous devons sortir de ce mode de vie dans lequel nous nous sommes enfermés, où nous ne sommes jamais ensemble assez longtemps pour profiter de la vie en famille.

À l'époque, cela avait semblé logique à Saoirse et elle l'avait accepté. Maintenant, elle se demandait si elle n'avait pas été naïve. Fronçant les sourcils, elle s'était assise sur le lit pour y réfléchir. *« Si votre charge de travail signifie que vous ne passez pas assez de temps ensemble, il doit être terriblement facile de s'éloigner l'un de l'autre. »* Évidemment, ils ne le lui auraient pas dit, puisqu'elle n'avait que douze ans à l'époque, mais avaient-ils traversé une période difficile dans leur mariage et décidé de prendre un nouveau départ ? Et avec sa mère qui sortait tellement ces jours-ci, et son père qui semblait anxieux et secret, se pourrait-il que le fait d'avoir quitté leur travail à l'hôpital et d'être venus à Garrybawn n'ait pas arrangé les choses ?

En passant la porte du salon pour aller à la salle de bains, Saoirse vit le sac de tricot de sa mère sur une chaise. Jetant un coup d'œil par-dessus son épaule, elle entra discrètement dans la pièce, s'agenouilla près de la chaise et ouvrit le sac. La dernière fois qu'elle avait vu le pull-over que sa mère tricotait, c'était le soir où elle était rentrée d'une séance de tricot et de papotage et lui avait dit que Phil cherchait quelqu'un pour aider au cours d'Adam. En le regardant maintenant, Saoirse vit qu'il n'avait pas du tout progressé, bien que, deux fois depuis, on lui ait dit que sa mère était sortie pour une séance de tricot et de bavardage.

En fixant l'ouvrage, Saoirse sentit son cœur sombrer. Puis elle entendit des pas. Poussant le tricot dans le sac, elle s'efforça de le fermer, coinça la fermeture Éclair sur les aiguilles et se retourna pour découvrir son père debout dans l'embrasure de la porte. Alors qu'elle se levait en trébuchant, l'air probablement aussi coupable qu'elle se sentait, l'expression de son père passa de la surprise à l'inquiétude.

– Qu'est-ce que tu fais ici, à fouiller dans le tricot de ta mère ?

– Rien. J'étais juste en train de vérifier. Je veux dire que je vérifiais comment ça se passait.

– Saoirse, ce n'est pas possible, mon amour. Tu ne peux pas fouiller dans les affaires des autres. Est-ce que maman a dit que tu pouvais ?

– Non. Mais elle le sort et nous le montre tout le temps.

– C’est différent, et tu le sais très bien quand tu entres dans la chambre, dit son père gentiment, le respect de la vie privée et de l’espace personnel des gens est important, mon chat. C’est ce que nous t’avons toujours appris.

– Je sais.

– Tu cherchais ton cadeau de Noël ? Tu es bien trop vieille pour faire ça.

– Non. J’étais juste curieuse. J’allais prendre ma douche.

– Alors, vas-y. Prends ta douche et laisse les affaires de ta mère tranquilles. Je ne lui dirai pas un mot, mais tu ne dois pas recommencer. Tu m’entends ?

À la librairie, Ann rétablissait l’ordre à l’étage. En entendant le bruit que faisait Angela en installant les câbles électriques sous le plancher de la cuisine, elle se souvint de la tension qu’elle ressentait lorsque Jason, leur ouvrier inutile, était dans l’appartement. L’atmosphère était différente maintenant. Sur le palier, les cartons vides étaient soigneusement empilés contre le mur, prêts à être descendus dans la cour. Dans la cuisine, le carrelage au-dessus du plan de travail avait été posé par une main experte et les nouvelles armoires avaient été installées. Chaque porte s’ouvrait en douceur sur des charnières bien ajustées, et Ann avait vu de ses propres yeux que la plomberie sous l’évier était impeccable.

En s’accroupissant, elle poussa un profond soupir de soulagement. Il y avait encore de la peinture à faire, et Terry devait encore livrer le sol en vinyle, mais on pouvait maintenant préparer les repas de Noël et les manger dans un certain confort, et le reste attendrait la nouvelle année.

Lorsque la dernière assiette fut posée sur une étagère et que les couverts eurent rempli les nouveaux tiroirs, elle alluma la bouilloire et prépara un plateau pour faire une pause thé. La nuit précédente, épuisée après le lancement du livre, elle avait découvert que Stephen avait lavé les tasses laissées par les travailleurs derrière la toile de fond. Il lui avait serré la main et était parti sans mentionner ce qu'il avait fait, et lorsqu'elle avait vu les tasses retournées en rang sur un égouttoir, Ann avait eu envie de se précipiter sur lui et de le serrer dans ses bras avec une immense gratitude. Maintenant, alors qu'elle descendait avec le thé, elle croisa Angela qui montait.

– Papa est allé me chercher quelques boîtes de dérivation supplémentaires.

– Très bien. Alors, veux-tu prendre ton thé ici, confortablement installée ? Je te rejoindrai quand j'aurai parlé aux autres.

Quand Ann revint, Angela était en train d'admirer le salon désencombré.

– C'est un endroit formidable que vous avez là. Mille fois plus grand qu'il n'y paraît.

– Quand nous cherchions un endroit à acheter, Sheep Street n'était pas le meilleur emplacement, mais, comme tu le dis, l'appartement est super, et nous avons adoré la vitrine du magasin, alors nous nous sommes lancées.

– « *If you make it they will come* », « Si tu le construis, ils viendront ».

– C'était le rêve et, dans l'ensemble, l'entreprise marche. Je pense que la meilleure partie a été ce dont nous n'avions jamais rêvé. Rencontrer tant de gentillesse cette semaine a été incroyable. C'est comme si nous avions soudainement pris racine et que nous étions chez nous.

Angela trempa un biscuit dans le thé.

– Tu auras toujours des voisins qui viendront t'aider, si tu as des soucis. Quand j'étais enfant, c'est maman qui tenait le magasin. Papa était maçon. Puis le financement d'un chantier a mal tourné et la banque lui est tombée dessus. Il n'a pas pu se remettre sur pied et il a fait une dépression. Dieu sait ce qui se serait passé si Fury n'était pas intervenu. Et tu sais, il n'était même pas proche de la famille. Il a juste vu ce qui s'était passé. Je ne sais pas exactement ce qu'il a fait, mais il a aidé maman et a incité papa à agrandir le magasin. Ça a pris du temps, mais ils ont fini par redresser la situation.

– Je peux imaginer que Fury intervienne, mais l'amadouer ne semble pas être son style.

Angela sourit.

– Il fait ce qui est nécessaire. Et s'il ne te rend pas fou, il fera ressortir ce qu'il y a de meilleur en toi. C'est ce que dit maman. Elle l'appelle le grain de sable de l'huître de Finfarran.

À Garrybawn House, Theresa avait laissé Hanna et Mary prendre leur thé. Hanna était en train de remettre le pain d'épices en forme de vitrail dans la boîte quand Mary dit :

– Il y a quelque chose qui ne va pas avec la jeune fille à l'étage, tu sais. Elle est troublée.

– Saoirse ?

– Elle est dans un drôle d'état depuis l'heure du déjeuner.

– Elle est peut-être fatiguée. Theresa dit qu'elle s'est levée à l'aube depuis le début de votre cours. Ou alors, c'est peut-être de la surexcitation. Elle a été époustouflée lors du lancement quand Adam a pris ce selfie avec elle. Je dirais qu'elle a un petit faible pour lui.

– Ah, elle a plus de bon sens que ça. Elle est excitée à l'idée de le rencontrer, mais elle n'est pas du genre à tomber amoureuse d'une star. Les jeunes d'aujourd'hui sont bien plus avisés que cela. Pas comme toi avec tes posters de George Michael.

– Je n'ai jamais craqué pour George Michael.

– C'est aussi bien. D'après la rumeur, tu n'aurais pas été très loin avec lui.

Époussetant une miette sur son genou, Mary secoua la tête d'un air décidé.

– Non, avec Saoirse, il ne s'agit pas d'un crush pour une star, de fatigue ou de surexcitation. Quelque chose lui pèse et, si tu veux mon avis, ses parents feraient bien d'y prêter attention.

CHAPITRE VINGT

Stephen passa la tête par la porte de la librairie.

– Salut. Je suis le livreur.

Catherine, qui était derrière la caisse, dit :

– Oh, mon Dieu, non. Fury est encore en train de coopter des gens.

Stephen entra et, appuyé contre le comptoir, lui raconta la visite de Fury à la bibliothèque.

– De toute façon, je passais devant ta porte, alors j'ai proposé de t'apporter les cartes et le tourniquet.

– C'est extraordinaire. Je te remercie. Et c'est très généreux de la part de Hanna. Quand Fury a dit qu'il allait chercher des choses pour ce soir, je ne savais pas qu'il allait encore la solliciter.

– Elle n'était pas inquiète. Elle a dit qu'elle aurait aimé y penser elle-même.

Ils étaient en train d'installer le présentoir quand Ann descendit précipitamment de l'appartement. Catherine, qui riait, vit le téléphone dans sa main et se figea.

– Il s'est passé quelque chose ?

– C'est encore cette idiote de Gaby. Elle s'est trompée d'adresse et notre commande spéciale a atterri dans une librairie d'occasion à Carrick.

– Et alors, c'est son erreur et elle est dans un hôtel à Carrick. Elle ne peut pas les amener ici, ou les mettre dans un taxi ?

– Non, parce qu'elle a déjà repris l'avion pour Londres.

– Oh, merci beaucoup, Gaby !

– Nous avons de la chance que la librairie d'occasion ait été assez honnête pour nous appeler, dit Ann en s'approchant de la caisse.

– Si je prends la relève ici, tu iras à Carrick en voiture ?

– Est-ce que je peux vous aider ? demanda Stephen.

Ann était tellement concentrée sur la dernière crise en date qu'elle avait à peine remarqué sa présence. Maintenant, avant que Catherine ne puisse répondre, elle le regarda d'un air pensif.

– Les cartons de livres sont lourds. Tu pourrais aider Catherine à les porter.

– Maman ! Il a déjà apporté tout ça de la bibliothèque. Je suis capable de porter des cartons de livres. Je n'ai pas besoin d'aide.

Stephen regardait Ann puis Catherine et, sentant qu'elle avait l'air d'une adolescente capricieuse, Catherine lui dit fermement qu'elle ne pouvait plus empiéter sur son temps. Il sourit.

– J'ai terminé ma journée à la bibliothèque. Ça ne me dérangerait pas d'aller à Carrick avec toi.

Ann donna un coup de coude à Catherine.

– En fait, tu restes là à lui faire perdre son temps. Pourquoi ne pas dire merci et y aller ? La dernière chose dont nous avons besoin, c'est que tu te coinces le dos. De toute façon, ce sera plus rapide si vous êtes deux.

Si un regard avait pu tuer, Ann aurait été étendue morte sur la caisse, mais Stephen dit :

– Nous prendrons ma voiture et, sans trop savoir comment, Catherine se retrouva avec son manteau sur les épaules.

Lorsqu'ils eurent atteint la route principale, elle s'était suffisamment détendue pour admettre qu'Ann avait raison.

– C'est agréable de s'asseoir et de laisser quelqu'un d'autre conduire. C'est presque aussi agréable d'avoir quelqu'un à qui parler sur la route.

– Le travail d'un représentant peut être solitaire. Tu penses te faire des amis en cours de route, mais, la plupart du temps, ce ne sont que des contacts.

Catherine demanda, l'air impassible :

– Tu veux dire que George Lucas ne t'appelle jamais ?

– Ni George. Ni Brad. C'est déchirant.

– Même pas Jessica Rabbit ?

– J'aurais certainement évité de donner mon numéro à Jessica Rabbit. Beaucoup trop effrayante et sexy.

Catherine rit.

– J'ai grandi avec toutes les vidéos de Disney. *Qui veut la peau de Roger Rabbit* était l'une de mes préférées.

– J'étais un gamin un peu ringard quand il s'agissait de dessins animés. J'étais plus intéressé par les premiers Pixar que par Disney. Ensuite, je me suis intéressé aux superproductions et aux films obscurs qui ont remporté la Palme d'or, et je n'ai pas regardé les plus anciens.

Ils avaient atteint Carrick et venaient de quitter le périphérique lorsque Catherine reçut un message. Jetant un coup d'œil en tournant le volant, Stephen demanda :

– Des problèmes ?

– La librairie d'occasion a dû fermer pendant une heure. Le propriétaire a été appelé et il n'y a personne pour le remplacer.

– D'accord, ce n'est pas la fin du monde. Tu as envie de te promener pendant que nous patientons ?

La route qui menait à la ville longeait une large rivière, et des marches partant d'une place de parking en amont menaient à un sentier au bord de l'eau vive. Prise d'un doute, Catherine demanda :

– Est-ce qu'on va geler ?

– Pas si nous marchons.

Lorsqu'ils furent près de la rivière, elle réalisa qu'il avait raison. Le soleil d'hiver n'était pas très chaud, mais la seule trace de la neige tombée la nuit précédente était un ou deux flocons blancs dans les endroits abrités. De petits oiseaux sautillaient sous les buissons près du chemin et, sur la rivière, un couple de cygnes passait en trempant leur long cou. Prenant une grande inspiration, Catherine dit :

– Je passe beaucoup trop de temps à l'intérieur.

– Je serais probablement dans le même cas si je n'avais pas de jardin.

– Est-ce que le jardinage est ton hobby ?

– Au sens très littéral, on pourrait dire que c'est un passe-temps.

Se souvenant qu'il avait dit que sa femme avait toutes sortes de projets pour le jardin de Bridge House, Catherine se mordit la lèvre. Craignant d'avoir touché un point sensible, elle réfléchissait à ce qu'elle allait répondre lorsqu'il dit :

– Il y a une réplique à ce sujet dans *En attendant Godot*. L'un des clochards parle de quelque chose qui aide à passer le temps, et l'autre lui dit que le temps serait passé de toute façon.

Cela aurait pu paraître amer, mais, lorsque Catherine le regarda, il lui souriait. Encore gênée, elle répondit au hasard :

– J'allais mettre des pots dans notre jardin, mais je n'ai pas encore eu le temps de le faire.

– Comme tous les jardiniers te le diront, tu pourras toujours le faire l'année prochaine.

Sauf quand il n'y a pas d'année prochaine, pensa Catherine. *Ta femme a eu un accident vasculaire cérébral surgi de nulle part. Elle était là une minute et disparaissait l'instant d'après, et tous tes plans n'ont abouti à rien.*

La voix sans prétention de Stephen interrompit le fil de ses pensées.

– Que vas-tu planter ?

– Où ? Oh, dans les pots. Je ne sais pas. Je pensais aller sur Internet et commander des graines ou quelque chose comme ça.

– « Des graines ou quelque chose comme ça » couvre une sacrée marge de manœuvre.

– C'est probablement la raison pour laquelle je n'ai pas encore eu le temps de le faire.

Alors qu'ils marchaient toujours, Catherine s'efforçait de donner un sens à cet échange. À aucun moment Stephen n'avait semblé troublé, mais, constamment, il l'avait déstabilisée. Se pourrait-il qu'ils se soient approchés trop près de quelque chose dont il préférait ne pas parler, et que tout le reste, de *Godot* aux plantes en pot, n'ait été qu'une sorte d'écran de fumée ? En y réfléchissant, c'était l'explication la plus probable. Et si c'est le cas, se gronda-t-elle, qui pourrait lui en vouloir ? C'est déjà assez difficile d'empiéter sur le temps d'un étranger sans empiéter mentalement sur ses émotions privées.

Lorsqu'ils arrivèrent à la librairie d'occasion, celle-ci avait rouvert et le propriétaire aida Stephen à porter les cartons et à les ranger dans la voiture. Se sentant superflue, Catherine se rendit au café voisin et acheta deux cafés à emporter. Puis, de retour sur la route, leur mission accomplie, Stephen et elle passèrent les dix minutes suivantes à discuter joyeusement de Samuel Beckett.

– Oh, voyons, Catherine, ses romans sont tout simplement verbeux.

– Tu dis cela uniquement parce que tu penses de façon visuelle.

– Je ne pense pas qu'en images.

– Dit le gars qui a passé la majeure partie de sa vie à fixer un écran de cinéma.

– C'est tellement pathétique que ça ne mérite pas de réponse.

En riant, Catherine demanda :

– Est-ce que tu aimes toujours les films maintenant, ou est-ce que le fait d'aller voir un film te donne l'impression d'aller au travail ?

– J'aimerai toujours les films. Mais rassembler l'énergie nécessaire pour y aller seul peut s'avérer pénible.

Soudain, c'est comme s'ils étaient de retour sur le chemin de la rivière. Cette fois, il affronta le non-dit de plein fouet et lança :

– Désolé. C'était un peu larmoyant.

Immédiatement, Catherine fut envahie par un sentiment de malaise. Les conversations intimes, ce n'était pas son truc, et le fait qu'elle ait l'impression d'avoir dit ce qu'il ne fallait pas tout à l'heure la mettait mal à l'aise. Simplement pour combler le silence, elle dit :

– J'imagine que ce n'est pas facile d'être seul.

Puis, avec ce qu'impliquait cette remarque restée en suspens, elle se retrouva incapable de s'arrêter de parler :

– Je suis seule, évidemment. Je veux dire que je n'ai pas de compagnon. Pas en ce moment. En fait, je n'en ai jamais eu. Je n'ai jamais vraiment eu de relations longues. Non, ce que je voulais dire, c'est qu'il doit être difficile d'être seul après des années de mariage.

Elle s'arrêta brusquement, se sentant idiote et se demandant ce qu'il devait penser d'elle.

– Sophie et moi nous sommes mariés en 1995, nous avons donc eu du temps à nous.

Déterminée à ne pas aggraver la situation, Catherine ne dit rien. Il s'était mis à pleuvoir et Stephen activa les essuie-glaces. Elle les regarda aller et venir, repoussant la pluie qui tombait. Soudain, la route qui s'ouvrait devant elle semblait dangereuse et elle avait envie d'être celle qui conduisait. Au bout d'un moment, elle reprit :

– Rien n'est sûr dans la vie, n'est-ce pas ?

Et, sans la regarder, il dit :

– C'est pourquoi il ne faut pas la gaspiller.

Le silence retomba et, bien que Stephen ne semble pas en être troublé, Catherine se creusait la tête pour savoir que dire ensuite. C'est alors que son téléphone bourdonna à l'arrivée d'un message et qu'elle l'attrapa avec soulagement au lieu de sursauter comme d'habitude. En ouvrant le message, elle lut « Allume Craic with Caitríona MAINTENANT ».

Stephen ne quittait pas la route des yeux.

– Qu'est-ce que c'est ?

– C'est de la part de ma mère. Elle veut que nous écoutions la radio Finfarran FM.

– Pour quelle raison ?

– Ces derniers jours, j'ai renoncé à demander la raison de tout ce qu'on me disait de faire.

Lorsque Stephen manipula les commandes de la radio, la voix du présentateur envahit la voiture.

– ... c'était le conseiller Joe McEnroe, un auditeur, qui appelait pour parler des coutumes du solstice à Finfarran. C'est le thème de notre émission d'aujourd'hui, alors si vous avez des idées, appelez-nous, je serai ravi de vous entendre.

Apparemment sans reprendre son souffle, la voix continua :

– Donc. Nous avons maintenant Ann, de *Lissbeg Books*, à Lissbeg. Bonjour Ann, bienvenue dans l'émission, comment allez-vous ?

La mâchoire de Catherine se décrocha lorsque la voix d'Ann s'éleva :

– Bonjour, Caitríona. Merci de m'avoir invitée.

– Alors, une belle soirée de solstice vous attend. C'est ça ?

– Les préparatifs sont en cours en ce moment même.

– Et hier, vous avez organisé le lancement du livre d'Adam Rashid.

– C'était le premier de nos événements de Noël, Caitríona. Ce soir, nous célébrons le solstice. Demain, un visiteur du pôle Nord viendra saluer tous les enfants qui aiment les livres et la lecture. Et la veille de Noël, nous organisons un concert de chants caritatif.

– Dites-moi, tout va bien à Lissbeg ! Parlez-nous de votre célébration du solstice.

– Ce sera une exposition fantastique, avec une vente nocturne.

– Et voici une autre chose formidable que vous avez organisée à *Lissbeg Books*. Vous avez une exposition d'art, n'est-ce pas, Ann ? Une nouvelle œuvre est révélée chaque jour. De quoi s'agit-il ?

– Le programme d'événements de la librairie fait partie d'un projet communautaire plus large. Nous avons reçu des contributions d'un groupe artistique et de la bibliothèque. Oh, et d'entreprises et d'artistes individuels.

– Et j'ai entendu dire que le buffet du lancement du livre du chef le plus cool était préparé par le *Café du jardin* de Lissbeg. Comme c'est cool !

– D'une certaine façon, nous essayons d'incarner l'esprit du solstice. Les communautés se rassemblent pour traverser la période la plus sombre de l'année avec des lumières, des fêtes et des divertissements.

– Et beaucoup d'exemplaires dédicacés du nouveau livre de cuisine du chef le plus cool. C'est bien ça, Ann ?

– Absolument. Et beaucoup d'autres livres aussi. Beaucoup de lectures de Noël.

– Et beaucoup de plaisir pour le solstice. Merci mille fois, Ann.

Il y eut un intermède musical, après lequel la présentatrice revint, encore plus enjouée.

– Dans l'émission suivante, nous avons une dame qui dit que le conseiller Joe McEnroe s'est trompé dans ses dates ! On dirait une bagarre de Finfarran. Restez à l'écoute, chers auditeurs…

Au moment où Stephen éteignit la radio, le téléphone de Catherine sonna. La voix d'Ann était essoufflée.

– Tu m'as entendue ? Est-ce que j'étais bien ?

– Tu as été extraordinaire.

– C'est Fury. Il m'a forcée à le faire. Il m'a mis son téléphone dans la main et m'a dit que j'étais dans la file d'attente pour parler à Caitríona. Il avait téléphoné au programme et m'avait obtenu un créneau. On fait la queue pour lui parler, comme des avions qui patientent pour atterrir.

Stephen glissa :

– Dis-lui que je lui tire mon chapeau. Elle a été brillante.

– Stephen dit que tu as été brillante.

– J'étais terrifiée. Fury avait des mots-clés écrits et je ne trouvais pas mes lunettes, alors j'ai fini par loucher à travers les siennes.

– Eh bien, c'était extraordinaire. Et tu as très bien annoncé nos autres événements.

– Il avait écrit ce passage en énormes lettres majuscules.

– Nous arrivons bientôt. Nous avons les livres.

– D'accord, à plus tard.

Quand ils arrivèrent, le black-out était levé et un panneau sur la porte indiquait « REJOIGNEZ-NOUS DE 19 h À 22 h FAIRE VOS EMPLETTES PENDANT LA NOCTURNE ».

Laissant Stephen garer la voiture, Catherine tapa à la porte du magasin, qui fut ouverte par Fury, qui dit :

– Te voilà. Nous pensions t'avoir perdue.

Il recula pour la laisser entrer et, une fois de plus, le souffle de Catherine se bloqua dans sa gorge.

Les bannières écarlates et dorées avaient disparu et, sur la toile de fond, un rideau de houx et de lierre pendait de la poutre jusqu'au sol. Dansant juste en dessous de la poutre, une chaîne d'animaux était accompagnée d'un groupe d'oiseaux jouant de la cornemuse et du tambour. Les chats étaient habillés comme de belles dames avec de longs voiles flottants. Il y avait des lièvres avec des capuchons et des *jerkins*, avec des bottes en cuir aux pieds. Un ours dansait bras dessus, bras dessous avec un renard, qui portait un plateau de tartes, et un chien de chasse coiffé d'un bonnet à plumes jouait de la trompette. Des becs d'oiseaux et des yeux scintillants sortaient d'entre les brindilles. Des fleurs soulignées de points de feuilles d'or combinaient les quatre saisons de l'année, des anémones des bois et des soucis des marais, du gui et des églantiers tissant un motif à travers le feuillage vivant, aux côtés des danseurs peints. Sortant de derrière le comptoir, Ann rejoignit Catherine.

– N'est-ce pas inspiré ? Quelques-unes des cartes que Fury nous a données de Hanna, accrochées à une ficelle. Je n'arrive pas à croire à quel point c'est efficace.

– C'est époustouflant.

Suspendu en plein centre, là où les affiches encadrées d'Adam étaient accrochées la veille, un disque d'or brillait contre le rideau de houx et de lierre. Il pendait bas, comme s'il était sur le point de se fixer, et, à travers les vrilles, les éclats de couleur sur la toile de fond apparaissaient comme des fleurs dans une prairie. Ann éclata de rire.

– Fury a découpé le soleil sur l'un des paquets plats dans lesquels se trouvaient les armoires de cuisine. Puis il a réclamé tous nos papiers cadeaux en or.

L'arbre de Diablo, nouvellement décoré d'or et d'argent, avait maintenant les branches inférieures qui avançaient dans la fenêtre, comme s'il embrassait l'arbre à livres de Catherine. En se retournant, Catherine vit Fury avec un deuxième soleil d'or dans la main. Il était plus petit que l'autre et entouré de rayons argentés.

– Je l'ai préparé pour ta vitrine ce soir, si tu le souhaites.

– Comment as-tu fait les rayons ?

– Avec les clous. Je les ai collés entre deux assiettes en carton doré provenant du lancement du livre.

– Je ne savais pas qu'il nous restait des assiettes.

– Il n'en restait pas. Terry les a sorties de la poubelle et Diablo a enlevé quelques gouttes de glaçage. Écoute, tu en veux ou tu n'en veux pas ? Nous avons pris du retard.

Le petit soleil qu'il tenait dans sa main avait la taille parfaite pour l'arbre à livres de Catherine. Il le tendit et elle le prit en disant :

– Bien sûr que oui. C'est charmant.

– Au travail, alors. Mets-le sur ton arbre. Je n'interviendrai pas dans la création de quelqu'un d'autre.

En grimpant à la fenêtre, Catherine remplaça l'étoile au sommet de l'arbre à livres par le soleil. Lorsqu'Ann alluma la guirlande lumineuse, l'arbre scintilla au rythme de ses pulsations. Enchantée, Catherine resta à le contempler jusqu'à ce que Fury regarde sa montre et dise :

– Bien, c'est l'heure du spectacle dans cinq minutes. Où sont ces livres que Stephen et toi êtes allés chercher à Carrick ?

CHAPITRE VINGT ET UN

Quand Adam arriva dans le foyer de l'hôtel, Lia était au bureau et parlait à la réceptionniste. Il avait atteint l'ascenseur lorsqu'elle vint le rejoindre.

– Wayne va apporter mes biscuits dans la salle du personnel. Mon gâteau-surprise y a été très apprécié hier.

Levant un sourcil en direction d'Adam, elle dit :

– Alors, toi et moi. Qu'en est-il ?

– Pardon ?

– Tu m'invites à dîner ce soir, n'est-ce pas ?

Parti si brusquement la veille au soir, Adam avait passé la journée partagé entre l'espoir de ne pas l'avoir offensée et la pensée que, si c'était le cas, c'était probablement pour le mieux. Elle avait un petit ami qui l'attendait à Dublin, et il était censé se concentrer sur sa carrière. Maintenant, face à ce rêve devenu réalité, sa réponse lui demandait un effort.

– Écoute, Lia, je ne pense vraiment pas que ce soit une bonne idée.

– Tu ne veux pas ?

– Non, ce n'est pas ça.

– Si tu le dis. Mais là d'où je viens, les garçons sont censés payer leurs dettes.

– Quelle dette ? De quoi parles-tu ?

– Hier, le dîner était pour moi, non ? Alors ce soir, c'est à toi de jouer.

– Mais, mais Seán…

– Quoi Seán ?

– Je ne sais pas. Oh, d'accord, c'est nul, mais je vais le dire. Je ne veux pas t'inviter à dîner. Pas si tu es déjà engagée.

Après s'être forcé à le dire, il croisa son regard et y vit un étonnement sincère.

– Attends un peu. Tu crois que Seán est mon amoureux ?

– Il ne l'est pas ?

– Non. Non, il ne l'est pas. Mais enfin, Adam, qu'est-ce qui t'a donné cette idée ?

– Euh, les appels WhatsApp quotidiens, et tous les textos sur ton cadeau de Noël secret, et les chocolats et le choix du vin.

La réceptionniste était appuyée contre le bureau, et les observait avec intérêt, alors Lia poussa Adam dans une alcôve près de l'ascenseur. Les mains sur les hanches, elle se mit en face de lui et lui dit :

– D'accord, ouvre grand tes oreilles. Seán est un ami qui organise Noël pour plusieurs d'entre nous. Des gens avec qui je travaille au pub. Il est très pointilleux, donc tout doit être parfait et fait à sa façon, ce qui le rend infernal à côtoyer, mais garantit un repas fantastique.

– Mais les messages…

– Nous faisons le Père Noël secret et il m'a choisie au hasard. Mais, comme Seán est comme il est, il était terrifié à l'idée de choisir le mauvais cadeau, alors il a gâché le secret dans la première demi-heure.

– Oh.

– Et je WhatsApp Oz chaque jour parce que je suis très proche de ma famille, ce que j'aurais pu te dire si tu me l'avais demandé.

Adam s'appuya contre le mur.

– Oh. D'accord. Désolé.

– Et « engagée » ? Tu te la joues Charles Dickens ?

– J'ai dit que j'étais désolé.

Lia se détendit et sourit.

– D'accord, oublie. On dîne ensemble ou pas ?

Chaque once de bon sens qu'Adam possédait hurlait « Ne fais pas ça », mais pourtant il répondit :

– Oui. Bien sûr. Pourquoi pas ?

– Bien. Il y a une liste de restaurants du coin à la réception. Demandons à Wayne.

– Absolument pas.

– Hein ?

– Je suis peut-être un idiot, mais je sais comment choisir un restaurant. Laisse-moi le temps de me changer et de réserver une table, et je te rejoins ici.

Dix minutes plus tard, en s'essuyant les cheveux devant le miroir de sa chambre, Adam fixa son reflet et vit un sourire béat se dessiner sur son visage. Depuis qu'il était devenu le chef le plus cool, les femmes se battaient pour sortir avec lui, et pourtant, il se comportait comme s'il avait à nouveau quinze ans. Et c'est exactement ce qu'il ressentait. Un sentiment d'anticipation bouillonnante mêlé à la peur de rêver et que Lia ne soit pas là lorsqu'il redescendrait. Mais en dessous de cela, il y avait la certitude que, si Dom le savait, il désapprouverait. Dom considérait les relations personnelles comme une distraction. Il préférait que ses clients n'aient pas d'attaches et qu'ils soient émotionnellement dépendants de lui.

Adam sortit de l'ascenseur à sept heures pile. Lia était assise à la réception. Elle portait un jean, un pull vert et des baskets ;

son manteau, son écharpe et un bonnet à pompon étaient posés sur le canapé à côté d'elle.

– Salut. Où est-ce qu'on dîne ?

– Ça ne te dérange pas si on retourne à Lissbeg ? Il y a le *Shepherds* qui a un bon chef.

– Ne t'inquiète pas.

Adam l'aida à enfiler son manteau et ils sortirent pour descendre les marches de l'entrée. Du coin de l'œil, il avait vu un couple qui se rendait à la salle à manger de l'hôtel, se poussant du coude et faisant du surplace dans l'espoir de dire bonjour. Conscient que Lia les avait vus aussi, il dit :

– Je suis vraiment désolé. C'est le résultat de cette fichue couverture télévisuelle. Lissbeg n'est peut-être pas mieux, mais au *Shepherds* ils ont semblé comprendre que je voulais une table tranquille.

– Tu sais, personne ne t'accorderait un deuxième regard si tu défrisais tes cheveux. C'est la coupe signée star qui fait qu'on te repère.

– Ce n'est pas une coupe caractéristique.

– Oh, s'il te plaît ! Ne me dis pas que tes producteurs ne t'ont pas emmené chez un gourou de la coiffure. Attends un peu.

Ils tournèrent dans une allée qui menait au parking derrière l'hôtel. Lia tendit la main pour repousser les cheveux d'Adam en arrière.

– Zut, c'est une sacrée quantité de produits que tu utilises.

Son contact avait rendu Adam timide comme tout.

– Ici, tu peux mettre mon chapeau à pompon en guise de déguisement.

– Ne sois pas bête. De toute façon, nous sommes sur le point de monter dans la voiture.

– C'est juste. Mieux vaut attendre et le porter au restaurant.

– Oh, oui, c'est vrai. Ça passera inaperçu.

Lorsqu'ils arrivèrent à Lissbeg, Adam se gara sur Broad Street. Alors qu'ils faisaient une pause près de l'abreuvoir à chevaux rempli de fleurs sur le rond-point, il laissa tomber une pièce de monnaie dans la boîte près de la crèche. Lia dit :

– C'est une jolie crèche. On dirait que chaque personnage a été sculpté dans une essence de bois différente.

– C'est un bon argument pour la boîte à dons. Personne n'aime voir des gens dormir dans la rue à Noël.

Après avoir traversé la circulation de Broad Street, ils prirent Sheep Street. L'air avait un goût de givre et, en passant devant la librairie, ils pouvaient voir des clients s'affairer à l'intérieur. Lia s'arrêta pour admirer l'arbre à livres surmonté de son soleil radieux.

– J'ai entendu Ann en parler à la radio. Ils organisent une fête pour le solstice d'hiver.

Glissant son bras sous celui d'Adam, elle continua :

– Nous faisons ça en juin en Oz. Il y a un endroit génial dans le pays de Wathaurong où les premiers indigènes ont érigé des pierres il y a des milliers d'années, et les pierres sont toujours là.

– Qu'est-ce qu'elles indiquent ?

– La position du soleil couchant aux équinoxes et aux solstices.

À moitié distrait par le fait qu'elle soit si proche, Adam essayait de se souvenir d'un nom.

– Il y a un endroit comme ça ici en Irlande.

– Je connais. Newgrange. Plus vieux que les pyramides. Plus vieux que Stonehenge. Je suis allée le voir quand je suis arrivée.

– Alors, tu t'intéresses à l'astronomie ?

– J'aime le ciel nocturne, mais je ne suis pas une astronome. Je suppose que je m'intéresse juste à des choses auxquelles les gens qui courent après l'argent ne pensent pas.

Au restaurant, ils s'installèrent à une table d'angle, et la serveuse apporta du pain et des olives et alla chercher du vin. En regardant Lia à la lumière des bougies, Adam se demanda si elle se maquillait toujours au dîner, ou si ce soir elle s'était peut-être faite belle pour lui.

C'était subtil, juste une touche d'eye-liner et un soupçon de couleur sur ses pommettes. Ses longs cils recourbés étaient naturellement foncés et sa peau était superbe. Voyant qu'il la regardait, Lia rit et lui demanda si elle était à la hauteur.

– Je me disais que tu avais l'air en pleine forme.

S'emparant d'un couteau, elle observa son reflet dans la lame.

– Je ne sais pas pourquoi je me donne la peine d'utiliser de l'eye-liner.

– Tu n'en as pas besoin.

– Personne n'a besoin d'eye-liner. C'est juste un look.

– Un peu comme mes cheveux avec ma coupe signature.

– Oh, tu es susceptible, tu le sais ? Se faire des mèches, c'est plutôt bien, en fait.

Le menu arriva et Lia dit :

– Tout cela a l'air génial. Pourtant, si c'est Noël et que tu es australien, tu n'as pas le choix. Tu dois choisir des crevettes.

– Tu n'es pas rentrée chez toi depuis longtemps ?

– Près d'un an.

– C'est un peu exagéré.

– Oui, mais on s'appelle tout le temps.

Lia afficha un sourire malicieux.

– Et j'y serais déjà, mais j'ai gagné un concours stupide.

Frappé à nouveau par la chance que leurs chemins se croisent, Adam demanda :

– Sinon, tu serais rentrée chez toi pour Noël ?

– Oui, mais je n'allais pas rater la Wild Atlantic Way gratuit. De toute façon, je serai à la maison pour le Nouvel An. Ma grand-mère vient chez mes parents pour une grande réunion de famille.

– Ta grand-mère qui émaille les gâteaux avec des feuilles de myrte ?

– Et qui répare les moteurs. Oui. C'est la mère de mon père. Papa et maman voulaient qu'elle vienne chez eux pour Noël, mais elle a pour mission de régler les affaires de mon grand-père. Ils ont donc décidé de faire la fête au Nouvel An à la place.

Lia enfourna une olive dans sa bouche et dit :

– Miam, c'est délicieux. Oui, on WhatsApp tout le temps de toute façon, alors rester ici en Irlande pour ton cours, ce n'était pas bien grave.

– Je te remercie pour ton soutien sans faille.

– Les compliments sont comme de la cocaïne pour vous, les stars, non ? Il paraît que tu es accro à la dopamine.

Ignorant ostensiblement ce fait, Adam déclara :

– Ce sont les crevettes qui t'intéressent alors ?

Lia rit.

– En fait, j'adore ce cours. Je pense que tu es un excellent professeur.

– C'est une bonne nouvelle, étant donné que l'enseignement n'a jamais fait partie de mon plan de vie.

D'un air intéressé, elle s'enquit :

– Alors, quel était ton plan de vie ?

– Cuisiner des aliments frais. Être payé pour cela.

– C'est tout ?

– À peu près.

– Mais tu enseignes si bien. Tu n'es pas prétentieux.

– Tu vois, c'est le genre de compliment qui produit une poussée de dopamine.

– Tu vois ce que je veux dire. La façon dont tu t'intéresses à Declan, et la façon dont tu gères Darina. Tu es doué avec les gens.

Les yeux rivés sur le petit pain sur lequel il étalait du beurre, Adam dit :

– Trop de gens pensent qu'ils ne peuvent pas transformer leur vie. Eh bien, je suis la preuve vivante que ce n'est pas vrai. Non pas parce que j'ai gagné un titre stupide, mais parce que je sais par expérience que le fait de maîtriser la culture et la cuisine est véritablement stimulant. Et l'un des avantages de gagner un titre stupide, c'est que cela me permet de transmettre cette expérience.

– J'aime bien ça.

Au lieu de lui rendre le sourire chaleureux qu'elle lui offrait, Adam gémit soudain et murmura :

– Oh, merde. Voici le revers de la médaille.

Un homme d'une table voisine avait repoussé sa chaise et s'appuyait sur leur table.

– Regarde-moi ça ! C'est vous, hein ? Jamie ? Non. Marcus ? Non – ne me dites pas – Adam ! Adam Rashid, le chef le plus cool, grand comme la vie et deux fois plus naturel !

Tout autour, les têtes se tournaient vers eux. Lia vit le visage d'Adam se lisser en un masque de calme poli alors que l'homme s'appuyait lourdement sur leur table.

– Ma femme ne me croira pas, je vous le dis. Elle va être furieuse maintenant de sa soirée masque de concombre et bains chauds en bas à West Cork. Ah, écoutez, je vais devoir lui envoyer une photo. Désolé, mais je ne peux pas rater l'occasion. Tiens, je peux nous commander un verre ? Serveuse ! Une autre bouteille ici. Qu'est-ce que vous buvez, Adam ? Ne cherchez pas votre porte-monnaie. C'est pour moi.

– Je ne bois pas, merci. Je conduis.

– Alors, poussez-vous là-dedans maintenant, et on va prendre un selfie.

Avant que l'homme ne puisse s'asseoir, Lia se leva vivement.

– Je suis vraiment désolée, mais nous étions en train de partir.

– Mais vous avez des menus là et vous n'avez même pas commandé.

Elle lui offrit un sourire éblouissant.

– Nous allons être en retard si on ne se dépêche pas. Enchantée de vous avoir rencontré. Au revoir.

Prenant le bras d'Adam, elle le propulsa vers la porte, où la serveuse, qui avait compris ce qui se passait, se tenait avec leurs manteaux. Tout en le tirant entre les tables, Lia se pencha et murmura à son oreille :

– Tu ne pouvais pas prendre tes précautions ? Si tu avais porté ce fichu chapeau à pompon, comme je te l'avais dit, je serais assis là-bas, en train de dévorer des crevettes.

Ils payèrent leurs verres de vin et partirent. Dehors, le gel avait argenté les trottoirs. De l'autre côté de la rue, à la librairie, les gens parlaient et riaient. Par la porte ouverte, Lia pouvait apercevoir le rideau de houx et de lierre, avec les animaux qui dansaient au-dessus de sa tête et le disque d'or du soleil. Elle s'accrocha à nouveau au bras d'Adam.

– Allons célébrer le solstice.

– Si je peux nous trouver une table ailleurs un samedi soir. Tu sais, je suis vraiment désolé.

– Je ne parle pas d'un restaurant. Nous allons communier avec l'Atlantique. Que dirais-tu d'aller voir ces falaises que nous avons aperçues depuis le bus ?

– Lia, il gèle et tu n'as pas dîné.

– Oh, allez. Regarde les étoiles, toutes affaiblies par la lumière des maisons. Elles seront incroyables vues d'une falaise.

– Il fera nuit noire. Tu ne verras pas l'océan.

– Nous l'entendrons. Nous sentirons l'odeur du sel. Il y aura un clair de lune. En plus, j'ai du chocolat. Honnêtement, ce qui s'est passé là-bas n'a pas d'importance. Allez, Adam, saisissons l'opportunité.

Ils s'éloignèrent de la ville et empruntèrent des routes de campagne qui serpentaient vers l'océan. Un renard traversant de fossé en fossé fut surpris par les phares de la voiture et, pendant un long moment, les observa à travers de lointains yeux dorés. Plus ils avançaient, plus la lueur des étoiles devenait visible, et plus l'étendue du ciel nocturne s'élargissait. À un tournant, juste après le portail d'un champ, un chemin débouchait sur un promontoire. En faisant passer la voiture entre les ornières, et en entendant les bruyères racler la peinture, Adam dit :

– Dieu sait ce que la société de location va me faire payer pour cela.

– On doit reculer ?

– Absolument pas.

Lorsqu'il n'y eut plus d'allée, ils marchèrent jusqu'à un promontoire et s'assirent à l'abri d'un rocher pour regarder les étoiles. Il faisait froid, mais ils étaient tous les deux chaudement vêtus et, autour de la baie incurvée, la lumière du feu scintillait sur les hauteurs et les promontoires. Lia dit :

– Ça alors, certaines personnes ici allument encore des feux de joie pour le solstice.

– On dirait bien. Tu ne trouverais pas ça à Dublin.

En cassant une barre de chocolat, elle demanda :

– Combien de temps as-tu passé à Finfarran quand tu étais plus jeune ?

– Environ six mois.

Adam s'attendait à une autre question, mais elle se contenta de lui tendre le chocolat. Prenant un morceau, il dit :

– Je n'en ai jamais vraiment parlé.

Puis, comme elle ne disait toujours rien, il reprit la parole :

– J'ai eu une enfance formidable. Papa était pharmacien dans un hôpital. Maman était infirmière d'urgences.

Il s'interrompit brusquement et, à voix basse, Lia demanda :

– Que s'est-il passé ?

– Il est mort. Il est tombé malade. Il est mort. J'étais en miettes. Et quelque part dans ma tête, j'ai dû décider qu'il nous avait abandonnés.

Adam marqua une autre pause, puis continua avec de plus en plus d'aisance :

– C'était idiot, mais les enfants inventent des choses idiotes, n'est-ce pas ? Surtout si parler n'est pas leur truc.

Retenant son souffle, Lia attendit qu'il retire le papier argenté du carré de chocolat. Il regarda les lumières du solstice.

– Quoi qu'il en soit, pour commencer, nous nous en sommes bien sortis, maman et moi. Elle buvait un peu, quand même, pour l'aider à tenir le coup. Elle avait à peine bu une bière avant la mort de papa. Ensuite, elle s'est fait avoir par un petit ami, un fainéant qui s'appelait Fergal, qui s'est installé chez elle et traînait pendant qu'elle allait travailler. Il savait que je ne pouvais pas le supporter et il voulait que je quitte la maison. J'étais encore à l'école, j'allais passer mon Junior

Cert. Jusque-là, j'étais plutôt doué pour l'école, mais Fergal a tout détruit. Il a commencé à frapper maman et j'ai commencé à faire l'école buissonnière. C'était aussi un salaud raciste. Il disait que papa était égyptien et me traitait de bâtard derrière le dos de maman.

Le regard toujours fixé sur les lumières, il continua, comme s'il se parlait à lui-même :

– Quoi qu'il en soit, les choses sont allées de mal en pis et maman a cessé d'aller travailler. Elle avait toujours la gueule de bois, des bleus, ou était trop déprimée. Fergal la contrôlait et elle a perdu toute confiance en elle. Puis, un jour, alors qu'elle était sortie, il a commencé à lui faire des piqûres et je suis devenu fou de rage. J'ai fait peur à Fergal et j'ai saccagé tout ce que je voyais. Il s'est enfui avant que je ne puisse lui faire beaucoup de mal, mais je savais qu'il appellerait la police, et quand j'ai vu ce que j'avais fait à la maison, je ne pouvais pas rester là et affronter le regard de ma mère. Alors je suis parti. Ce que j'aurais dû faire, c'est aller voir un professeur ou quelqu'un d'autre. Mais j'avais peur qu'on me confie aux services sociaux. De toute façon, je me suis dit qu'à ce moment-là, l'école ne s'occuperait plus de moi. Je suppose que ce salaud m'avait aussi enlevé toute confiance en moi.

– Quel âge avais-tu alors ?

– J'allais avoir dix-sept ans quelques semaines plus tard. Je savais que les services sociaux ne pouvaient pas me toucher une fois que j'aurais dix-huit ans. Ce que je ne savais pas, c'est qu'un an, c'est long à tenir quand on dort dans la rue.

– Alors, comment es-tu arrivé à Finfarran ?

– Par hasard. Les rues de Dublin étaient trop dures pour moi. J'avais une peur bleue et je me suis dit que les choses seraient plus faciles à la campagne. J'ai rencontré un gars qui se rendait à Finfarran, alors je l'ai suivi.

Lia pouvait entendre le bruit de l'océan loin en dessous d'eux, frappant contre les falaises et se retirant. Adam était redevenu silencieux.

– Les choses ont-elles été plus faciles lorsque tu t'es éloigné de la ville ?

– Pas tellement. Mais ensuite, j'ai eu la grippe, j'étais vraiment malade, et quand j'ai quitté l'hôpital, j'ai eu de la chance car on m'a donné une place dans une maison d'accueil à Carrick. Elle était dirigée par un prêtre très grand qui s'appelait Martin. Il avait des mains comme des pelles et faisait la loi à lui tout seul. C'est un cercle vicieux si tu es un gamin qui essaie d'échapper à la rue. Pour trouver un emploi, tu as besoin d'un numéro de sécurité sociale. Pour obtenir un numéro de sécu, tu dois avoir une adresse. Martin trouvait des emplois chez l'habitant pour les gens, pour faire avancer les choses. Il m'a trouvé un emploi de cuisinier.

– Où ?

– À l'hôtel *Royal Victoria.*

– Tu plaisantes.

– Récurer les sols, remplir les poubelles et gratter les pots brûlés.

Avec un air étrange, Adam se tourna et croisa le regard de Lia.

– Tu pourrais vendre cette histoire si tu le souhaitais. Trouve un journaliste qui bosse pour un tabloïd qui serait prêt à te payer le prix d'un surclassement sur ton vol de retour vers ta famille douillette et Oz.

DIMANCHE

22 décembre

CHAPITRE VINGT-DEUX

Lorsque Lia se réveilla, elle tendit la main vers le téléphone près de son lit. Puis elle retira sa main et se lova dans le lit, agitée. Ils s'étaient dit à la fois trop et trop peu de choses sur le promontoire la nuit précédente, et elle avait besoin de temps pour assimiler ce qu'elle ressentait. Allongée sur le dos, elle regarda le plafond de sa chambre, se souvenant de la lune suspendue au-dessus de l'océan.

La suggestion d'Adam qu'elle pourrait trahir sa confiance l'avait laissée à moitié outrée, à moitié encline à pleurer. Mais, après avoir dit ça, il avait semblé plus ébranlé qu'elle et, plutôt que de chercher la bagarre ou d'exiger du réconfort, elle avait pointé le ciel du doigt.

– Cette phase de la lune est appelée gibbeuse décroissante. La lune diminue après avoir été pleine. C'est un temps associé à l'introspection et à la réévaluation. Et la lune du solstice d'hiver a son propre nom. Le savais-tu ?

Adam avait levé la tête et regardé la sphère pâle et décroissante au-dessus d'eux. Au début, Lia s'était demandé s'il avait compris ce qu'elle avait dit. Puis il s'était remis à parler, d'une voix si tendue qu'elle avait du mal à l'entendre :

– Il y a une page dans le livre des nonnes sur ce qu'il faut planter quand la lune est descendante. Des bulbes à fleurs et des légumes qui poussent sous terre.

Son visage avait pris une teinte grise à la lumière de la lune, et il avait remonté ses genoux et les avait entourés de ses mains jointes.

– Il y a une autre page sur les plantes compagnes. Des espèces qui s'épanouissent l'une à côté de l'autre. Comme les alliums plantés autour des carottes qui dissuadent la mouche des racines d'approcher. Lorsque je travaillais au *Royal Vic*, j'avais l'habitude de venir à Lissbeg en bus, pour faire du bénévolat dans le jardin des nonnes.

Il semblait avoir oublié la présence de Lia et, brièvement, il avait semblé se refermer, mais il avait continué à parler, regardant les feux qui flambaient au loin :

– Une femme était venue à la maison d'accueil pour aider à ce qu'ils appellent la réinsertion. Elle m'avait dit comment obtenir les qualifications et me renseigner sur les programmes de formation. Ce genre de choses. Quand elle a découvert que j'avais toujours voulu travailler dans un restaurant, elle m'avait dit que je devais savoir comment on cultive les aliments. Elle savait que le jardin des nonnes était toujours à la recherche de bénévoles, alors elle m'avait indiqué le chemin de Lissbeg et je l'ai suivi. Cela a littéralement changé ma vie. Sans elle, Martin et le jardin, je serais probablement encore dans la rue. Ou mort, plus probablement, étant donné l'état dans lequel j'étais lorsque j'ai été emmené à l'hôpital.

Il semblait à court de mots après cela, alors, ne sachant pas quoi faire d'autre, Lia lui avait tendu à nouveau la tablette de chocolat, mais au lieu d'en accepter un morceau, il lui avait serré fort la main.

– Je t'ai dit quelque chose de désagréable. Je suis désolé. Je suis vraiment désolé, Lia. Je n'ai pas l'habitude de ça. Un autre inconvénient de gagner le titre d'idiot, c'est que tout le monde est ton ami et qu'il n'y a pas une personne en qui tu puisses avoir confiance.

À l'étage au-dessus de celui de Lia, Adam n'avait pratiquement pas dormi et, lorsque son réveil sonna, il était allongé dans son lit, l'esprit en ébullition. Pourquoi, alors qu'il était assis avec la fille qu'il aimait sous un ciel glacial, avait-il débité des idioties qu'il pensait enterrées depuis longtemps, et s'était-il ensuite montré offensant ? C'était impardonnable. Elle aurait dû s'en aller et le laisser là. Il l'aurait mérité. Mais elle ne l'avait pas fait. Elle n'avait même pas eu l'air contrariée. Au lieu de cela, elle avait parlé du ciel. L'air était chargé d'odeurs de sel et d'algues. Les feux du solstice scintillaient sur les promontoires lointains comme des étoiles déchues et, au-delà de sa blessure et de sa confusion, il avait remarqué le goût du *honeycomb chocolate*, ce chocolat noir au caramel en forme de nid d'abeilles, et il avait saisi sa main de peur que des vagues sifflantes ne se soulèvent et ne l'entraînent dans leur chute. Et elle ne s'était pas éloignée. Elle lui avait tenu la main et ils étaient restés assis là en silence pendant des heures, écoutant l'océan et regardant la lune décroissante.

Et maintenant, il devait se préparer pour le dernier jour de son cours sans savoir si elle serait là ou si, vu la façon dont il s'était comporté, elle se tiendrait à l'écart. Plein de lassitude, il s'assit et attrapa son téléphone. La première chose qu'il vit en l'allumant fut un message envoyé par Dom la veille au soir. « Les choses se présentent bien. J'ai reçu une offre et un contrat. Ils te veulent corps et âme, alors ils vont devoir augmenter tes honoraires, mais je suis sûr que ce ne sera pas un obstacle. Le problème, c'est que Noël est mercredi et que je ne serai pas au bureau à partir de demain, lundi. Est-ce qu'on peut s'appeler dimanche pour en discuter ? »

En cliquant sur Répondre, Adam tapa « Bien sûr. Disons 15 h 30 ? » et il reçut un émoji qui approuvait d'un signe de la main.

Dans la librairie, Catherine finissait d'emballer le dernier roman policier. En le prenant, Hanna dit :

– C'est devenu une tradition sacrée. J'achète un livre à Brian pour Noël et je finis par le lire moi-même avant qu'il n'ait le temps de le faire.

– Où passez-vous le jour de Noël ?

– À la maison. Jazz est absente cette année, et ma mère vient dîner chez nous. Tout ce que nous cuisinerons sera tout fait, bien sûr, mais c'est aussi traditionnel. Comment va ta cuisine ?

– Elle est faite. On doit encore la peindre, mais c'est une cuisine qui fonctionne. Ma mère fera le dîner pour nous – c'est elle qui s'occupe de la maison.

– Chez nous, je prépare des plats classiques, comme la dinde. Brian fait des folies avec le zabaglione et des choses comme des sablés au sel de mer à l'huile d'olive.

– Je parie qu'ils sont bien accueillis par Mary !

– En fait, pour Mary, Brian ne peut rien faire de mal.

– Mary est un sacré personnage.

Hanna rit.

– C'est une bruyante enquiquineuse de temps en temps. Mais on l'aime, elle est aussi très amusante, et elle se fait vieille. Mais elle pourrait bien nous survivre à tous. La maison Garrybawn a fait une grande différence. Je pense qu'elle avait du mal à vivre seule.

– J'imagine que la vieillesse nous attend tous. En supposant que nous vivions assez longtemps pour y arriver.

– Ah, maintenant, Ann n'a que la soixantaine. Elle ne va pas ralentir avant un bon moment.

– Je pensais à moi, en fait.

– Tu veux bien te ressaisir ! Tu es surchargée de travail, voilà le problème. Il faudra que tu reviennes les pieds sur terre une fois que tu auras passé le réveillon de Noël.

– Écoute, je suis juste là, à vivre au jour le jour, sans aucune idée de ce qui va se passer ensuite.

Il y eut un fracas au-delà des cache-poussière et Fury émergea en les écartant.

– Allez, tu as des feutres marqueurs ? De gros feutres épais qu'on utilise pour écrire sur une affiche.

– Il devrait y en avoir dans le bureau.

– Je suppose que tu n'as pas de scotch de chantier ?

– Mais qu'est-ce que le scotch de chantier ?

– Il y a des lignes en zigzag jaunes et noires et le mot « KEEP OUT » est imprimé le long de la ligne.

– Ah non, pas du tout.

– Pas de problème. Terry en prendra quand il ira chercher des cônes de signalisation. Je fais une affiche temporaire pour prévenir pour le bruit des travaux de ce matin.

Il disparut et Catherine regarda Hanna.

– Tu vois ce que je veux dire ? Je n'ai pas la moindre idée de ce qu'il raconte.

– Et maintenant, je dois rester pour le découvrir.

– Je te conseille de le faire.

Quelques instants plus tard, Fury réapparut avec un grand parchemin, découpé dans un rouleau de papier cartonné. En regardant par-dessus son épaule pendant qu'il le déroulait sur le comptoir, Catherine et Hanna lurent ce qu'il avait écrit en énormes lettres écarlates :

– ARRÊTE-TOI. DANGER. ATTENTION AUX ELFES.

Lorsqu'Adam arriva au Centre, Phil surgit de son bureau pour dire qu'elle avait organisé une séance photo d'adieu pour terminer la journée.

– Ils voudront tous des photos individuelles et des selfies souvenirs, alors nous les ferons d'abord et nous prendrons ensuite une grande photo de groupe près de l'arbre.

L'idée de poser pour un selfie avec Lia entourée de tout le monde l'avait fait paniquer, alors il avait poussé la porte de la cuisine en ayant à la fois envie de la voir et en espérant ardemment qu'elle serait restée à l'écart. Mais quand il entra, elle était là, près de son banc, en train de mettre son tablier et, bien qu'elle n'ait pas levé les yeux, elle semblait parfaitement calme.

En se forçant à passer en mode professionnel, Adam dit :

– Bienvenue à tous pour notre dernière séance. Je vais cuisiner pour vous aujourd'hui, et j'aurai peut-être besoin d'aide. Et c'est toi que je regarde, Saoirse.

Il se retourna, s'attendant à la trouver à ses côtés, mais Saoirse se tenait à l'arrière, les épaules voûtées.

En entendant son nom, elle sursauta, dit « Bien sûr », et reçut un regard perçant de la part de Mary.

Déterminé à ne pas perdre sa propre concentration, Adam expliqua qu'ils passeraient la matinée à préparer un buffet de Noël, qu'ils mangeraient ensemble en guise de déjeuner d'adieu.

– Des plats de fête créés autour d'une pièce maîtresse simple, à l'aide d'ingrédients que tout le monde est susceptible d'avoir dans son placard ou son réfrigérateur au moment de Noël. Je préparerai et ferai cuire un saumon, et je vous montrerai comment réaliser le plus simple des puddings de dernière minute. Vous créerez des accompagnements et des blinis.

Évidemment, Mary annonça que les blinis n'étaient qu'une sorte de scone étranger. Karen dit qu'elle voulait sûrement parler d'une crêpe. M. Maguire déclara que même si les ingrédients n'étaient pas différents, les méthodes produisaient des résultats très différents.

– La connaissance des différents processus chimiques impliqués est ce qui différencie les chefs des cuisiniers.

Ravie d'avoir provoqué un défi, Mary fit un double nœud avec les ficelles de son tablier.

– Je sais exactement ce qu'il faut faire avec la farine, le beurre et les œufs, merci. Je les mélange depuis que Dieu était un petit garçon.

Hier, ce genre de prise de bec aurait donné lieu à un éclair d'amusement entre Adam et Lia. Aujourd'hui, il n'osait pas la regarder. Adam poursuivit :

– Le timing d'aujourd'hui devra être structuré pour que tout soit réuni. Pour commencer, je vais vous montrer la préparation du saumon. Dès qu'il sera au four, vous passerez à l'action. Vous serez sept sur les blinis, chacun en fera une fournée de douze. C'est une recette sans levure, qui ne nécessite donc pas de temps de fermentation, et vous avez le choix des ingrédients pour les garnir. Vous devrez d'abord planifier vos garnitures en équipe, pour vous assurer de ne pas doubler les textures, les saveurs et l'apparence. Ensuite, vous vous répartirez sur vos bancs avec les ingrédients que vous aurez choisis. Pendant ce temps, les deux autres prépareront le pain de soude et la salade de pommes de terre. Quelqu'un veut-il se porter volontaire pour cela ?

Mary dit qu'elle préférait préparer quelques gâteaux de pain décents plutôt que de bricoler des trucs fantaisistes.

– Bon, alors c'est Mary sur le pain de soude. Qui est partant pour la salade de pommes de terre ?

Janice leva la main.

– Je pourrais en faire des natures, et d'autres avec de la ciboulette ou des cornichons marinés.

– Parfait. Les cornichons acides font un beau contraste avec la mayo, et la ciboulette est un choix plus doux. Et le choix, c'est la raison d'être des buffets.

Après les avoir réunis autour de la table, il commença à préparer le saumon, en se disant qu'il n'avait plus que quelques heures à passer et que, jusqu'à présent, il avait réussi à garder son sang-froid.

Mais pour Lia, sa tension était évidente, et la façon résolue dont il faisait face à la situation la mettait mal à l'aise. Comme elle avait eu du mal à assimiler ce qui s'était passé la nuit précédente sur le promontoire, elle avait conclu qu'il valait mieux ne pas le revoir. Le décalage avec ce qu'elle avait pris pour une relation facile à vivre lui semblait beaucoup trop soudain et intense. De toute façon, comme elle quittait Finfarran le lendemain, elle ne voyait pas où cela pourrait les mener.

Elle était allée prendre son petit déjeuner avec l'intention de ne pas assister à la dernière séance du groupe, mais en mangeant ses œufs, elle avait changé d'avis. Si elle ne venait pas, les autres se demanderaient sûrement ce qui lui était arrivé, et il lui semblait injuste de gâcher leur dernière journée en attisant les spéculations, ou d'attendre d'Adam qu'il s'en charge. Elle avait donc décidé qu'il valait mieux entrer comme d'habitude et se comporter comme si la nuit dernière n'avait pas eu lieu. Après tout, ce n'était qu'une question de quelques heures de cuisson, et il était probable qu'Adam, lui aussi, ait envie de détendre l'atmosphère ?

Mais dès qu'elle l'avait vu entrer dans la cuisine, elle avait compris qu'elle s'était trompée : il était remonté comme un ressort et, de toute évidence, sa présence ne faisait qu'empirer les choses. En le regardant mélanger les avocats et le jus de citron vert, l'image de l'efficacité dans son blanc immaculé de chef cuisinier, Lia se souvint que la nuit précédente, alors qu'ils rentraient à Carrick, elle lui avait demandé si sa mère allait bien maintenant, et qu'il lui avait répondu sans quitter la route des yeux :

– Elle est morte.

– Mon Dieu, Adam, je suis désolée.

– Quand papa était en vie, je regardais des émissions de cuisine à la télévision avec maman. C'est ce qui m'a donné envie de devenir chef.

Il n'avait pas semblé vouloir en parler davantage et, regrettant d'avoir posé la question, Lia s'était tue. Aujourd'hui, elle regrettait de l'avoir taquiné sur le fait qu'il était une star. Elle avait la chance d'avoir une famille qui la soutenait et des amis qui ne lui avaient jamais donné de raison de mettre en doute leur fiabilité, il ne lui était pas venu à l'esprit de se demander quel chemin difficile il avait pu parcourir pour y parvenir, ni qu'il pouvait se retrouver seul face au monde.

Il ne fallut pas longtemps pour que la table sur laquelle étaient posés les ingrédients pour les garnitures des blinis ressemble à une vente de charité cinq minutes après l'ouverture des portes. Après avoir enfourné son saumon, Adam laissa Saoirse débarrasser et fit le tour des tables pour voir comment les choses avançaient. À l'exception de Darina, qui se débattait avec la friture, la plupart des sept membres de l'équipe avaient déjà des blinis en train de refroidir et faisaient preuve de créativité avec du saumon fumé, du fromage de chèvre, de la betterave, des œufs de caille, des figues ou des avocats. Janice épluchait à un rythme régulier des pommes de terre, et Mary était perchée sur un tabouret en train de terminer un petit napperon au crochet. Levant les yeux à l'approche d'Adam, elle fit remarquer qu'il lui fallait cinq minutes pour préparer quelques galettes de pain de soude, qui n'auraient besoin que de vingt minutes au four.

– Nous voulons le servir chaud, sinon il n'y aura pas de quoi manger, alors je ne vais pas mettre de la farine sur une planche à cette heure de la matinée.

Adam avançait, vérifiait et les encourageait. Tôt ou tard, il devrait aller parler à Lia et, tandis que le moment se rapprochait, il n'avait aucune idée de la façon dont il s'en sortirait. Consterné par la façon dont il s'était retourné et avait grogné contre elle sur le promontoire, il avait encore du mal à comprendre pourquoi cela s'était produit. Lorsqu'il avait décidé de venir donner ce cours à Finfarran, il était certain d'être passé à autre chose et d'avoir laissé son passé derrière lui. Il voulait se rappeler les jours heureux dans le jardin des nonnes, aller à la bibliothèque pour relire leur livre, parler à Hanna, et sentir qu'en acceptant de venir, il rendait quelque chose à l'endroit qui l'avait mis sur la voie du succès. L'idée de séjourner au *Royal Victoria* avait un peu été une blague, d'autant plus que personne parmi le personnel actuel ne pouvait reconnaître celui qu'il était avant. Il ne lui était jamais venu à l'esprit que cela ferait remonter d'autres souvenirs à la surface, ni qu'il entrerait dans la salle du petit déjeuner et tomberait amoureux d'une fille dont la maison se trouvait à l'autre bout du monde.

Maintenant, alors qu'il se tenait près du banc de Darina, la regardant brûler des blinis, il réalisait qu'il n'était pas surprenant qu'hier, alors qu'il se préparait à sortir dîner avec Lia, il se soit senti comme un adolescent s'habillant pour un premier rendez-vous. Depuis qu'il était devenu le chef le plus cool, il avait réservé de nombreuses tables de restaurant pour deux. Mais la plupart du temps, ces occasions avaient été des séances de photos organisées par Dom, avec des filles qui avaient leur propre carrière à promouvoir et qui étaient heureuses de jouer le jeu. Souvent, elles avaient des familles et des enfants à retrouver lorsqu'il rentrait seul dans son studio. Avant cela, pendant les années où il avait travaillé dans des hôtels et des cuisines de restaurant, il n'avait jamais eu le temps de faire autre chose que travailler et dormir. *Et avant cela encore*, pensa-t-il, *j'étais un gamin effrayé, complètement dépassé par les événements, affamé, transi de froid et qui essayait juste de rester en vie. La folle vérité, c'est qu'hier soir, c'était mon premier vrai rendez-vous, le seul qui ait jamais compté, et je l'ai gâché.*

Il aurait aimé avoir plus d'occasions de parler à son père. Ils n'avaient pas passé beaucoup de temps ensemble, à cause des longues heures de travail qu'il passait à l'hôpital. Mais parfois, ils allaient à la piscine de Portmarnock, plongeaient de la plus haute planche et s'éclaboussaient comme des poissons bruns pendant que les autres enfants et leurs pères aux taches de rousseur frissonnaient.

Son père ne parlait jamais du passé, il disait que ça n'avait pas d'importance. La vie était faite pour vivre le présent, et regarder en arrière était une perte de temps. D'après la mère d'Adam, les immigrés étaient souvent de cet avis.

– S'éloigner de tout ce que tu as connu demande du courage, Adam. Tu dois accumuler tes forces et te concentrer sur l'ici et le maintenant.

Sa mère, qui n'était pas très bavarde non plus, avait elle aussi fait un choix courageux. Elle s'était mariée malgré la désapprobation tacite de sa famille, qui avait crépité en arrière-plan pendant toute l'enfance d'Adam. Parfois, il se disait que s'il avait eu sa peau claire et ses cheveux roux, ses grands-parents irlandais, qui ne vivaient pas à plus de quelques kilomètres de là, auraient pu être là pour lui à la mort de son père. Mais après l'enterrement, ils avaient rarement appelé et, sachant ce qu'ils pensaient du choix de son mari, sa mère ne leur avait pas demandé de l'aide. Au lieu de cela, elle avait passé son temps à boire et à se disputer avec Fergal. Par la suite, Adam avait été tourmenté par l'idée qu'il aurait dû tenir bon et ne pas laisser Fergal le pousser dans la rue. Enveloppé dans un sac de couchage, honteux et solitaire, il en voulait à sa mère de ne pas avoir su faire face.

La vie dans la rue lui avait appris qu'en plus de son physique, il avait hérité de la résistance de son père. Il lui avait fallu plus de temps pour découvrir qu'il n'était pas du tout en colère contre sa mère. Il était plutôt furieux contre lui-même de ne pas avoir su la protéger.

CHAPITRE VINGT-TROIS

Les blinis de M. Maguire étaient un véritable spectacle. Magnifiquement texturés et parfaitement uniformes, tant dans leur forme que dans leur couleur, ils étaient finis de façon experte avec la plus simple et la plus élégante des garnitures. Avec un soin infini, il les déposa sur un plateau d'ardoise sous les applaudissements de tous ceux qui se trouvaient sur les établis environnants. Puis, ajustant ses lunettes en demi-lune, il secoua tristement la tête.

– C'est très gentil de votre part, mais, bien sûr, vous avez tort. Un blini traditionnel est fabriqué à partir de farine de sarrasin et levé avec de la levure. Et, à proprement parler, ils nécessitent double surveillance.

Adam était venu admirer ses bouchées, chacune couronnée de bœuf saignant, de crème aigre et d'aneth, et positionnée en parfaite symétrie sur l'ardoise noire brillante.

– Félicitations, ils sont vraiment exceptionnels.

En le regardant d'un air de reproche, M. Maguire dit :

– Merci. La garniture *classique* aurait dû être du caviar.

Janice avait rempli trois grands bols de salade de pommes de terre et hachait le persil avec adresse. Adam lui parla brièvement et, sachant qu'il ne pouvait pas éviter Lia plus longtemps, il se dirigea vers l'endroit où elle versait de la compote de myrtilles sur ses blinis. Il ouvrit la bouche sans savoir ce qu'il allait dire et, avant qu'il ne puisse parler, fut interrompu par Mary, qui descendit soudainement de son tabouret et cria :

– Pat Fitz ! Qu'est-ce que tu fais ici, nom de Dieu ?

Surpris, tout le monde se retourna et découvrit le visage anxieux de Pat qui scrutait la porte.

Adam eut droit à un sursis et s'appuya sur le bord de l'établi de Lia et, en entrant dans la pièce, Pat lui adressa un sourire plein d'autodérision.

– Je sais que je suis la pire des personnes pour vous interrompre, mais je dois juste donner un petit message à Mary. Le fait est, Mary, que nous avons une répétition supplémentaire de chants de Noël, juste au bout du couloir.

Mary posa son napperon au crochet.

– Est-ce que c'est dans la salle de sport ?

– Oui. C'est le seul espace que Phil ait laissé vide.

– Et celui qui a la pire acoustique. Dieu sait où le conseil a voulu en venir quand il a installé la bibliothèque de Hanna dans la salle de réunion de l'école. Les religieuses n'y avaient-elles pas une grande scène et un son magnifique amplifié par les boiseries en chêne ? Et regardez-la maintenant, abîmée par cette ridicule paroi de verre et tous ces livres.

– Mais le temps passe, Mary.

– C'est le cas, et cela change rarement les choses pour le mieux.

– N'est-ce pas ce que nous disons tous à notre âge, ma grande ? Tu ne voudrais pas écouter.

– J'aimerais que tu me dises ce que tu es venue me dire et que tu me laisses me débrouiller avec mon pain.

– C'est du pain que tu prépares ?

– Absolument, et je ne sais pas pourquoi Jazz a dû débourser une rançon de roi pour que je reste assise ici à attendre pendant des heures avant de le mettre au point. Grâce à Dieu, j'avais mon crochet pour passer le temps.

– Est-ce un napperon ?

– Le dernier des dix. C'est un cadeau de Noël pour Jazz. Les jeunes semblent n'avoir besoin de rien dans leur maison, de nos jours. Je lui offrirai aussi les empiècements gratuits qu'ils nous donnent ici. Un de ces tabliers de chef, un fouet et un ensemble d'accessoires de cuisine.

– N'est-ce pas génial tout ça ? Est-ce qu'elle fait beaucoup de pâtisserie ?

– Pas du tout.

À ce stade, tout le monde avait suspendu ce qu'il faisait. Les dames de Cork étaient fascinées, mais trop polies pour le montrer, mais la plupart des autres regardaient bouche bée, avec l'air de gens qui regrettaient de ne pas avoir de pop-corn et de Coca. Soudain consciente du silence, Pat eut l'air déconcertée. Minuscule bonne femme, elle semblait engoncée dans l'anorak jaune vif qu'elle portait sur un pull Aran et une jupe en tweed soignée. Ses cheveux étaient coupés à la garçonne et, contrairement à Mary qui préférait les boucles et le cuir verni, ses pieds étaient chaussés de souliers raisonnables fermés par des bandes velcro. En regardant autour d'elle, elle dit :

– Ah, regarde, j'ai interrompu tout le monde. Je suis vraiment désolée. Non, écoute, Mary, c'est juste que nous avons ajouté un dernier alléluia. C'est Ursula Flood de la pharmacie qui l'a composé. Juste un petit chant pour la fin du concert, pour terminer en beauté.

– Et qui diable est Ursula Flood pour lancer des alléluias sans préavis ?

– Ce n'est qu'hier soir que l'idée lui est venue, alors qu'elle s'essayait à ses variations d'harmonica. Elle dit que c'était comme une voix d'ange qui lui chuchotait à l'oreille. Non, et écoute, je ne vais pas te retenir maintenant. Je voulais juste te le dire. Nous allons répéter dans le gymnase, mais comme tu n'es pas disponible, je peux t'expliquer demain chez moi. Tu veux bien passer ?

– Tu parles. J'ai d'autres choses à faire de mon temps que d'improviser à la dernière minute. Ce n'est vraiment pas professionnel et je ne me laisserai pas faire.

– Ah, ne sois pas comme ça. Elle a prévu une ligne spéciale pour toi.

Sur le point de retourner à son napperon, Mary se retourna brusquement.

– Tu dis quoi ?

– Et tu ne peux pas refuser une intervention divine. Je veux dire, où en serions-nous tous aujourd'hui si la Sainte Vierge avait claqué la porte au nez de l'ange Gabriel ?

– C'est carrément un blasphème, Pat Anastasia Fitzgerald.

– Tu dois admettre que je marque un point, cependant.

En se pinçant les lèvres, Mary dit qu'elle avait quelques bricoles à récupérer en ville le lendemain.

– Mon bus ne rentre pas avant six heures. Je te rejoindrai avant.

Le visage de Pat s'éclaira et elle dit que ce serait très bien.

– Je suis désolée, tout le monde, je vais partir, maintenant, je ne vous dérange pas plus. Et viens ici que je te serre la main Rasher. Je n'avais aucune chance de le faire au lancement du livre. Tu es le bienvenu à Lissbeg. Tu le sais, n'est-ce pas ? C'est un plaisir de te voir.

Rayonnante, elle tendit la main et s'approcha d'Adam et, à la surprise de Lia, le sourire qu'il lui adressa en réponse ne contenait rien du charme poli qu'il utilisait avec les fans. Au contraire, tenant la main de Pat, il pencha la tête pour la saluer, presque comme s'il allait lui faire un bisou. Elle se mit sur la pointe des pieds, caressa sa joue un instant et, lorsqu'il la raccompagna à la porte, lui adressa un autre doux sourire avant de partir. Puis il revint au banc de Lia et, en le regardant s'approcher, elle vit son côté professionnel reprendre le dessus.

L'interruption avait semblé le détendre et, ayant senti à quel point il était remonté, Lia se demanda pourquoi l'arrivée de Pat avait libéré le ressort. Puis, irritée, elle se dit que ce n'était pas à elle de se poser la question. À part le fait qu'il s'agissait d'un type qu'elle avait rencontré par hasard sur la côte ouest de l'Irlande, il n'était rien pour elle, puisqu'elle ne s'attendait pas à le revoir un jour.

Stephen avait pris un petit déjeuner tardif et n'avait pas envie de penser au déjeuner. Au-delà de la porte du jardin d'hiver, deux rouges-gorges se disputaient les croûtes qu'il avait déposées sur la table des oiseaux. Malgré la nourriture laissée à disposition, il voyait rarement des pinsons à cette époque de l'année, car ils avaient tendance à rejoindre de plus grands groupes et à chercher plus loin leur nourriture en hiver. Il savait qu'ils reviendraient, comme ils le faisaient toujours, mais leur présence amicale lui manquait.

Il alluma le feu dans le salon, prépara du café, s'assit et essaya de décider ce qu'il allait faire des trois exemplaires des *Cakes à rapporter à la maison* qu'il avait achetés lors du lancement du livre de Catherine. Toutes les personnes qu'il connaissait à Finfarran s'étaient probablement procuré le leur, et il était maintenant trop tard pour les envoyer par la poste à des amis de Dublin. Finalement, il décida de se débarrasser du papier cadeau de fête et de les mettre de côté pour les offrir au cours de l'année comme cadeaux d'anniversaire. En déballant le premier exemplaire, il vit qu'ils étaient accompagnés des marque-pages de Catherine, des reproductions des bannières écarlates de la boutique avec l'adresse du site internet au dos. C'était typique d'elle, pensa-t-il, d'accorder ce genre d'attention aux détails et d'utiliser toutes les occasions possibles pour promouvoir sa librairie.

En passant son doigt sur les lettres dorées, il pensa à ce que Catherine avait dit à propos de sa décision de venir à Finfarran. Elle avait dit que c'était un rêve qui devenait réalité, mais, presque dans la foulée, elle lui avait dit qu'elle avait l'impression de vivre un cauchemar.

La contradiction apparente n'était pas surprenante : il fallait du courage et être visionnaire pour vendre deux maisons et investir chaque centime que vous aviez dans une entreprise risquée, en particulier dans une ville où vous n'aviez aucune connaissance. C'est la raison pour laquelle il lui avait dit que ce cauchemar était un défi.

Assis dans son fauteuil, Stephen regardait son jardin hivernal en se demandant s'il n'y avait pas eu plus qu'un simple défi commercial. Elle lui avait dit qu'elle était fatiguée de son travail, mais rien sur les racines qu'elle avait dû arracher pour déménager. Mais pourquoi devrait-elle le faire ? Il l'admirait, mais il ne pouvait pas s'attendre à devenir son confident sur la foi de quelques jours de papotage. En pensant aux racines, il se leva et se dirigea vers sa bibliothèque au coin du feu. Il savait que quelque part sur ses étagères se trouvait un livre sur la plantation en pot. Étant donné que Catherine était libraire, il lui serait facile de s'en procurer un elle-même, mais, d'après ce qu'elle avait dit lors de leur promenade au bord de la rivière, elle avait l'intention d'aller sur Internet et d'acheter des choses au hasard, ce qui était un désastre assuré.

Quand il eut trouvé ce qu'il cherchait, Stephen s'assit et tourna les pages. Si Catherine voulait des pots dans son jardin, les illustrations du livre ne manquaient pas d'inspiration, et le texte était bien présenté et informatif. Peut-être, si elle voulait l'emprunter, pourrait-il la conseiller sur les graines et la germination, et même lui offrir des plants de son propre jardin. Le coût d'achat des plantes pouvait être très élevé, et il avait compris qu'une partie du cauchemar de cette semaine était due à la peur de ne pas pouvoir joindre les deux bouts.

Satisfait de son plan, Stephen retourna dans son fauteuil, s'installa à nouveau avec son café et commença à lire le livre. Il regardait la moitié d'un pot recouvert de compost quand, soudain, il se souvint du retour de Carrick, de la pluie qui avait glissé sur son pare-brise comme des larmes, et de la façon dont Catherine avait parlé de ne pas se lancer dans des relations amoureuses. Pendant un instant, ce souvenir ne lui sembla qu'une simple réflexion. Puis, se redressant, consterné, il sentit son cœur s'emballer. Pourquoi avait-elle choisi de lui dire cela ? Et pourquoi avait-elle semblé si gênée ? Peut-être était-ce parce qu'elle l'avait pris pour un veuf dans le besoin qui n'arrêtait pas de débarquer dans sa boutique sans y avoir été invité ? Et maintenant, il lui proposait d'entrer à nouveau sans rien demander, en lui offrant des conseils et des suggestions sur la façon dont elle pourrait économiser de l'argent.

Choqué, Stephen mit le livre de côté et regarda à nouveau le jardin. Lorsqu'il s'était levé ce matin, il avait prévu de faire une promenade dans Sheep Street pour jeter un coup d'œil sur l'activité de la librairie et proposer son aide si elle avait besoin qu'il fasse quelque chose. Maintenant, en imagination, il pouvait voir Catherine lever les yeux au ciel et murmurer à Ann qu'il devenait ennuyeux. Au fond de lui, il savait que c'était absurde. Ces derniers jours, elles lui avaient été reconnaissantes de son aide et ce qu'il avait pu faire pour elles avait fait une réelle différence. Mais maintenant, il pouvait voir qu'il voulait plus que de la gratitude de la part de Catherine, parce que ce qu'il avait commencé à ressentir pour elle était plus que de l'admiration. Ayant trouvé une partenaire parfaite une fois dans sa vie, il ne pensait pas pouvoir en trouver une autre, ce qui, supposait-il, expliquait comment l'amour avait réussi à s'insinuer en lui sans qu'il s'en aperçoive. Pourtant, c'est ce qui s'était passé. Et maintenant, après avoir perdu Sophie, il semblait n'avoir aucun espoir de gagner Catherine.

Stephen se leva, referma le livre et le replaça sur l'étagère, se disant qu'il était temps de laisser tomber les bêtises et d'affronter la réalité. Catherine avait dit qu'elle n'aimait pas les relations amoureuses. C'était un fait. Un fait qu'il supposait avoir délibérément étouffé. Un fait qui l'empêchait de se promener dans Sheep Street et d'entrer dans sa boutique comme s'il passait par là.

CHAPITRE VINGT-QUATRE

Comme c'était dimanche, le *Café du jardin* était fermé aux clients, mais Bríd était venue préparer des minces pies pour le concert de chants de Noël de la librairie. Elle découpait des moules à pâtisserie sur la musique de *Driving Home for Christmas* lorsqu'elle entendit frapper à la porte de derrière. Dehors, elle trouva sa cousine Aideen, avec un petit enfant dans un habit de neige rembourré qui lui tenait la main, et un gros sac tout bosselé à ses pieds.

– Bonjour. Des panais et des oignons pour la soupe de demain, comme demandé. Il y a une véritable gelée dans le pays aujourd'hui. Nous aurons de la neige dans le vent ce soir.

– Entre donc. Ne gèle pas sur le pas de la porte.

En retirant son béret et en secouant ses cheveux roux, Aideen dit :

– Nous sommes très excités à l'idée de voir Papa Noël cet après-midi.

Bríd embrassa le petit garçon.

– Bonjour, Ronan. Papa Noël aura-t-il Rudolph avec lui, à ton avis ?

Ronan secoua la tête.

– Papa Noël sera dans une librairie. Tu ne peux pas nettoyer une librairie alors ils ne laissent pas entrer les rennes.

Aideen sourit.

– Il a aidé son père à s'occuper des vaches, n'est-ce pas, mon cœur ? Tu as joué les fermiers.

En détachant la doudoune de Ronan, qui avait une capuche avec des oreilles d'ours, elle demanda à Bríd comment se présentaient les tourtes à la viande.

– Très bien. J'en suis à la dernière fournée. Attends que j'éteigne la radio. Ces trucs de Noël me prennent la tête.

– Arrête d'essayer de ressembler à Scrooge. J'ai vu tes mouvements à travers la fenêtre.

Ronan répéta à haute voix que le Papa Noël se trouverait dans une librairie.

– Je sais, mon amour, et tu le verras bientôt. Maman et Bríd vont d'abord discuter et prendre un café, et nous allons te préparer ton dîner pendant que nous sommes ici. Veux-tu un sandwich à la banane ?

– Papa Noël va me donner un livre ?

– C'est possible. Ou peut-être un bonbon.

– Je veux un livre.

Bríd rit.

– Rien de tel que d'énoncer ses objectifs. Viens, nous allons passer par le café et nous asseoir à une table.

Dans le café, Ronan s'arrêta net à la vue du sapin de Noël suspendu à des chaînes de pop-corn et de canneberges. Aideen dit à Bríd que c'était vraiment efficace.

– Et Fury est un amour d'apporter un sapin chaque année. Est-ce que c'est vrai qu'il a installé une exposition d'art dans la librairie ? J'ai entendu Ann le dire à la radio, mais ça ne sonnait pas juste.

– C'est ainsi qu'ils l'appellent. En fait, c'est un camouflage. Tout le plafond arrière s'est effondré, et si Fury n'était pas intervenu, ils auraient été fermés pour la semaine.

– Mon Dieu, ils auraient perdu une fortune.

– J'ai parlé à Catherine lors du lancement du livre d'Adam Rashid et elle avait encore l'air sous le choc. Elle m'a dit que, sans leurs recettes de Noël, ils auraient pu être obligés de fermer l'endroit pour de bon.

– Eh bien, il faut les féliciter d'avoir réussi à s'en sortir malgré tout.

– Comme le dit Lia, tu saisis les opportunités, n'est-ce pas ? Quand tu diriges ta propre entreprise, tu n'as pas d'autre choix.

Aideen était en train de couper une banane sur du pain et du beurre pour Ronan.

– Qui est Lia ?

– Cette Australienne qui a apporté en voiture les cupcakes à la librairie.

– Est-ce qu'elle t'a vraiment proposé de t'aider sans crier gare ?

– Absolument. Il se trouve qu'elle était là, elle a dit qu'elle avait le droit de conduire. Et Fury l'a laissée prendre sa camionnette sans même un murmure. Je suis restée bouche bée.

– Fury a fait ça ? Il doit être en train de se ramollir.

– Je pense qu'il l'aimait bien.

En tendant une main poisseuse pour qu'on l'essuie, Ronan annonça qu'il avait terminé son sandwich.

– Papa Noël aura mangé ? Il m'attendra ?

– Tu n'as pas du tout terminé. Tu as à peine commencé. Et il est bien trop tôt pour le Papa Noël. Regarde l'horloge.

– Il peut lire l'heure maintenant ? demanda Bríd.

– Bien sûr que non. C'est juste quelque chose que l'école maternelle appelle le renforcement positif.

– Le renforcement positif est quelque chose de complètement différent.

En crachant sur un mouchoir, Aideen dit :

– Écoute, je ne suis qu'une mère qui essaie d'aller d'un point A à un point B sans faire d'histoires. Et tu ne connais rien aux enfants, alors ne remets pas en question mes méthodes.

Ronan se pencha et donna un coup de coude à Bríd.

– Je connais l'heure. Je sais quand c'est l'heure de la traite.

Aideen sourit.

– Tu vois, c'est un fils de fermier qui parle. Il sait des choses qui comptent vraiment.

De l'autre côté du jardin, dans la cuisine du Centre du couvent, le saumon d'Adam venait de sortir du four. Il déballa le papier d'aluminium, libérant des odeurs de fenouil, de citron et de grains de poivre, et souleva un bord de la peau argentée pour révéler la chair rose.

– Le voici. Poché au four dans du beurre et du vin blanc, et magnifiquement moelleux et tendre. Vous pouvez savoir qu'il est cuit à la façon dont il se détache si vous le pressez doucement, vous voyez ?

– Est-ce que tu le laisses reposer ? demanda Janice.

– Nous le mangerons avec les blinis, le pain et la salade, alors je le laisse refroidir tout de suite et il sera parfait. Et nous nous pencherons sur le dressage et la présentation plus tard.

Mary dit qu'elle espérait qu'en fait de « présentation », il ne voulait pas dire le déposer sur une vieille ardoise : avec ce plateau, et les frites qui étaient servies maintenant dans de faux seaux en fer-blanc, on ne peut plus s'asseoir confortablement pour manger un dîner ordinaire de nos jours.

Mordant à l'hameçon, M. Maguire lui demanda si elle jetait l'opprobre sur son plateau d'ardoise.

– Parce que si c'est le cas, cela montre simplement que vous n'avez aucune idée des normes du Cordon Bleu.

Après trois jours de ce genre de chamailleries, tout le monde avait pris l'habitude de les ignorer, alors Adam mit le saumon de côté et parla de son pudding.

– C'est un dessert facile à faire, mais qui a l'air de valoir un million de dollars et, à cette époque de l'année, il est probable que vous en ayez tous les ingrédients dans votre placard. De la viande hachée. Des canneberges.

Un bloc de massepain prêt à l'emploi et un autre de pâte brisée. Il s'agit de préparer quelque chose rapidement, par exemple pour des invités inattendus.

Mary dit d'un ton acerbe qu'elle pensait qu'il était un défenseur des produits locaux.

– Je le suis, mais je ne suis pas un fanatique. Laissez-moi respirer.

De façon inattendue, Mary émit un grognement ravi. Cette réponse lui avait rappelé Jazz qui, contrairement à Hanna, n'avait jamais cherché à l'apaiser. Avec un sourire satisfait, elle dit qu'elle savait que, tôt ou tard, Adam reconnaîtrait l'utilité du supermarché de Cassidy.

L'une des dames de Cork demanda si la tarte devait être servie avec de la crème ou de la crème pâtissière et, avec audace, Darina renchérit :

– Ou de la crème fraîche. Ou du yaourt.

– L'un ou l'autre. Ou aucun. C'est vous qui décidez. La pâte d'amande lui donne une belle couche plus collante au goût d'amande, les fruits sont moelleux et la pâte est beurrée, donc il n'y a besoin de rien de plus.

Adam chercha l'aide de Saoirse pour mettre les plats sur la table et constata qu'une fois de plus, elle était assise, une main enfoncée dans sa poche, apparemment plongée dans ses pensées. Elle avait l'air d'avoir aussi mal dormi que lui, alors plutôt que d'attirer l'attention sur elle, il décida de se passer de son aide.

Une fois la tarte assemblée, il fabriqua un couvercle avec des morceaux de pâte entrelacés. Alors que les autres se penchaient pour regarder, Darina gémit.

– Tu donnes l'impression que c'est facile alors que c'est un vrai casse-tête, je peux le dire.

– Vous pouvez simplement utiliser un rond de pâte et faire quelques entailles pour laisser sortir la vapeur. Et le travail est fait. La pâtisserie, c'est se faire plaisir, pas se sentir dépassé.

Inspirée, Darina dit sur un ton insouciant :

– Je pourrais piquer le couvercle avec une fourchette.

– Et voilà. Cela fonctionnera. Et tu pourrais utiliser la fourchette pour sertir la pâte autour du bord.

Lia avait observé la scène de loin. Elle était presque sûre qu'en temps normal, Adam ne donnait pas de cours sans une aide professionnelle, et qu'il n'avait pas à travailler en étant assailli par l'humeur de Saoirse, les interruptions exigeantes de Darina, ou les égarements de Mary. Pourtant, il ne se contentait pas de faire face : lorsqu'il s'occupait d'elles, son personnage de chef le plus cool semblait disparaître, comme s'il avait laissé tomber son armure pour tendre une main secourable. Avec le sentiment irrationnel que, sans ce bouclier, il s'était rendu dangereusement vulnérable, Lia eut envie de passer devant les autres et de le prendre dans ses bras.

Elle essayait d'y voir clair lorsque la porte s'ouvrit et que Phil entra en trombe, annonçant qu'elle voulait qu'ils posent tous pour des photos.

– Tout le monde sort dans le couloir, et nous les emmènerons sous le sapin ! Première année du temple de la renommée culinaire de la cuisine de Lissbeg !

Ils étaient alignés devant l'arbre, vêtus de leur tablier de *Chef le plus cool*, et agitaient leurs fouets et leurs cuillères en bois. Saoirse, qui était placée à côté d'Adam, tenait une pile d'exemplaires gratuits des *Cakes à rapporter à la maison* avec son menton sur le dessus de la pile, pour s'assurer qu'ils ne glissaient pas. En reculant dans le couloir pour inclure tout le monde dans la photo, Phil cria :

– Dites « cheesecake ».

Et tous répondirent en souriant.

Il apparut alors clairement qu'elle avait très envie de figurer elle-même sur la photo, alors Saoirse se vit confier l'appareil photo et chacun des participants tint un livre.

Après vingt bonnes minutes de sourires et de selfies, Adam annonça qu'ils devaient se remettre au travail.

– Mary et moi devons encore enfourner nos pâtisseries et, si nous voulons que les choses soient sur la table à temps, nous devons tous nous y mettre.

En agrandissant une photo pour s'assurer qu'elle était satisfaite de son apparence, Phil dit qu'elle serait là pour le déjeuner d'adieu.

Il y eut une ruée vers la cuisine, pour terminer les choses, et Lia retourna à son banc, consciente que, tout au long de l'effervescence des photos, Adam avait pris d'immenses précautions pour garder ses distances avec elle.

À un moment donné, Mary rompit en morceaux quatre miches de pain de soude parfaitement cuites et à la croûte craquante, produisant un délicieux parfum au fur et à mesure qu'elles se défaisaient.

– L'intérêt de faire une croix dans la pâte est de la briser ainsi sans devoir prendre un couteau.

Karen affirma qu'elle avait entendu dire que c'était pour laisser sortir les fées. Mary lui lança un regard fuyant.

– Eh bien, si tu veux faire des caprices, c'est ton affaire, mais quand tu arrives à mon âge et que tu as été placée en maison de retraite, tu as tendance à ignorer les légendes enfantines.

Elle apporta le pain à la table, demanda un pot de beurre et les plaça de part et d'autre des bols de salade de pommes de terre de Janice. Croisant les mains sur son tablier fleuri, elle annonça :

– Alors… C'est du bon pain. Pas une graine de carvi ni une tomate séchée en vue.

Croquants de cornichons, mouchetés de ciboulette et d'un blanc crémeux sous le persil vert haché, les trois saladiers entouraient une longue planche de bois sur laquelle Adam avait placé le saumon entier. Il avait conservé la tête et la queue et retiré la peau du corps, qu'il avait décoré de rubans de concombre et de brins de cresson, et servi avec des quartiers de citron et une sauce hollandaise. M. Maguire déclara qu'il s'agissait enfin d'une présentation Cordon Bleu classique et qu'il n'aurait pas pu l'améliorer lui-même. Voyant une lueur exaspérée dans les yeux de Declan, Adam s'empressa de leur demander à tous d'apporter leurs blinis.

– Travaillez à partir de la pièce maîtresse, s'il vous plaît, et disposez-les comme vous le souhaitez.

L'éventail de plateaux et d'assiettes témoignait d'une grande créativité et de succès variables. Tout le monde s'essaya courageusement aux plats brûlés de Darina, et M. Maguire accepta même l'un des blinis sucrés de Declan, sur lequel des myrtilles sur un lit de crème fraîche étaient enfermées dans de petites cages de sucre filé. Le déjeuner fut un mélange de rires, d'échanges de numéros de téléphone, de promesses de retrouvailles et d'exclamations sur la nourriture. La succulente tarte fut accompagnée d'un long discours de Phil, qui offrit à Adam une photo encadrée d'elle-même.

Après le café, pendant lequel Adam signa les livres, M. Maguire serra la main de tout le monde et partit en disant qu'il avait un rendez-vous important pour lequel il devait rentrer chez lui et se changer. Phil donna un coup de main à Saoirse pour débarrasser et charger le lave-vaisselle. La plupart des autres traînaient, voulant encore un selfie avec Adam, et cherchant à le coincer pour lui raconter l'histoire de leur vie. En observant la scène depuis l'arrière-plan, Lia remarqua qu'il avait à peine touché à son assiette. Lorsqu'il la vit détacher son tablier, il vint lui dire :

– Je dois retourner à Carrick avant quinze heures. J'ai un coup de fil avec mon agent.

– Oh ? D'accord.

– Tu veux que je te dépose ?

C'était étonnant, étant donné le soin qu'il avait mis à l'éviter tout à l'heure. Lia secoua la tête.

– Je vais passer à la librairie. Ils sont ouverts aujourd'hui et je veux acheter un cadeau.

– D'accord. Mais, Lia ?

– Quoi ?

– Tu pars pour Dublin demain soir ?

– Oui.

– Euh, j'ai pensé… ça m'est venu à l'esprit… Je veux dire, tu te souviens de ce que Hanna a dit le jour où nous étions à la bibliothèque ? À propos de la forêt de Fury ?

– Qu'il fallait que je la voie.

– En fait, ce qu'elle a dit, c'est que je devrais t'y emmener. Et tu as dit que c'était définitivement sur ta liste de choses à faire. Alors, si tu veux, nous pourrions y aller en voiture demain, et tu la verras avant de prendre ton train.

Pour un spectateur, cela n'aurait été qu'une invitation amicale, mais après sa nuit agitée et sa matinée tendue, Lia se retrouva à faire des sauts périlleux. Adam semblait aussi détendu qu'elle ne l'avait jamais vu, et le sourire qu'il lui adressa n'avait rien à voir avec le charme automatique qu'il avait affiché pour les caméras. C'était comme si elle avait imaginé toute l'angoisse à laquelle elle avait cru assister. Soudain, il lui vint à l'esprit qu'elle avait peut-être remis ses idées en place. Comme elle s'était réveillée paniquée par ce qui s'était passé la veille, avait-elle simplement projeté ses propres sentiments sur Adam ? Parce que si c'était le cas, avec Saoirse qui était de mauvaise humeur et Darina qui était Darina, il aurait pu hésiter à s'occuper d'une nouvelle névrose. Mais si c'était ça, qu'est-ce qui lui était arrivé ? Bon sang, elle était la personne la moins névrosée au monde.

– Lia ?

La voix d'Adam l'éloigna de ce qui lui semblait être un précipice béant, Lia cligna des yeux et dit :

– Oui ?

– Tu es partante ?

– Pour quoi ?

– Une promenade dans la forêt.

– Oui. Bien sûr, pourquoi pas ? Ça me plairait bien.

– D'accord, c'est bien.

En s'appuyant lourdement contre son établi alors qu'Adam s'éloignait, Lia se convainquit que cela prouvait sans l'ombre d'un doute qu'elle n'était pas névrosée. C'était une réponse amicale à une invitation détendue. C'était alléger les choses et aller dans le sens du courant.

CHAPITRE VINGT-CINQ

Bríd et Aideen remontèrent Sheep Street. Le givre avait créé un tracé argenté entre les dalles et, en se balançant à leurs mains, Ronan riait à la vue de son propre souffle qui faisait un nuage blanc dans l'air. Plusieurs des boutiques devant lesquelles ils passèrent étaient ouvertes et proposaient de bonnes affaires le dimanche, et une file de poussettes pliées se trouvait devant *Lissbeg Books*. Lorsqu'ils atteignirent la librairie, Bríd souleva Ronan pour lui montrer l'arbre à livres, mais il se tortilla et cria :

– Je veux voir Papa Noël dedans *maintenant*.

– Pour l'amour de Dieu, Bríd, pose-le avant qu'il ne défonce la fenêtre.

– Je vois que ta conception de l'éducation ne comprend pas l'attente de la récompense.

– Je te reparlerai de ça lorsque tu auras des enfants à ton tour.

À l'intérieur, Aideen posa Ronan sur ses épaules pour qu'il ait une vue au-dessus de la tête des adultes. La toile de fond de Fury était maintenant quadrillée de rubans de chantier noirs et jaunes. Devant elle se trouvait un fauteuil cramoisi partiellement drapé de vert. D'un côté, il y avait une bannière de *Lissbeg Books*. De l'autre, aussi rondouillard que le personnage qui était assis dans le fauteuil, se trouvait l'arbre de Diablo, auquel on avait suspendu des pommes de pin, des bâtons de cannelle et des guirlandes en papier. L'affiche temporaire de Fury avait été remplacée par des panneaux sur lesquels on pouvait lire « ACCÈS INTERDIT », « ACCÈS RESTREINT » et « LES LUTINS AU TRAVAIL », et une double rangée de cônes de signalisation ornés de guirlandes dorées faisait le tour de la boutique jusqu'à la chaise. Le mobilier du coin enfants de la librairie se trouvait maintenant parmi les déchets dans la cour, mais dans l'alcôve créée par la banderole, il y avait une table sur laquelle trônaient des paniers de pommes de pin, des bâtons de cannelle, des crayons de couleur dans des pots de confiture, des tubes de colle et des paquets de bandes de papier. Les yeux écarquillés, Ronan demanda ce que disaient les panneaux. On lui répondit :

– Que nous ne devons pas y aller. C'est l'atelier du Papa Noël.

– Où sont ses elfes ?

– Ils sont en train de travailler, alors nous devons nous tenir à l'écart.

Catherine, qui portait un bandeau cousu de clochettes et surmonté de bois de rennes, s'approcha pour lui dire bonjour.

– Nous avons un peu de retard dans la file d'attente du Père Noël. Veux-tu t'essayer à la fabrication d'une décoration de Noël ?

En poussant Bríd, Aideen dit :

– C'est l'un des plus gros avantages de ce Père Noël. Des choses pour occuper les enfants, afin que leurs parents ne deviennent pas fous.

Catherine rit.

– En toute honnêteté, cela signifie aussi que vous restez plus longtemps et que vous achèterez peut-être plus de livres !

– Nous avons ici un fan de livres d'images. Il est fou du Dr Seuss.

– Très bien, prends ton temps, et dis-moi si tu as des questions. Les classiques sont de ce côté. Les publications récentes des auteurs irlandais sont sur la table. Il y a d'excellents nouveaux livres pour sa tranche d'âge qui sont sortis cette année.

À la table, les enfants et les parents créaient des guirlandes en papier, tordaient des fils pour faire des boucles de suspension pour les pommes de pin et nouaient des rubans autour des bâtons de cannelle. Alors qu'Aideen emmenait Ronan les rejoindre et que Catherine retournait au comptoir, Lia entra, se faufila dans la foule et rejoignit Bríd.

– Oh, cet endroit est en pleine effervescence. Ai-je le droit d'entrer sans enfant ?

– Je suis ici avec ma carte de tatie honoraire, mais tu devrais pouvoir t'en passer.

– Je voudrais acheter un livre pour ma mère. Quelque chose avec des photos de l'Irlande.

– En particulier Finfarran ?

– Ou pas. Ma famille se laisse aller à la nostalgie générale de l'ancien temps. Montrez-nous une photo de champs verts, et nous serons heureux.

– Tes ancêtres étaient irlandais ?

– Il y a des générations. Grand-père est venu et a voyagé le long de la côte ouest à l'époque. Je pense qu'il cherchait des racines, mais il ne les a jamais trouvées. Pourtant, selon la légende familiale, il a acheté un vrai champ vert à un homme qu'il avait rencontré dans un pub.

– C'est vraiment cool.

– Cool, mais probablement fantasque. Grand-père était ce qu'on appelle poliment un personnage plus grand que nature.

En regardant les étagères, Lia dit :

– Regardez, l'*Irlande émeraude*. C'est le genre de choses que je cherche. Ou pourquoi pas *Paysages terrestres et marins irlandais* ?

– Ne sont-ils pas tous les deux un peu grands pour entrer dans tes bagages ?

– Bon point. Pourtant, Nan a eu une année pourrie. J'aimerais la faire sourire.

Derrière le comptoir, Ann, coiffée d'un bandeau en bois de cerf, avait pris la relève à la caisse. Tout en emballant les cadeaux et en discutant avec les gens de leurs achats, Catherine se surprit à jeter plusieurs fois un coup d'œil vers la porte. Au moment où elle glissait un marque-page dans un exemplaire du *Bonhomme de neige*, elle se rendit compte que, depuis l'ouverture de la boutique ce matin-là, elle n'avait cessé de guetter Stephen. Mais pourquoi s'intéresserait-il à un événement pour enfants ? Il n'y avait aucune raison de l'attendre, et il devait sûrement en avoir assez d'être mis à contribution chaque fois qu'il passait par là.

La veille, après l'avoir accompagnée pour aller chercher les livres à Carrick, il était resté pour aider à transformer la boutique pour la vente nocturne. Ensuite, lorsqu'ils avaient enlevé les décorations du solstice, il avait déplacé les bannières et tenu l'échelle pour Fury. Il était donc fort probable qu'il veuille s'occuper de ses propres affaires aujourd'hui. De plus, pensa Catherine, en arrivant à ce qu'elle avait délibérément évité, il avait probablement été refroidi par la phrase bizarre qu'elle avait dite dans la voiture la veille. Ils discutaient joyeusement de Samuel Beckett, et l'instant d'après, elle lui avait dit qu'elle n'aimait pas les relations à long terme. Stephen avait semblé ignorer sa déclaration. Peut-être ne l'avait-il pas vraiment entendue. Mais c'était trop espérer. Il avait probablement été déconcerté ou trop poli pour répondre.

En fronçant les sourcils, Catherine essaya de se souvenir de ce qui avait bien pu lui prendre. Il avait dit qu'il était difficile de trouver l'énergie nécessaire pour sortir seul. Se souvenant qu'il était veuf, elle avait enchaîné par une réponse facile. Et puis, sorti de nulle part, elle avait déclaré qu'elle n'avait pas de compagnon et avait répété qu'elle n'envisageait pas de relations sérieuses. Ce qui était parfaitement vrai. Elle avait aimé sa vie sur la route le temps qu'elle avait duré, et n'avait jamais voulu se sentir attachée. Mais comme c'était bizarre de l'annoncer à ce moment précis !

En grimaçant à cette idée, elle baissa les yeux sur ses mains et fut immédiatement ramenée au présent. Pourquoi venait-elle d'emballer le seul exemplaire du *Bonhomme de neige* dans un papier cadeau totalement inapproprié ? Alors qu'on lui avait demandé quelque chose qui ne soit pas féminin, elle avait pris une feuille de papier rose couverte de cœurs de couleur bonbon. Rougissant jusqu'à la racine des cheveux, elle dit :

– Je suis vraiment désolée. Je vais le changer.

La dame qui avait acheté le livre secoua la tête.

– Ne vous embêtez pas.

– Si, je vais le faire. Je dois le faire. Je suis vraiment désolée. Je n'étais pas concentrée.

– Ah, écoutez, c'est la semaine de Noël, on n'est pas tous là, à ne plus savoir où donner de la tête ? Ne vous inquiétez pas pour le papier. Je l'utiliserai pour l'un des cadeaux des autres enfants.

– Si vous êtes sûre.

– Bien sûr que oui. Vous ne nous offrez pas une visite gratuite du Père Noël, et tout le reste ?

Attrapant l'enfant à côté d'elle par la capuche de son anorak, la dame prit le livre et dit :

– Nous allons le voir maintenant. Ce petit bonhomme meurt d'envie de le voir, et on dirait que la foule s'éclaircit.

De l'autre côté de la toile de fond du Père Noël, Declan était arrivée avec une boîte de tarte. Fury et Terry étaient sur l'échelle, en train de fixer une plaque de plâtre. Angela essayait de mettre un bandeau à bois à Diablo, qui se plaignait bruyamment de la pression exercée sur ses oreilles. Elle regarda autour d'elle lorsque la porte arrière s'ouvrit et, oubliant ses bois, Diablo se précipita et s'assit avec impatience aux pieds de Declan. Fury plissa les yeux et dit :

– Quelque chose qui touche à la pâtisserie ?

– C'est la moitié d'une tarte qu'Adam nous a préparée pour le déjeuner. Il a dit que je pouvais te l'apporter si je le voulais.

– Est-ce que c'est bon ?

– Elle est vraiment fantastique.

– D'accord, nous la prendrons avec du thé. Nous avons besoin d'une pause une fois que ce forum sera en place. Fais chauffer la bouilloire et ne laisse pas le gars mettre son nez dans cette tarte.

La respiration bruyante, Ronan enroulait une ficelle écarlate autour d'une pomme de pin. Il tourna brusquement la tête et donna un coup de coude à Aideen.

– Les lutins font une pause.

– Quoi, mon amour ?

– Dans l'atelier du Papa Noël. Ils ont arrêté de taper sur les clous.

– Ah, ils vont probablement passer à autre chose dans une minute. As-tu fini ta décoration ? On va parler à Papa Noël maintenant ?

– Je peux emporter ma pomme de pin chez moi ?

– Tu peux, bien sûr. Catherine l'a dit.

– C'est dur de la faire tomber droit avec la ficelle.

– Je pense que c'est génial. Viens, et nous allons faire la queue pour voir le Papa Noël.

– Je peux y aller tout seul.

Il s'agissait d'une évolution récente pour Ronan qui, auparavant, avait tendance à être collant. Aideen fut heureuse de l'encourager :

– Tu peux, bien sûr. Je vais aller parler à Bríd. Tu pourras me faire un grand signe de la main quand tu arriveras auprès de Papa Noël.

L'air angélique, avec la pomme de pin qui pendait à sa main, Ronan trottina jusqu'à l'endroit où une file enthousiaste avançait le long de la route menant à la chaise du Père Noël. Tout en gardant le petit garçon dans son champ de vision, Aideen rejoignit Bríd et se présenta à Lia.

Bríd tenait l'*Irlande émeraude* en équilibre sur ses genoux.

– Lia cherche un cadeau de Noël pour sa mère. Qu'en penses-tu ? Les photos de ce livre sont superbes, mais l'autre contient des photos de la mer.

– Ton père vit-il au bord de la mer, Lia ?

– Non. C'est pour ça qu'elle pourrait choisir celui-ci. Mais mes parents vivent au bord de l'eau, alors quand elle déménagera pour être près d'eux, elle aura une vue sur l'océan.

– Dans ce cas, tu devrais peut-être opter pour celui-ci.

Dans la file d'attente à l'autre bout de la boutique, Ronan hésitait. Voyant que l'attention d'Aideen se portait sur le choix des livres, il se déplaça en crabe, s'aplatissant entre le mur et le bord des cache-poussière de Fury. Puis, il se glissa sans se faire remarquer dans l'espace qu'il avait créé et se retrouva de l'autre côté.

Declan, Angela, Fury et Terry, de gros morceaux de tarte à la main, étaient assis sur des seaux et des pots de peinture, se servant de la pile de plaques de plâtre comme d'une table. Autour d'eux, les lourdes bâches en plastique brillaient, comme s'ils étaient assis dans une grotte de glace. Accroupi près du mur, Ronan regardait fixement avec des yeux aussi larges que des soucoupes. Un tournevis électrique gisait sur le sol, avec une scie et des boîtes de clous et de vis. Fury avait un marteau qui dépassait de la poche de sa veste cirée. Declan avait un crayon derrière l'oreille et, à la grande joie de Ronan, Angela portait un tablier de cuir court avec des pinces à dénuder et des outils enfoncés dans ses poches. Entendant un souffle étouffé, Terry pivota sur son siège et, enchanté par la vue de ses oreilles décollées et de son bonnet de laine rouge, Ronan s'avança. Puis ses yeux s'écarquillèrent encore plus à la vue des bois de Diablo et, saisissant le genou de Fury, il dit :

– Tu as Max !

Cela n'avait aucun sens pour Fury, qui n'était pas très au fait des classiques pour enfants, mais, ayant élevé Declan et Angela, Terry acquiesça solennellement.

– Le Grinch était tellement désolé d'avoir gâché Noël qu'il envoie Max nous donner un coup de main chaque année.

– Est-ce que Max aime les tartes ?

– Oui. Et tu ne devrais pas être ici. Retourne dehors maintenant, et nous ne parlerons pas de toi au Papa Noël.

– Il ne va pas m'apporter de cadeaux s'il sait que je suis venu ici ?

– C'est un homme juste, mais je ne dirais pas qu'il serait heureux de le savoir.

Décidant que la meilleure réponse à cette situation était l'évitement, Ronan brandit sa pomme de pin.

– J'ai fait ça. C'est pour accrocher au sapin.

Fury déplia sa grande carcasse pour se lever et lui tendit la main.

– Laisse-la ici jusqu'à ce que j'y jette un coup d'œil.

– Elle ne pend pas droit.

– C'est parce que tu ne l'as pas centrée. Tu veux le faire ?

– Je veux quoi ?

– Tu veux qu'elle soit droite ou tu l'aimes telle qu'elle est ?

– Montre-moi comment je la rends droite.

Fury détordit la ficelle, la renoua et accrocha le cône à son doigt osseux.

En y réfléchissant, Ronan dit :

– Je l'aimais comme avant.

– D'accord. Nous la remettrons comme avant.

– Montre-moi encore une fois comment tu l'as réparée.

– Je ne l'ai pas réparée. Je l'ai juste faite différemment.

En se recroquevillant, Fury montra ce qu'il avait fait, avant de le défaire et de repositionner la ficelle. Il la rendit à Ronan en disant :

– Sais-tu que c'est Max qui a choisi l'arbre à côté duquel Papa Noël est assis ?

Ronan se retourna pour regarder Diablo, qui s'était perché sur le placoplâtre et mangeait en douce le morceau de tarte de Fury.

– Il l'a coupé ?

– Ne sois pas bête. C'est un chien. Il ne saurait pas comment soulever une hache. Non, il l'a choisi, je l'ai coupé et nous l'avons donné au libraire. Ta pomme de pin vient de la même forêt.

– Si tu donnes l'arbre au libraire, est-ce que je donne ma pomme de pin à l'arbre ?

– Je dirais que tu peux le faire.

Il y avait une accalmie au comptoir, Ann et Catherine étaient adossées au mur. Prenant soin d'avoir l'air décontractée, Ann dit :

– Aucun signe de Stephen aujourd'hui.

– Pourquoi passerait-il ?

– Je dis juste ça.

– Eh bien, ne le dis pas. Et rends-moi service, maman. Ne va pas annoncer à des étrangers de passage que j'ai besoin d'aide pour soulever des cartons.

– Quand est-ce que j'ai déjà fait ça ?

– Hier, quand tu l'as pratiquement forcé à me déposer à Carrick.

– Ne sois pas bête. Tout ce que j'ai dit, c'est que tu aurais besoin d'un coup de main.

– Eh bien, je n'en avais pas besoin. Et j'aurais pu me passer de toi quand tu m'as envoyée lui acheter son déjeuner.

– Quoi ? Quand ?

– La semaine dernière, lorsque nous sommes allés au *Café du jardin* pour récupérer les sandwichs.

– Oh, allez ! C'était de la politesse élémentaire. Il avait passé la matinée à décorer notre arbre.

Catherine balança la tête, faisant tinter les clochettes de ses bois.

– Oh, au diable ce misérable bandeau !

En le retirant, elle soupira.

– Désolé, maman. Je suis fatiguée. Je ne voulais pas m'en prendre à toi.

Ann lui tendit la main et la serra dans ses bras.

– Nous sommes toutes les deux fatiguées, mais prends un moment et regarde ce tas. Et n'oublie pas que tout cela n'existerait pas si des gens comme Stephen ne nous avaient pas donné un coup de main.

Catherine regarda la librairie bondée. Les clients parcouraient les rayons, lisaient des livres dans la file d'attente du Père Noël ou prenaient des nouvelles des membres de leur famille qui étaient rentrés pour les fêtes. Plusieurs pères de famille semblaient avoir pris possession de la table de bricolage, où ils s'amusaient avec de la colle et du papier. Les enfants récitaient des listes de cadeaux qu'ils espéraient recevoir, et la pile de prospectus pour le concert de chants de Noël diminuait régulièrement.

– Je ne dis pas que je n'aime pas Stephen.

En détournant le regard pour cacher un sourire, Ann dit :

– Tant mieux, parce que je l'aime bien aussi.

– Je pense simplement qu'il ne faut pas trop attendre des gens.

– Moi non plus, je ne l'ai jamais fait. Mais je pense que nous devrions être ouvertes à ce que la vie nous envoie. Certaines choses arrivent tout simplement et il vaut mieux les accueillir. Pense à la façon dont Fury nous est tombé dessus comme un tourbillon. Pense à Phil, qui te rendrait folle, mais qui nous a apporté plus de publicité que nous n'en avons jamais obtenu nous-mêmes. Pense à l'ennui, à l'exaspération et à la fiabilité de M. Maguire, qui apparaît chaque année en costume de Père Noël et avec sa barbe.

Trônant sur le fauteuil en costume écarlate et capuche garnie d'hermine, ceinture bouclée et barbe blanche ondulée,

M. Maguire regardait sévèrement par-dessus ses lunettes en demi-lune un enfant qui venait de lui dire que les Pères Noël de Carrick distribuaient des sacs de bonbons rétro.

– Je pense que tu verras qu'ils distribuent des sacs de confiseries synthétiques, pleines de polyols, de sirop de glucose et de protéines hautement transformées.

– C'est mieux que de débiter un tas de vieilleries sur les rennes volants.

– Je te suggère de retourner dans les rayons et de trouver un livre sur les principes de base de la nutrition avant de succomber à l'obésité dès l'adolescence.

CHAPITRE VINGT-SIX

L'esprit de Saoirse ne cessait de repasser la scène de la veille, lorsqu'elle était montée à l'étage et avait ouvert le sac à tricot de sa mère. Tout ce qui s'y était passé la mettait mal à l'aise. Sa lutte pour fermer la fermeture Éclair quand elle s'est accrochée aux aiguilles. La conversation gênante avec son père. Sa voix troublée alors qu'il se tenait dans l'embrasure de la porte, et la façon dont il avait dit que le respect de la vie privée et de l'espace des gens était important. Pour Saoirse, c'était comme s'il se le disait à lui-même en même temps qu'à elle. Et il y avait eu l'échange de regards au petit déjeuner. Et la colère de sa mère à propos du sandwich à la viande. Et la façon dont sa mère avait ri et dit à Hanna que son père n'était pas sophistiqué, comme si elle pensait qu'il était ennuyeux, ce qui n'était absolument pas le cas.

À chaque nouvelle pensée, Saoirse tournait les poupées d'inquiétude dans sa poche, espérant que le fait de les toucher la rassurerait. Au lieu de cela, cela lui rappelait qu'elle s'était réveillée dans l'obscurité, qu'elle s'était tortillée au pied de son lit pour attraper sa chaussette de Noël et qu'elle avait couru pieds nus jusqu'à la chambre de ses parents. Elle se dit que ce souvenir devrait la remplir d'impatience, mais l'anxiété prit le dessus, et tout ce qu'elle ressentait, c'était de la peur.

Quand les lave-vaisselle furent chargés, Phil dit qu'elle pouvait partir.

– Tu as fait un excellent travail tout au long du parcours, et j'espère que tu as passé un bon moment.

– C'était bien.

– Je sais qu'Adam a été impressionné. Si tu as besoin d'une référence plus tard, je suis sûre qu'il sera heureux de se porter garant pour toi.

Il y avait seulement une semaine, l'idée que le chef le plus cool puisse se porter garant pour elle aurait fait sautiller Saoirse d'excitation. Aujourd'hui, le monde semblait avoir perdu toute couleur, et la voix de Phil lui parvenait à travers un brouillard. Elle acquiesça, la remercia et, rangeant son tablier dans son sac, se blottit dans son manteau avant de quitter la cuisine. En marchant dans le couloir, elle entendit des chants de Noël et supposa qu'il devait s'agir de la troupe de Mary qui répétait pour son concert. De retour à la maison, les résidents de Garrybawn House étaient assis dans le salon, discutant des cadeaux et de leurs projets pour le jour de Noël. Ils s'étaient tous arrangés pour dîner en famille ou avec des amis, et Saoirse s'attendait à une journée où ses parents ne seraient pas sollicités autrement que pour couper d'autres gâteaux ou décider du film qu'ils allaient regarder en s'affalant sur le canapé. Elle avait imaginé discuter de leur prochain voyage à Londres, planifier ce que sa mère et elle porteraient au théâtre, et décider si elle devait emporter la dernière chemise de nuit envoyée par sa tante. Maintenant, elle n'était même pas sûre qu'elles arriveraient à l'aéroport, et l'idée d'un jour de Noël gênant et tendu lui donnait envie de pleurer.

Soudain, le couloir résonna de voix qui beuglaient :

– *Alléluia !*

Un sourire se dessina sur son visage, Saoirse se détendit un peu et se rappela que, lorsqu'elle était plus jeune, il y avait toutes sortes de bizarreries à l'approche de Noël. Ils fermaient les portes à la hâte, son père et sa mère chuchotaient dans les coins, et elle trouvait des achats de Noël empaquetés si elle entrait par hasard dans une pièce. Mais, comme l'avait dit son père lorsqu'il l'avait trouvée avec le sac de tricot, elle était bien trop âgée pour qu'ils fassent ce genre de choses maintenant.

Elle avait quitté le bâtiment et traversait le jardin des nonnes quand elle s'arrêta et fronça les sourcils. Son père n'avait pas dit ça du tout. Il lui avait dit qu'elle était trop âgée pour chercher des cadeaux cachés. Avec le recul, elle comprenait pourquoi il avait pensé que c'était ce qu'elle avait fait. Et cela aurait certainement été très bizarre. C'était donc son comportement, et non le sien, qui avait créé la gêne ? En fait, maintenant qu'elle y pensait, qu'est-ce que le pull-over prouvait ?

Arrivée à la fontaine, elle s'assit pour réfléchir. Avait-elle fait tout un flan à partir de rien ? Sa mère travaillait d'arrache-pied pour que les habitants de Garrybawn passent un joyeux Noël. Se pourrait-il qu'elle soit brusque simplement parce qu'elle était fatiguée ? En regardant l'eau s'écouler des fleurs de pierre de la fontaine, Saoirse se demanda si l'excitation du cours d'Adam n'avait pas perturbé son propre sens de l'équilibre. *Ou peut-être*, se dit-elle, *que tout le monde était trop excité à Noël, avec toutes ces publicités montrant des familles parfaites et souriantes, où personne n'est de mauvaise humeur, ne boude ou n'est frappé par un rhume qui le fait éternuer sur ses choux de Bruxelles.*

C'est à ce moment-là qu'elle se souvint qu'elle avait l'intention d'aller à Carrick pour dépenser une partie de l'argent qu'elle avait gagné pendant le cours. En jetant un coup d'œil à son téléphone, elle vit que le bus arrivait à l'heure prévue. Elle l'attrapa avec quelques secondes d'avance et, s'enfonçant dans le siège avant, elle se convainquit qu'elle avait fait toute une montagne de rien du tout. Pour la première fois de sa vie, elle avait beaucoup d'argent à dépenser en cadeaux de Noël, alors pourquoi ne pas se détendre et en profiter ? Elle décida de chercher une bouteille du parfum préféré de sa mère, de trouver quelque chose pour son père, puis de passer au café où ses amis de Carrick avaient l'habitude de se retrouver. Il y avait de fortes chances que certains d'entre eux soient là, en train de bavarder et de boire des mokas, et ils pourraient prendre des nouvelles les uns des autres. Ils n'avaient jamais perdu le contact, mais leur compagnie quotidienne lui manquait. De plus, elle leur avait envoyé un texto lorsqu'elle avait obtenu le poste de chef le plus cool, et elle savait qu'ils mouraient d'envie d'entendre comment Adam était dans la vraie vie.

Son grand magasin préféré avait bien le parfum et, à l'étage suivant, elle trouva une paire d'oreillettes haut de gamme pour son père. En faisant pivoter les sacs, Saoirse quitta le magasin par l'entrée du centre commercial et prit l'escalator jusqu'au café. Comme elle l'avait espéré, un groupe de ses amis était assis à une table en vitrine, en train de discuter, d'envoyer des messages et de se montrer les uns aux autres les cadeaux de Noël qu'ils avaient achetés. Le groupe la prit dans ses bras et Saoirse devint le centre d'attention.

Il y eut des cris, des soupirs envieux et des questions, et pendant qu'ils parlaient et buvaient des mokas à la guimauve, quelqu'un téléchargea une vidéo TikTok légendée « Rencontre avec le chef le plus cool!!! ». En riant, Saoirse se pencha en avant pour regarder et, à travers la fenêtre, vit deux silhouettes sur un banc de l'autre côté du centre commercial. Une main froide sembla saisir son cœur et sa gorge se serra d'horreur. Les voix autour d'elle semblaient s'éloigner et tout ce qu'elle pouvait entendre, c'étaient les questions qui se bousculaient dans sa propre tête. Qu'est-ce que sa mère faisait ici, à Carrick, avec l'un des types avec qui elle s'était liée d'amitié à l'hôpital ? Un infirmier grand et beau, appelé James, qui venait parfois chez eux le week-end, avec des bouteilles de vin et, à l'occasion, des bouquets de fleurs. Un type dont ils avaient l'habitude de rire parce que son père l'avait toujours appelé « le prétendant chic de ta mère ».

Dans sa chambre d'hôtel, Adam décrocha le téléphone.

– Bonjour, Dom.

– Comment s'est passée ta dernière matinée à Bally-Je-reviens-en-arrière ?

– On peut passer rapidement à autre chose que ce que tu penses être de l'humour ?

– Ma grand-tante venait de Bally-Pas-loin. J'ai le droit de faire des blagues irlandaises.

– Tu ne l'as pas vraiment.

– Tu parles d'un sujet sensible !

– Bon alors, de quoi s'agit-il ?

– Voici l'histoire, Adam, et c'est une bonne histoire. La société Le Chef le plus cool a conclu un accord avec Amazon, et le budget initial est prévu pour deux séries. Et tu ne seras pas seulement le beau gosse. Je t'ai obtenu d'être crédité comme producteur.

– Je déteste te le rappeler sans cesse, Dom, mais je ne suis pas un beau gosse. Je suis un chef cuisinier compétent et hautement qualifié.

– Peu importe. D'accord, en fin de compte. Avec le rôle de producteur, tes honoraires ont plus que doublé. Ils ne voudront pas de toi dans les réunions, donc c'est de l'argent facilement gagné. En plus, j'ai noté voyages en première classe et hôtels cinq étoiles.

– Ont-ils établi le sujet de la série ?

– Boh... la nourriture. Tu es un chef cuisinier, tu te souviens ?

Adam prit une grande inspiration.

– Je sais que ça va concerner le chef le plus cool. Mais ce sera quoi exactement ?

– On peut se concentrer sur ce que je te disais ?

– Est-ce qu'on y parlera de cuisine locale ? De quelle région s'agit-il ? Je vais rendre visite à des agriculteurs ? Des entrepreneurs ? De quoi s'agit-il ?

La voix de Dom contenait une note d'irritation réprimée.

– Son contenu dépendra du budget.

– Tu as dit que le budget était confirmé.

– D'accord, laisse-moi t'expliquer. Ils trouveront des endroits qui rendent bien à l'écran et qui veulent donner un coup de boost à leur tourisme. Ils détermineront le montant que les administrations concernées sont prêtes à débourser pour améliorer leur visibilité. Et la décision concernant l'emplacement sera basée sur l'option la plus attrayante proposée.

– Je n'entends toujours pas de quoi va parler la série.

– Tu es crédité en tant que producteur, Adam. Tu auras ton mot à dire.

– Bien sûr. Dans toutes les réunions auxquelles je ne participerai pas.

– Tu n'as pas envie d'aller chez eux. Ils ne feront que parler de choses sérieuses.

Adam se rendit compte qu'il faisait les cent pas. Il s'assit sur le lit, se sentit vulnérable et se dirigea vers un fauteuil en cuir.

– Ton mail disait qu'ils me voulaient corps et âme pour quelques années.

– Enfin, tu as rattrapé ton retard ! Deux séries, Adam. Deux bonnes années. De l'argent garanti. Tes pieds sous la table d'Amazon. Plus un pourcentage sur les produits dérivés. Est-ce que je l'ai mentionné ? Non, je ne l'ai pas fait, parce que tu continues à m'interrompre alors que tu devrais être à genoux en train de remercier Dieu. Tu devrais aussi me remercier, mais personne ne remercie son agent. Ne t'embête pas à t'excuser. Je me contenterai de ma part.

– Merci.

– Je t'en prie. Oh, et Adam ?

– Oui ?

– J'ai besoin de cette biographie étoffée juste après Noël. Invente-la s'il le faut, mais fais en sorte qu'elle soit bonne.

Après la journée pour les enfants, Lia, Aideen et Bríd se promenèrent dans Sheep Street. En sautant entre elles, Ronan annonça qu'il avait donné sa pomme de pin au sapin de la librairie.

– Je l'ai accrochée à une branche. C'est l'arbre de Max, en fait. Max l'a donné à Papa Noël. C'est l'elfe qui l'a donné, mais c'est Max qui l'a choisi. Le Grinch laisse Max aider les lutins à Noël. Il mange de la tarte.

Aideen le regarda avec tendresse.

– C'est vrai ? Tu devras tout raconter à papa.

Reconnaissant l'indulgence des adultes, Ronan s'immobilisa et lui lança un regard noir.

– De la tarte aux canneberges. Max avait deux bois, et pas un seul. Comme la dame de la librairie. Tu les trouves à l'*Euro Shop*.

Tiraillé entre le désir d'être cru et la certitude d'être allé là où il ne fallait pas, sa lèvre inférieure commença à vaciller. Aideen le prit dans ses bras et lui dit :

– Il est fatigué, n'est-ce pas, mon chou ? Nous allons rentrer à la maison, Bríd. J'ai été ravie de te rencontrer, Lia.

– Moi aussi.

– J'espère que nous nous reverrons.

– Avec plaisir.

Alors qu'Aideen emportait Ronan, Bríd regarda Lia.

– Il a vraiment une imagination débordante. Si jamais j'ai des enfants, je leur achèterai des livres.

Elles poursuivirent leur promenade et atteignirent Broad Street, où le jardin des nonnes était illuminé par des lumières scintillantes. Les vitraux jetaient des lances de couleur sur les parterres d'herbes aromatiques dans lesquels le laurier, le thym et le romarin verdissaient encore. Lia dit :

– Je pense que je vais aller attendre mon bus sur l'un des bancs du jardin.

– Le prochain bus pour Carrick n'est pas prévu avant longtemps.

– S'il fait froid, j'irai boire un verre.

– Il fait pratiquement froid maintenant. Pourquoi ne pas aller manger une pizza avec toi ? Il y a un endroit juste à côté de l'arrêt de bus.

– Tu n'as pas encore de projets ?

– Je n'ai même pas grand-chose dans mon réfrigérateur. Aideen a un mari et Ronan à nourrir. Je finis toujours par grignoter des crackers à minuit. Allez, viens. C'est moi qui régale. Je ne t'ai jamais remerciée comme il se doit d'être mon chauffeur-livreur.

Autour de quelques verres de vin et d'un plat de pizza à partager, Lia lui demanda :

– Tu as dit que le mari d'Aideen cultivait des produits pour ton café ?

– Conor s'occupe des cultures – c'est la ferme de sa famille. Aideen s'occupe de l'administration et aide à la culture maraîchère. Ils approvisionnent les magasins et les entreprises, et ils s'efforcent de rendre leur exploitation entièrement biologique. Et Conor n'abandonnerait jamais son troupeau de vaches laitières. Son père et son grand-père l'ont élevé, les vaches sont donc pratiquement de la famille.

– Je trouve ça cool qu'ils puissent en vivre.

– Ici, on ne peut pas vivre de l'agriculture sans diversification. Aideen et Conor font aussi des livraisons hebdomadaires de boîtes de légumes. Il fut un temps où ils n'étaient pas sûrs de pouvoir se maintenir à flot, mais cela a fonctionné jusqu'à présent.

– Tout ce que vous vendez est donc biologique ?

– Pas tout. Mais nous sommes sur la bonne voie.

Bríd prit une bouchée de pizza.

– Oh, c'est bon. J'étais affamée. Désolée, est-ce que j'ai dit des bêtises ? Je devrais vraiment avoir d'autres sujets de conversation que le travail.

– Mais ce n'est pas que du travail, n'est-ce pas ? On dirait que c'est ce qui te rend heureuse.

Bríd sourit.

– C'est vrai. Nous vendons aussi du miel et du fromage de chèvre locaux, et l'un de nos fournisseurs récolte des algues et du sel marin, des produits incroyablement sains, qui se vendent comme des petits pains. Ils utilisent des emballages biodégradables. Conor et Aideen font de même. Et Conor envisage de vendre des yaourts et du lait dans des bouteilles en verre.

– C'est le genre de choses dont Adam parlait pendant le cours.

– C'était bien ?

– Oui. Il en va de même pour la région. J'ai l'impression de ne pas avoir vu la moitié de ce qu'il y a ici.

– Quand est-ce que tu pars ?

– Demain soir. Je me suis dit que les trains pour Dublin seraient bondés la veille de Noël.

Bríd prit une olive sur sa pizza.

– En fait, c'est faux. La moitié des personnes qui travaillent à Dublin ont de la famille à la campagne. Les trains qui montent là-bas la veille de Noël sont donc vides. Ce sont ceux qui descendent qui sont pleins à craquer.

– Vraiment ?

– Oui. Tu pourrais rester un jour de plus et rentrer tranquillement.

LUNDI

23 décembre

CHAPITRE VINGT-SEPT

La neige était tombée pendant la nuit. Sur les montagnes de Finfarran, elle s'étendait sur soixante centimètres d'épaisseur. Dans les champs des hautes terres, les moutons se blottissaient contre les murs tandis que les tracteurs apportant le fourrage se faufilaient sur les routes étroites. À Lissbeg, le soleil d'hiver avait fait fondre une grande partie de la neige tombée, mais sur les falaises, un vent violent ratissait les herbes courtes, et l'écume au bord des vagues sur les plages crépitait sous les pieds. Entre l'épine dorsale de la péninsule et ses falaises méridionales s'étendait la forêt de Fury, où des flocons blancs enveloppaient les conifères et s'accrochaient au côté exposé au vent des marronniers et des chênes. Mais peu de neige avait pénétré jusqu'au sol de la forêt. Là, tombant entre les branches enchevêtrées, la lumière du soleil dessinait des motifs de clarté et d'obscurité sur les aiguilles de pin, les feuilles mortes et la terre friable.

À deux jours du shopping de Noël, les lumières scintillantes de Lissbeg semblaient briller encore plus fort et le rythme de tout s'accélérait. À onze heures, le bus s'arrêta devant la boucherie *Fitzgerald's* et Mary en descendit, serrant un sac en toile cirée. La vitrine était remplie de tartes levées marquées « Porc », « Gibier », « Poulet et abricot », et des panneaux imprimés indiquaient « Bacon de porc nourri à l'orge » et « Spécialité de bœuf épicé ». En jouant des coudes pour éviter la file d'attente qui s'étendait de la porte jusqu'au trottoir, Mary entra et demanda :

– Des, est-elle au-dessus dans l'appartement ?

De derrière le comptoir, Des cria :

– Elle l'est, madame Casey. Elle m'a dit de vous dire qu'elle descendrait dans une minute.

En se retournant, Mary entra en collision avec le sapin de Noël, qui se tenait au pied de l'escalier, festonné de guirlandes en papier crépon, avec des paquets de farce à la sauge et à l'oignon en équilibre entre ses branches.

– Bon sang, Des, ne pourrais-tu pas trouver un meilleur endroit pour tout cela ?

– Nous l'avions de l'autre côté, madame Casey, mais une nouvelle gamme de moutarde est arrivée, et nous avions besoin d'espace. Vous auriez dû voir la taille du premier sapin que Fury a essayé de nous donner. La pauvre Mme Fitz aurait été coincée à l'étage jusqu'aux douze coups de minuit du réveillon.

Lorsque Pat descendit, Mary et elle se mirent en chemin pour le *Café du jardin*, en se dirigeant de l'autre côté de la rue. C'était plein de clients qui prenaient leur café le matin et, s'installant à une table près de la fenêtre, Pat dit qu'elle pensait s'offrir un café au lait. Les yeux de Mary s'écarquillèrent d'horreur.

– Pat Fitz, es-tu complètement folle ? La caféine ratatine tes cordes vocales et draine ton sang.

– Est-ce que c'est un fait avéré ? Je ferais mieux de prendre du thé.

– Ah, pour l'amour de Dieu, le thé n'est que de la caféine. Rien d'autre que de l'eau de source ne doit franchir tes lèvres jusqu'à la fin du concert.

– Je suppose que je ne peux pas non plus manger un muffin au chocolat ?

– Tu le fais exprès ? Tu sais très bien que le poids de la caféine dans le chocolat est désastreux.

Pat dit doucement qu'elle supposait qu'elle pouvait demander si Bríd avait un biscuit Marietta.

– Joan Sutherland n'a jamais touché à quoi que ce soit contenant de la farine avant de chanter. Il fallait douze heures d'affilée de noix non salées avant que cette femme n'ouvre même son bec.

– Des noix ? Eh bien, c'est toi qui es fichue.

– J'ai une technique vocale qui me permet d'étendre ma tessiture.

Pat adressa un sourire serein à une serveuse qui s'agitait.

– Nous prendrons deux lattes, s'il vous plaît, et une assiette de vos mini-muffins au chocolat. Mais apparemment, la caféine draine le sang, alors pouvez-vous vous préparer à nous appeler une ambulance ?

À l'arrière de la quincaillerie *Tintawn Terry's*, Declan chargeait des dalles de moquette dans la camionnette de Terry. En claquant la porte métallique de l'entrepôt, Terry vint le rejoindre, frappant ses mains l'une contre l'autre pour que ses doigts retrouvent leur sensibilité.

– D'accord. Allons-y. Fury a déjà récupéré le plâtre chez Shamie. Ils doivent se faire de l'argent là-bas. Ils pourraient presque ne pas se donner la peine d'ouvrir pendant la semaine de Noël.

– En toute justice, papa, Shamie est un marchand de matériaux de construction, et il n'y aura pas beaucoup de constructeurs qui travailleront aujourd'hui.

– Ah, mais, regarde, ses décorations sont déjà en bas.

Fury dit qu'au moment où il était passé pour l'enduit, le sapin qu'il leur avait apporté était jeté à côté des poubelles.

– C'est lamentable, mais les gens sont comme ça de nos jours.

En pensant à l'arbre placé à l'extérieur de la quincaillerie, sur lequel était accroché tout ce que Terry vendait, des éplucheurs de pommes de terre aux pièges à souris, Declan sourit.

– Pas tout le monde, loin de là.

– Eh bien, Fury a fait trop de choses au fil des ans pour Finfarran pour qu'on le traite avec ce genre de manque de respect.

En fronçant les sourcils, Declan demanda :

– Tu dirais qu'il va bien ces jours-ci, papa ?

– Que veux-tu dire par là ?

– Je ne l'avais pas vu depuis des lustres, et hier j'ai trouvé qu'il avait l'air secoué. Comme s'il avait eu un coup, ou que sa santé n'était pas très bonne, ou quelque chose comme ça.

– Rien ne l'arrête pour monter et descendre les échelles.

– Je ne veux pas dire qu'il n'est pas en mesure de travailler. J'ai juste pensé que quelque chose avait peut-être mal tourné.

– Il ne m'a rien dit.

– C'est sans doute simplement qu'il vieillit.

– Ah, bien sûr, c'est ce que nous faisons tous, mon fils. Ça t'arrivera même à toi, si tu vis assez longtemps.

Saoirse était blottie sous sa couette, se remémorant la vue de sa mère et de l'homme fantaisiste, James. À l'époque, les voix de ses amis avaient semblé s'éloigner, mais elles lui revenaient maintenant, stupéfaites, narquoises, envieuses et excitées, alors qu'ils faisaient circuler les photos sur son téléphone.

– Je veux dire, ouah, le chef le plus cool en personne, et elle a pu être là et travailler avec lui.

– Elle faisait la vaisselle.

– Elle a pu se tenir à ses côtés pour un selfie. Comme c'est cool !

– Ah oui, et maintenant c'est son meilleur ami ?

– Tu ne peux pas être encore plus jalouse ?

– Je ne suis pas jalouse !

– Tu l'es. Et elle ne s'est pas contentée de faire la vaisselle. Regarde les photos. Elle a mis la main à la pâte.

– Est-ce qu'il a aussi les mains baladeuses ?

– *Tais-toi*, tu es dégoûtante.

– Oh, s'il te plaît. C'est une star. Tout le monde sait comment elles sont.

Sa mère et James, l'homme fantaisiste, avaient ri. Ils n'étaient pas en train de se bécoter, ni même de se toucher. Ils n'étaient pas en train de rôder ni d'avoir l'air coupable. Ils étaient assis sur un banc en plein jour. Mais ils étaient vraiment détendus. Intimes. C'était ça. Détendus et intimes, sans être agressifs ni nerveux. Pas comme ses parents depuis des semaines. Alors qu'elle les regardait, Saoirse entendit un cri et vit son téléphone passer, manquant de peu un moka à la guimauve. Furieuse, elle l'avait attrapé et, lorsqu'elle s'était retournée, les personnages sur le banc avaient disparu.

Maintenant, assise, le menton sur les genoux, elle fixait le mur de sa chambre. Aurait-elle pu imaginer ce couple intime et détendu ? Avaient-ils vraiment été là ? Pendant une minute, l'idée était suffisamment effrayante pour qu'elle se demande si elle n'avait pas besoin d'un médecin. Parce qu'avoir des hallucinations, c'était vraiment bizarre. Mais en cherchant ses poupées d'inquiétude sous l'oreiller, elle se dit qu'elle savait ce qu'elle avait vu. Ce n'était pas une hallucination. Maman était à Carrick avec James, l'homme fantaisiste. La question était de savoir pourquoi.

Dans l'appartement situé au-dessus de la librairie, Ann regardait Catherine.

– C'est incroyable de penser que, dès ce soir, nous aurons à nouveau notre librairie.

– La sous-couche sera faite, mais on ne pourra pas la peindre avant Noël.

– Mais ça rendra bien, et Declan a promis de venir faire la peinture. Ce que j'ai du mal à croire, c'est que le sol sera terminé à temps pour le concert de chants de Noël de demain.

Catherine rit.

– Je ne doute plus des promesses de Fury.

Ann se leva et dit qu'elle devait aller s'habiller.

– Les garçons devraient arriver d'une minute à l'autre. Angela a des courses de Noël à faire ce matin, mais elle passera cet après-midi pour vérifier l'éclairage.

– J'ai demandé à Fury ce qu'il voulait pour le paiement. Il a dit qu'ils factureraient quand le travail serait terminé. Tu ne penses pas qu'un livre pour chacun d'entre eux, en guise de cadeau de Noël, serait une bonne chose maintenant ?

– C'est ce que nous allons faire. Remarque, je ne suis pas sûre que Diablo lise. Il pourrait avoir un roman graphique.

– Tu découvriras sans doute qu'il ne se contente pas de lire, il publie sous un pseudonyme.

– Des romances ?

– Il s'agit plus probablement d'études sur la gestion du temps. J'ai toujours soupçonné que c'était lui qui s'occupait de l'emploi du temps de Fury.

Évitant un bus bondé qui se rendait à Carrick, Fury fit tourner sa camionnette sur la route de Lissbeg. Diablo, qui s'était réveillé tôt et s'était débarrassé de plusieurs souris, somnolait confortablement sur le siège passager. Sur la route, Lia, couverte d'une écharpe et coiffée de son bonnet à pompon, marchait à grands pas, les bras croisés sur sa poitrine. En s'arrêtant à côté d'elle, Fury se pencha et dit :

– Matinée froide.

– Mais c'est très beau.

– Tu veux qu'on te dépose ?

– Non, ça va, merci, Fury. Il y a un chemin vers la plage quelque part ici, n'est-ce pas ? J'ai demandé au chauffeur de bus de me déposer.

– Deux barrières de champ se trouvent sur la droite. Il y a un sentier qui te mènera directement à la plage.

Diablo, qui s'était redressé, se jeta sur les genoux de Fury et passa le nez par la fenêtre. En chatouillant les moustaches de Diablo, Lia demanda à Fury :

– Comment va le boîtier de la batterie ?

– Il ne t'est pas venu à l'esprit, je suppose, que j'aurais pu aimer ce bruit de hochet ? J'espère que tu n'es pas là à attendre des remerciements.

Lia éclata de rire.

– Pas un seul instant. Et je ne m'attends pas non plus à ce que l'enfer gèle. J'ai grandi avec un grand-père comme toi.

– Un vieux grincheux ?

– La famille l'appelait « un personnage ». Il aimait jouer avec ce nom.

Lia enleva son gant pour gratter Diablo derrière les oreilles.

– À son enterrement, ma mère a dit que c'était un homme qui n'avait jamais cessé de chasser les arcs-en-ciel.

– Ce n'est pas une mauvaise chose à leur faire dire quand tu es parti.

– Chaque année, il disait qu'il nous emmènerait tous en Irlande. Puis il décidait d'aller chercher de l'or ou d'apprendre le piano à la place.

– A-t-il trouvé de l'or ?

– Bien sûr que non. Il n'a jamais appris à jouer du piano non plus.

– Alors, qu'est-ce qu'il faisait dans la vie ?

– De la construction. Il se débrouillait bien. Il était greffier.

Lia lissa les poils crépus entre les yeux de Diablo.

– J'aurais aimé lui parler de ma venue ici. La ville, le jardin des nonnes et les gens. Et le psautier, et les paysages incroyables.

– Tu t'es bien amusée, alors.

Elle remit son gant.

– Mais il y a tant de choses que je n'ai pas vues. La plage était sur ma liste de choses à faire. C'est pourquoi j'y vais ce matin. Je vais me promener avec Adam cet après-midi.

– Voyez-moi ça ?

En inclinant la tête vers elle, Fury demanda :

– Alors, quand nous quittes-tu ?

– J'avais un billet pour le train de ce soir à destination de Dublin, mais je l'ai changé pour demain.

– Des affaires inachevées ?

– J'ai découvert que je pouvais le faire, alors je l'ai fait, c'est tout.

Fury prit une cigarette derrière son oreille et tendit une allumette.

– Tu devrais rester sur les sentiers de la forêt. Il est facile de se perdre. Mais il arrive souvent qu'on en trouve un meilleur.

Offrant à Lia un sourire neutre, il craqua l'allumette et approcha la flamme de sa cigarette.

– Bon, je ferais mieux d'y aller, dit Lia. À plus tard, Diablo. Ravie de t'avoir rencontré, Fury.

Déposant un baiser sur la tête de Diablo, elle s'élança sur la route devant eux, s'arrêtant pour les saluer alors qu'ils passaient et disparaissaient au détour d'un virage.

Fury jeta à Diablo un regard en biais à travers le nuage de fumée dans la cabine.

– Je ne ferais pas trop de cas de ce baiser, si tu ne veux pas avoir le cœur brisé. Elle ne l'a pas encore admis, mais cette fille est amoureuse.

Prenant distraitement un deuxième muffin au chocolat, Mary suggéra qu'elles commandent une autre tournée de café.

– Alors, dis-moi, tu vas encore passer Noël avec ton Frankie ?

– Ah, Mary, ne commence pas. Tu en parles chaque année.

– Si je le fais, c'est pour ton bien.

D'un air contrarié, Mary poussa les muffins vers elle.

– Tout ce que je dis, c'est que si mon fils était une brute inutile, je ne partagerais pas mon repas de Noël avec lui.

– Il est ma seule famille à la maison, Mary.

– Et c'est bien là le problème, n'est-ce pas ? Il a fait en sorte, à la mort de son père, que tes deux autres garçons ne reviennent pas de l'étranger pour lui mettre des bâtons dans les roues.

– Ce n'était pas si simple. Ils ont une vie bien remplie au Canada.

– La vérité, c'est que Frankie a malmené ton pauvre mari jusque dans sa tombe. C'est un mauvais bougre. Regarde-le, il se balade avec sa grande maison et sa grosse voiture. Et regarde-toi, toi qui continues à faire tourner l'entreprise à ton âge.

– Ce n'est pas vrai.

– Ah, ne me contrarie pas ! Frankie est bien content d'empocher les recettes, mais c'est toi qui vis dans l'appartement, qui t'occupes des comptes et qui gardes la porte ouverte. Bien sûr, Frankie ne passe jamais te voir. Le fait est qu'il a honte d'être sorti d'une boucherie.

Étant allée plus loin qu'elle ne l'avait prévu, Mary se rassit et serra ses lèvres.

– Voilà ! Je suis désolée si je t'ai contrariée.

– Toi aussi, tu dis ça chaque année.

– Si tu avais un peu de bon sens, je n'aurais pas à le faire.

Après un silence tendu, Pat changea de sujet.

– Tu vas dîner chez Hanna, je suppose ?

– Oui. Nous ne serons que tous les trois cette année. Jazz est à Londres.

– Brian est passé l'autre jour pour acheter du bœuf épicé.

– Ah non, il n'a pas fait ça ?

– Qu'est-ce qui ne va pas avec mon bœuf épicé ?

– Sans vouloir t'offenser, Pat, ce n'est pas le bœuf. C'est ta recette. Je ne peux pas, le genièvre, et tu ne mets jamais assez de sucre.

– Mary Casey, cette recette était la spécialité de mon pauvre Ger !

– Je n'aime pas dire du mal des morts, mais tout ce que je peux dire, c'est que cet homme n'avait aucun goût. Il ne voyait pas que son fils aîné était un hypocrite et n'avait aucune idée de la façon d'épicer le bœuf.

CHAPITRE VINGT-HUIT

La première pensée d'Adam lorsqu'il se réveilla le lundi fut qu'il avait dû rêver. Il ne semblait pas possible qu'il ait simplement marché et demandé à Lia si elle voulait venir se promener dans la forêt. Et pourtant, il l'avait fait et, malgré la façon dont il s'était comporté auparavant, elle avait dit oui. Ils allaient donc pouvoir passer la matinée ensemble, et c'était sûrement un autre signe que le destin était de son côté ? Sautant du lit, il se doucha, s'habilla et prit l'ascenseur pour descendre à la réception, s'attendant à la trouver au petit déjeuner, mais elle n'était pas là.

En se détournant, il aperçoit Wayne, le réceptionniste, qui lui fit la moue.

– Monsieur Rashid, j'ai un mot pour vous.

C'est avec un sentiment d'impuissance qu'Adam se dirigea vers la réception. Lia avait dû changer d'avis, et qui pouvait le lui reprocher ? Après tout, il avait passé toute la matinée à garder ses distances et, au dernier moment, il était apparu à ses côtés pour lui proposer une promenade. Elle avait dû se dire qu'il était vraiment bizarre. Elle n'avait probablement dit oui que parce qu'elle voulait absolument s'enfuir. Il prit la note, remercia Wayne d'un signe de tête et se retira à l'étage, ne se décidant pas à la regarder avant d'être en sécurité dans sa chambre. Il dut alors la lire deux fois avant de pouvoir en assimiler le contenu.

« J'ai décidé de rester jusqu'à demain et j'ai donc changé mon billet de train. Je suis allée à Lissbeg ce matin pour communier avec l'Atlantique sauvage. Je te retrouve à l'abreuvoir à quinze heures pour notre promenade ? »

Adam s'assit sur le bord de son lit en se demandant quelle serait la réponse s'il appelait le service d'étage et commandait un double brandy pour le petit déjeuner. Mais comme, s'il le faisait, l'histoire risquait de se retrouver sur les réseaux sociaux, il appela et commanda des croissants et du café. Lorsque le plateau arriva, il était assis avec son ordinateur portable sur les genoux, tuant le temps en se concentrant sur son travail avant de partir pour Lissbeg.

En parcourant ses notifications, il pouvait voir son livre monter en flèche dans les classements, même si personne ne semblait le saluer comme un livre engagé. Ce n'était pas surprenant, étant donné la formulation de la couverture, mais sachant à quel point son groupe à Lissbeg avait réagi à sa vision, il aurait aimé avoir davantage son mot à dire sur la façon dont le livre l'avait présenté. Il consulta ses réseaux sociaux, qui étaient inondés d'éloges enthousiastes de la part de Darina. Puis, en serrant les dents, il ouvrit un document vierge et tapa « Bio ». Il fallait qu'il trouve rapidement quelque chose, sinon l'enfer se déchaînerait après Noël, lorsque Dom reviendrait au bureau.

Une demi-heure et un pot entier de café plus tard, il fixait toujours une page blanche. Il savait ce qu'il fallait. Une histoire de chiffonniers, pas trop sombre, mais suffisamment menaçante et de préférence avec une touche d'exotisme pour ce que Dom appelait « l'histoire de l'homme » : « une identité de marque instantanée ». Ce qui était fou, c'est que l'histoire qu'il retenait cochait toutes les cases de la liste. Le problème, c'est qu'il savait aussi exactement ce qui se passerait s'il la racontait.

Instinctivement, une fois sorti de la rue, il n'avait parlé à personne de ce qui s'était passé après la mort de son père. En fait, il ne voulait pas y penser, mais il ne voulait pas non plus faire peur aux employeurs. Plus tard, lorsqu'il avait remporté le titre de chef le plus cool, il avait remercié sa bonne étoile d'avoir gardé le silence. Les chroniqueurs de potins et les émissions télévisées du matin aimaient que chaque histoire de réussite soit accompagnée d'une part de risque, alors si Dom avait été au courant de son passé, il l'aurait servi avec brio. Et maintenant, avec la perspective de toucher un marché mondial, les enjeux étaient plus importants. C'est pourquoi Dom était à la recherche d'appâts à clics.

En gémissant, Adam appuya sur Supprimer et essaya de recommencer. La tâche qu'on lui avait confiée le consternait, et le fait de savoir que ce qu'il écrivait pour Dom serait retravaillé par une équipe de marketing ne faisait qu'empirer les choses. Il savait aussi que sous son agressivité déguisée en humour, Dom était vraiment impitoyable, et que les clients qui n'arrivaient pas à faire ce qu'il fallait risquaient de se faire jeter. Et sans Dom, il n'y avait aucun espoir de survie, seulement la certitude de glisser à nouveau vers le bas d'un poteau graisseux. Une heure de plus s'écoula et, le café refroidissant sous son coude, Adam jeta un coup d'œil à sa énième tentative d'écrire cinq cents mots. Puis, abandonnant, il appuya sur Supprimer et repoussa son ordinateur portable. Il restait au moins trois jours avant que Dom ne se remette à son affaire. La journée d'aujourd'hui était consacrée à Lia et à la forêt. Et d'abord, il y avait des détails à régler avec Phil, et des gens à qui dire au revoir.

Adam arriva à Lissbeg peu après que Mary se fut précipitée dans la boucherie, et trouva Phil dans son bureau. Elle portait des boucles d'oreilles rayées en forme de sucre d'orge.

– Adam, viens ici que je te serre dans mes bras ! Tu n'as pas idée à quel point tu as rehaussé notre image ! Tu te souviens de *Jardiner* et de *Se débarrasser de la graisse des fêtes* ? C'est réussi ! Une double page dans un article sur le bien-être dans l'un des magazines du dimanche les plus lus. Une grande photo en couleur de toi dans le jardin des nonnes, et un article sur l'élimination de montagnes de graisse grâce à un régime à base de pamplemousse.

– Phil, je n'approuve pas les régimes.

– Je sais, et ne t'inquiète pas. Il ne dira pas que c'est le cas.

– Ce sera le cas s'ils utilisent ma photo.

– Oh, mon Dieu, tu ne vas pas en faire toute une histoire, n'est-ce pas, Adam ? Ce n'est qu'un petit article discret.

– Dans l'un des magazines du dimanche les plus lus.

Mais il savait qu'essayer de contenir ce qui paraissait dans la presse était une perte de temps, alors, lui rendant son étreinte, il lui dit de ne pas s'inquiéter.

– Ce n'est pas grave. Comme je l'ai dit quand tu m'as contacté, je voulais faire ce que je pouvais pour aider ici.

– Eh bien, tu as fait tout cela et plus. Le conseil me dit que je peux avancer et organiser d'autres cours.

– C'est très bien.

– Viens près de moi, on va faire un autre selfie ?

– Un autre ?

– Je ne peux pas continuer à mettre les mêmes sur mes réseaux sociaux, n'est-ce pas ? Attends une minute, j'ai une boîte de crackers – nous pouvons porter des chapeaux en papier.

Ayant réussi à s'échapper, Adam se dirigea vers l'arche qui menait à la cour de la bibliothèque, passant une main le long des buissons de romarin qui lui arrivaient à la taille. Dans la bibliothèque, Hanna s'occupait des prêts pour une famille nombreuse. Voyant qu'elle était occupée, Adam alla parcourir les rayons et remarqua Saoirse assise à une table, à moitié cachée par le sapin de Noël qui se trouvait à la porte de la salle de lecture. Elle avait la tête baissée, les mains enfoncées dans les poches de son sweat, dont la capuche tirée vers l'avant dissimulait presque son visage. Reconnaissant cet air de misère et de tension combinées, Adam descendit dans la pièce et s'assit en face d'elle.

– Je n'ai pas pu te remercier correctement hier. Tu t'es sauvée.

– Oui, c'est bon. Je ne t'ai pas dit merci non plus.

Elle n'avait pas levé les yeux en parlant, et ce qu'il pouvait voir de son visage était pincé.

– Il y a quelque chose qui cloche, hein ?

– Non.

– Écoute, j'ai déjà eu l'occasion de m'asseoir dans des bibliothèques parce qu'il faisait froid et que je n'avais nulle part où aller.

– Ce n'est pas ce que je fais.

– Tu sais ce qui rend les choses moins évidentes ? Avoir un magazine ou un livre devant soi.

– Je réfléchis.

– Tu es en train de fuir quelque chose.

Elle ne répondit pas et il se pencha en avant.

– Saoirse, je ne sais pas ce qui ne va pas, et ça ne me regarde pas, mais quoi qu'il en soit, tu ne peux pas fuir éternellement. Tu dois l'affronter. As-tu parlé à tes parents ?

Voyant l'effet de sa question, il se rassit.

– D'accord, j'ai compris. C'est là qu'est le problème.

– Je ne rentre pas chez moi.

– Alors, où iras-tu quand la bibliothèque fermera ses portes ?

Luttant contre les larmes, Saoirse répondit :

– Je ne sais pas.

– Écoute-moi bien. Tu es intelligente, capable et sensée. Tu peux t'en sortir.

– C'est la lettre de recommandation que tu me donneras d'après Phil ?

– Pour l'essentiel.

Adam choisit soigneusement ses mots suivants.

– Écoute, si tu rencontres un problème grave à la maison, il y a des endroits où tu peux aller chercher de l'aide.

Saoirse sursauta.

– Mon Dieu, non. Ce n'est pas du tout ça. Papa et maman sont supers.

– Dans ce cas, tu as plus de chance qu'un grand nombre de jeunes qui restent assis dans les bibliothèques parce qu'ils ne peuvent pas rentrer chez eux.

Elle marmonna qu'elle le supposait, mais son visage resta pincé et Adam put voir que sa mâchoire était serrée. Repoussant sa chaise, il se leva.

– En tout cas, merci pour ce que tu as fait pendant le cours. Tu as vraiment été d'une grande aide.

Il lui adressa un sourire et s'éloigna dans la longue pièce lambrissée, où la lumière du soleil d'hiver dansait sur les étagères en acier.

Saoirse le vit s'arrêter pour dire au revoir à Hanna, ressemblant exactement à ce qu'il était lorsqu'on le voyait à l'écran. Elle se souvint d'avoir lu quelque chose sur le fait qu'il soutenait un refuge pour les sans-abri à Dublin. On pouvait supposer que c'était pour cela qu'il savait que des personnes restaient prostrées dans les bibliothèques publiques parce qu'elles n'avaient pas d'autre endroit où aller. *Et il a raison*, pensa-t-elle, *j'ai de la chance. Quoi qu'il arrive, papa et maman voudront toujours ce qu'il y a de mieux pour moi. Alors ça ne sert à rien de rester assise ici à me tracasser. Je ferais mieux d'aller leur parler.*

Elle se leva et, en restant derrière l'étagère centrale, se dirigea vers la porte. Elle était presque sûre qu'Adam l'avait remarquée en passant, mais il n'avait pas regardé autour de lui, ce qui était gentil de sa part, car elle ne se sentait pas prête à discuter davantage. C'était surréaliste de penser qu'il avait remarqué que quelque chose n'allait pas et qu'il avait voulu l'aider. En fait, c'était super cool, quand on y songeait. Ce n'était pas le genre de chose qu'on voudrait partager sur TikTok, mais c'était la preuve que les filles de Carrick avaient tort et qu'il était vraiment son ami.

Dix minutes plus tard, en traversant le jardin des nonnes, Adam remarqua que quelqu'un avait traversé la fontaine pour accrocher une couronne de houx au cou de la statue. Il s'assit pour admirer l'apparence raffinée du saint et se rendit compte que c'était sur ce banc qu'il s'était assis le premier jour de son bénévolat, nerveux. Sur la plaque, on pouvait lire « En mémoire de Sœur Michael, une ouvrière de ce jardin ». Il se souvenait que la personne qui lui avait fait visiter les lieux avait dit que sœur Michael avait été une sœur laïque.

– Les religieuses avaient besoin d'une dot pour être acceptées dans l'ordre. Si tu n'avais pas d'argent, tu entrais au couvent et tu travaillais.

– Elle faisait donc pousser des herbes ?

– Et cuisinait.

Ils étaient assis là, sous le soleil d'été, et parlaient d'herbes, quand une petite femme dans un grand anorak jaune s'était arrêtée et avait dit :

– N'est-ce pas une belle journée pour travailler dans un jardin ? Mon mari Ger était un homme de plein air, mais il est certain qu'il passait la moitié de son temps à l'intérieur, dans le magasin.

Souriante devant Adam, elle avait ajouté :

– Il y a un boucher de l'autre côté de la route. Vous et moi ne nous sommes jamais rencontrés, n'est-ce pas ? Je m'appelle Pat Fitzgerald.

À ce moment-là, la guide d'Adam était partie à la recherche d'une pelle, le laissant avec quelqu'un qu'il avait considéré comme une personne arrogante, susceptible de lui poser des questions importunes. Il avait donc commencé par demander si la boucherie était toujours gérée par la famille. À sa grande horreur, ses yeux avaient brillé.

– J'ai un gérant dans le magasin maintenant, et un fils qui serait plus intéressé par le côté commercial. Mes deux autres fils sont mariés à l'étranger. Je n'ai pas de nouvelles d'eux ces jours-ci.

Regrettant d'avoir posé la question, Adam avait hoché la tête, mal à l'aise, et elle avait passé un index sous l'un de ses yeux plissés.

– Je dirais qu'ils m'ont un peu reproché de ne pas avoir amélioré la vie à la maison. Leur père aurait un peu favorisé leur frère, alors les choses n'étaient pas si faciles. Je dirais que la moitié du temps, j'ai fait ce qu'il ne fallait pas faire, mais, bien sûr, on fait ce qu'on peut.

Le geste avait rappelé à Adam que sa propre mère effaçait ses larmes et, se souvenant qu'il avait une serviette en papier dans sa poche, il l'avait sortie et l'avait tendue à Pat.

– Elle est propre. J'en ai pris une poignée quand j'ai pris un hamburger pour le bus.

– Tu es un bon garçon.

– Ce n'est pas parce que vos fils ne sont pas là qu'ils ne pensent pas à vous.

– Ah, je sais, et ils m'envoient une carte à Noël. Mais ce n'est pas le fait qu'ils pensent à moi qui compte. Je veux savoir ce qu'ils font, entendre leur voix et savoir qu'ils vont bien.

S'essuyant les yeux avec la serviette, elle lui avait fait un sourire triste.

– Tu n'es pas d'ici. Où es-tu né ?

– À Dublin.

– Ça alors ! Et ta famille est-elle toujours là ?

– Mon père est mort. Je dirais que ma mère est toujours là, oui.

– Mais tu n'es pas sûr ?

Il avait ouvert la bouche, mais avant qu'il ne puisse parler, elle avait posé sa main sur son genou.

– Mon Dieu, tu dois penser que je suis une vieille fouineuse ! Garde tes affaires pour toi, mon garçon, ne t'occupe pas de moi.

– Non, c'est bon…

– Écoute, si tu n'es pas en contact avec ta mère, tu as tes raisons. Mais ferais-tu ça pour moi, mon cœur ? Voudrais-tu passer un coup de fil à cette pauvre femme et lui dire que tu es en sécurité ?

Ce soir-là, quand il était rentré au *Royal Vic*, il avait passé un coup de fil. Cela n'avait pas été facile et rien n'avait vraiment été réglé, mais au moins, sa mère et lui avaient parlé. Ensuite, il lui avait fallu se battre pour faire ce que la maison d'accueil avait appelé « se réinsérer », et parce qu'il s'était concentré sur la montagne ardue qu'il s'efforçait de gravir, il n'avait jamais revu sa mère en vie. En regardant des moineaux affamés picorer un scone que quelqu'un avait déposé près de la fontaine, Adam regrettait de ne pas avoir pris le temps de lui rendre visite. Pourtant, il avait gardé le contact et elle avait su comment il allait, et lorsque Fergal avait vidé ses économies et l'avait quittée, Adam avait gagné assez d'argent pour pouvoir lui en envoyer régulièrement. Elle n'avait pas vécu assez longtemps pour le voir remporter le titre de chef le plus cool. Mais grâce à Pat Fitz, elle avait réentendu sa voix.

Aideen et Bríd étaient en train de servir quand Adam entra dans le *Café du jardin*, qui était bondé de clients agités faisant une pause. La dernière bûche de Noël venait d'être vendue à un couple en bonnets de tweed, et, travaillant à la vitesse de l'éclair, Bríd mettait en boîte un pudding de Noël. Un panneau sur le comptoir annonçait que la soupe du jour était au panais, au gingembre et à l'orange, servie avec du pain brun fait maison. S'écartant pour permettre à une femme de passer devant lui avec une boîte de gâteaux, Adam alla rejoindre la file d'attente.

– Lia et moi allons nous promener. J'ai emprunté une gourde à l'hôtel. Y a-t-il une chance que je puisse emporter de la soupe ?

Bríd attrapa la louche.

– Pas de problème. Tu veux aussi du pain ? Il sort tout juste du four.

– Parfait.

En versant la soupe à la louche dans la gourde, elle dit :

– Je te présente ma cousine Aideen. Ade, voici Adam.

Aideen, dont les cheveux roux étaient recouverts d'un foulard à carreaux comme celui de Bríd, dit :

– Bonjour. Désolée d'avoir manqué le lancement de votre livre. Mon mari a dû faire face à une catastrophe agricole.

– A-t-il réussi à s'en sortir ?

– Il s'en sort toujours. Mais j'ai dû rester à la maison pour m'occuper de notre petit garçon. On m'a quand même dit que j'aurais votre livre comme cadeau de Noël, alors ça va.

Adam se pencha pour apprécier l'odeur qui montait de la soupière, et Bríd commenta :

– Préparée ce matin. Aideen a apporté les légumes hier. Tu as vraiment l'intention de faire un pique-nique par ce temps ?

– C'est plutôt une précaution. J'ai l'impression que nous pourrions avoir besoin de nous réchauffer à un moment ou à un autre.

– Ceci devrait faire l'affaire.

Lorsqu'il quitta le café, la température extérieure avait légèrement augmenté et les oiseaux qui picoraient le scone sautillaient entre la lumière du soleil et l'ombre. Portant la gourde de soupe et le sac en papier contenant le pain de soude chaud, Adam traversa le jardin pour rejoindre Broad Street. En attendant un répit dans la circulation, il vit Lia perchée sur le bord de l'abreuvoir à chevaux, la tête penchée et les yeux rivés sur son téléphone.

Au-delà du flot de voitures, Mary sortit de la boucherie, petite et imbue d'elle-même, portant son sac en toile cirée. Adam se surprit à la regarder avec une affection amusée. Il y avait quelque chose de courageux dans son affirmation de soi, apparemment à l'opposé du doux stoïcisme de Pat, mais qui, en fait, venait du même endroit. Elles étaient toutes les deux des veuves qui reprenaient leur vie en main après des décennies passées à se concentrer sur leur famille et leur mari et, si Mary n'apportait pas de grâce à l'effort, elle apportait au moins de l'énergie. Adam avait levé la main, s'apprêtant à faire un signe de la main et à dire au revoir, lorsque Lia jeta un coup d'œil à gauche et à droite, comme si elle le guettait, et toute son attention fut attirée par ses cheveux sombres.

Sa vue lui fit reprendre son souffle. Elle portait une parka gris argenté et, vue à travers la circulation en mouvement, semblait autant faire partie de l'auge de granit aux pensées violettes et jaunes que le saint de pierre de la fontaine faisait partie des fleurs sculptées à ses pieds. Impossible de croire qu'il n'y avait que six jours qu'Adam l'avait vue pour la première fois, une inconnue dans la salle du petit déjeuner du *Royal Victoria*, qui avait croisé son regard et baissé les yeux sur son œuf poché. Six jours seulement depuis qu'ils s'étaient assis ensemble dans le bus et qu'elle avait cassé une tablette de chocolat en deux et lui en avait tendu la moitié. Six jours qu'elle lui avait dit qu'elle avait participé à un concours au hasard et qu'elle était venue à Finfarran pour suivre ses cours. Et le lendemain, il avait su qu'il était amoureux. Les probabilités qu'ils ne se rencontrent pas du tout donnaient encore le vertige à Adam, et l'idée qu'il ne la reverrait peut-être plus après aujourd'hui était épouvantable.

La circulation ralentit et, passant entre une voiture et une camionnette de livraison, il atteint le rond-point où Lia était assise. Elle se leva et, comme s'ils étaient des amis qui s'étaient donné un rendez-vous informel, elle dit :

– Salut. J'étais en train d'envoyer un message à Oz. Tu es prêt ?

S'alignant sur son ton, il répondit :

– Bien sûr. La voiture est dans le parking.

– D'accord, allons-y. J'espère que tu as pris plusieurs gilets de laine.

CHAPITRE VINGT-NEUF

Le *Fitzgerald's* était bondé lorsque Stephen arriva en tête de la file d'attente des bavards. Il demanda une tourte au gibier.

– Pas de problème, monsieur Gallagher. Quelle taille voulez-vous ?

– Une petite, s'il te plaît, Des.

– Très bon choix. Autre chose ?

– Non. C'est bon, Des. Merci.

– Et la boîte de farce gratuite est là, dans votre sac. Avec les compliments de Mme Fitz.

– Je ne ferai pas de dinde, en fait. Tu peux te gratter, Des.

– Oh, c'est vrai, donc. Je suppose que vous ne le feriez pas, vous ne pourriez jamais la finir. Quoi qu'il en soit, joyeux Noël, et profitez de votre tourte, monsieur Gallagher. Nous nous reverrons à la nouvelle année.

Stephen partit avec le sentiment sinistre que tout le monde avait été désolé pour lui, et que toute la file d'attente se mettrait à cancaner et à soupirer dès qu'il serait parti. Sur le trottoir, il balança au bout de son bras le sac duquel Des avait retiré la boîte de farce Paxo. Il avait l'impression de ne rien peser par rapport aux sacs volumineux qui l'entouraient, transportés par les acheteurs qui s'approvisionnaient pour des festins de Noël gargantuesques.

La forêt s'étendait dans une vallée proche d'un haut col à travers les montagnes. Dans la voiture, Lia ouvrit sa veste et dénoua son écharpe chaude. Elle se demandait ce qu'il se passerait s'ils rencontraient des véhicules venant en sens inverse, avec du givre sur les nids-de-poule et des kilomètres de route sinueuse à affronter en marche arrière. Alors que la voiture grimpait entre une falaise abrupte et un mur de pierre effroyablement bas, elle regarda vers le bas et vit une rivière en dessous d'eux en pleine crue.

– Tout cela est un peu hors des chemins.

– C'est pourtant le chemin le plus rapide pour aller là où nous allons.

– Comment se fait-il que tu connaisses ces petites routes ?

– J'ai exploré un peu la région quand j'étais ici avant. Tu n'as pas beaucoup de temps libre en tant que commis de cuisine, mais j'ai emprunté un vélo à l'un des gars qui travaillaient à l'hôtel.

– Et tu es parti tout seul ?

– Oui. Je me sentais seul quand je vivais dans la rue, mais jamais quand j'étais de retour ici. J'aimais ça. J'avais un vélo, et un toit au-dessus de la tête où retourner. Et du travail et des perspectives. C'est ce que Finfarran m'a donné. Ça, et une chambre avec une porte qui fermait à clé.

La conversation semblait les avoir ramenés sur un terrain dangereux, mais, d'une manière ou d'une autre, cette fois-ci, ça semblait bien se passer, alors Lia demanda :

– La serrure était un gros problème ?

– Énorme. Quand tu dors dans la rue, tu attends toujours que quelqu'un te donne un coup de pied dans la tête ou te vole ton matériel. Et tu n'as nulle part où garder quoi que ce soit, alors ce que tu as, tu le portes sur toi. Ou tu le jettes dans une ruelle en espérant qu'il sera là quand tu reviendras. Ce qui n'est généralement pas le cas.

En regardant son profil alors qu'il se concentrait sur la route, elle essayait de l'imaginer comme un adolescent maigre, luttant pour survivre dans la rue. Il lui avait dit que lorsque la maison d'accueil de Carrick l'avait pris en charge, il avait perdu au moins un kilo et était encore affaibli par sa grippe.

– Mais tu as assuré avec ton travail de portier de cuisine ? Cela n'a pas dû être facile.

– Crois-moi, je n'allais pas perdre le travail une fois que je l'avais obtenu. Quoi qu'il en soit, le fait d'avoir un lit pour dormir a fait la différence. Et puis, j'avais trois bons repas par jour.

Lorsque la voiture franchit le sommet du col, elle demanda :

– Aucun membre du personnel de l'hôtel ne t'a reconnu ?

– C'est une nouvelle direction. Ce n'est pas surprenant. Le taux de rotation dans l'industrie est énorme.

Adam sourit.

– Quoi qu'il en soit, je suis une star dans une chambre supérieure maintenant. Personne n'allait reconnaître l'ancien Rasher.

Lia le regarda d'un air absent. Puis elle se souvint.

– C'est comme ça que l'amie de Mary t'a appelé. La petite femme qui est venue parler des répétitions de chants de Noël.

– Pat Fitz. Je l'ai rencontrée lorsque je faisais du bénévolat dans le jardin. Rasher était le surnom que je me donnais à l'époque. C'était mon surnom à l'école.

Soudain, Lia se souvint de la façon dont Pat avait tendu la main pour toucher sa joue, et comment il avait penché la tête comme s'il allait lui faire un bisou.

– C'est pour cela que tu es revenu, n'est-ce pas ? Finfarran ne t'a pas seulement donné une porte avec une serrure, un travail et des perspectives. Il t'a donné une communauté et des gens en qui tu pouvais avoir confiance.

Dans la maison Garrybawn, la gorge serrée, Saoirse regardait ses parents. Theresa et Rory se retournèrent, incrédules.

– Tu as pensé *quoi* ?

– Saoirse, ma chérie, tu es sérieuse ? Depuis combien de temps cela dure-t-il ?

Assise en face d'eux à la table de la cuisine, Saoirse raconta :

– Vous n'allez donc pas vous séparer ?

Ils répondirent simultanément :

– Bien sûr que non.

– Qu'est-ce qui t'a donné cette idée ?

– Saoirse, sérieusement, cela fait longtemps que tu penses cela ?

– Pas si longtemps que ça. Enfin, seulement depuis une semaine ou deux, en fait. Mais les choses sont bizarres depuis des semaines, n'est-ce pas ?

Saoirse regarda sa mère.

– Tu ne vas pas dire que ce n'est pas le cas ? Tu es sortie beaucoup, et je sais que ce n'était pas pour tricoter et discuter. Et papa était louche, et tu es toujours fatiguée.

Theresa mit ses mains sur ses joues et dit :

– Mon Dieu, Rory.

En regardant Saoirse, elle avoua :

– C'est moi qui ai pensé qu'il ne fallait pas te le dire.

– Me dire quoi ?

Penchée de l'autre côté de la table, sa mère lui prit la main.

– Nous ne sommes pas en train de rompre, et il n'y a rien de grave. Je suis juste allée à l'hôpital.

L'estomac de Saoirse se serra. C'était donc ça. C'était ça le problème. Sa mère était malade. Vraiment malade, s'ils n'avaient pas voulu le lui dire. C'était pour ça que son père s'était comporté de façon si bizarre. C'était peut-être pour ça qu'ils avaient demandé à Phil de lui donner le poste au cours d'Adam, pour qu'elle ne reste pas à la maison et qu'elle soit occupée. La tête tourbillonnante, elle retira sa main, attrapa ses poupées d'inquiétude et, en les sortant de sa poche, en fit tomber une.

Sa mère dit :

– Qu'est-ce que c'est ?

Et ensuite :

– Oh, Rory, ce sont ces misérables poupées que je lui ai fabriquées. Saoirse, tu n'as pas recommencé à les porter ?

Désolée, Saoirse dit :

– Tu aurais dû me dire que tu étais malade.

– Quoi ?

– Je ne suis pas un bébé. Si tu ne vas pas bien, je peux t'aider.

Ses yeux s'écarquillèrent.

– C'est pour cela que nous partons en vacances ? Parce qu'ils t'ont dit que tu as quelque chose d'horrible ? C'est pour ça que papa a dit qu'il fallait qu'on passe du temps en famille ?

– Saoirse, arrête !

Sa mère porta les mains à sa bouche et, à la grande surprise de Saoirse, elle sembla étouffer un rire. Ou c'étaient des pleurs, bien qu'elle ait l'air de faire les deux, ce qui n'avait aucun sens, à moins que les choses n'aillent si mal qu'elle ne soit devenue hystérique.

Déconcertée, Saoirse regarda son père, qui lui répondit :

– Mon Dieu, vous me rendez fou toutes les deux.

Sa mère laissa tomber ses mains sur la table et sembla se ressaisir.

– Saoirse, écoute-moi. Personne n'est malade. Tout va bien. Il n'y a aucune raison de s'inquiéter. Je suis allée à l'hôpital parce que j'y ai pris des gardes de nuit ce mois-ci. Je voulais que nous ayons un peu plus d'argent pour faire des folies quand nous serons à Londres.

– Des gardes de nuit ?

– Certaines nuits. Certains retards. Tu sais que l'hôpital est toujours à la recherche de personnel.

Prenant une grande inspiration, Saoirse regarda son père pour obtenir une confirmation. En passant son bras autour des épaules de sa mère, il dit :

– Ne me regarde pas. Je voulais te le dire. Elle sait que je suis un affreux menteur.

– Je pensais que vous étiez en train de vous séparer. Et puis j'ai vu maman à Carrick avec James.

– Quand ?

– Hier après-midi. Vous étiez au centre commercial, en train de rire, et je venais de vous acheter des cadeaux à toi et à papa.

– Mon amour, j'étais moi-même en train de faire des courses et je suis tombée sur lui.

– Oh. Tu as été très brusque avec papa.

– Essaie de faire des heures supplémentaires et de travailler la nuit et de te lever pour faire face à des personnes comme Mary Casey.

D'une petite voix, Saoirse dit :

– Tu as dit à Mary et Hanna que papa n'était pas sophistiqué. Que James était différent.

Sa mère rit d'un air impuissant.

– Honnêtement, Rory, c'est ce qui arrive quand on appelle le pauvre homme « mon prétendant fantaisiste » !

– Alors maintenant, c'est de ma faute ?

– Je n'ai pas dit cela.

– Si, quasiment.

– Non. Mais c'était une blague stupide. Je te l'ai dit à l'époque.

– Oh, c'est vrai, maintenant je suis stupide.

Leurs voix discordantes ne ressemblaient pas du tout à la voix hargneuse qui avait effrayé Saoirse. Attirant son attention, son père lui fit un clin d'œil et sa mère dit :

– Maintenant que le secret est révélé, je peux te dire que nous sommes passés à un hôtel avec spa. Je pensais que toi et moi pourrions passer du temps à nous faire masser pendant que ton père peu sophistiqué ferait des longueurs dans la piscine.

– Comment sais-tu que papa ne voudra pas lui aussi un massage ?

– Tu dois plaisanter. Cela n'arrivera pas sous ma surveillance. Je ne vais pas prendre le risque qu'il s'enfuie avec une superbe masseuse blonde.

La cuisine était chaude et sûre et sentait Noël. En se penchant sous la table, Saoirse ramassa la poupée d'inquiétude qu'elle avait laissée tomber. Une petite, une avec des cheveux qu'elle n'avait jamais eu le temps de coiffer. Et si sa mère en tricotait une autre, ce serait le portrait de papa qu'elle n'avait pas eu le temps de tricoter auparavant.

Adam se gara sur une aire de repos à côté d'un chemin qui menait à la forêt et, en descendant, Lia regarda les arbres. Les chênes s'étendaient jusqu'aux aulnes et les noisetiers jusqu'aux bouleaux duveteux. En dessous d'eux, le houx et le sorbier arboraient des baies brillantes et, sous les pieds, la terre était élastique et légèrement humide. Adam arriva derrière Lia, près du coffre, et accrocha un sac à dos sur son épaule.

– J'ai apporté de la soupe.

– C'est un coup de génie. C'est pourquoi il est toujours judicieux de se promener avec des chefs.

Lia se mit en route, lui parlant par-dessus son épaule.

– Maintenant, on a un titre. *Marcher avec un chef.* Tu devrais le vendre à tes collègues de la télévision. Fais le titre *Marcher avec le chef le plus cool* et tu auras les droits exclusifs.

En la rattrapant, il dit :

– Tu ne connais pas grand-chose à la télévision, n'est-ce pas ?

– Rien du tout. Pourquoi ?

– Si c'était le cas, tu saurais que le beau gosse n'a pas ce genre de pouvoir.

– Tu n'es pas un beau gosse.

– Pourquoi ? Merci.

– Je veux dire qu'il ne s'agit pas seulement d'un joli visage.

– Je préfère ça.

Lia s'arrêta net.

– Sérieusement, c'est comme ça qu'ils te traitent ?

– En quelque sorte.

– Eh bien, c'est nul. C'est toi qui sais vraiment comment fabriquer des choses.

– Mais ils savent comment gagner de l'argent.

Il passa son bras sous le sien.

– Laisse tomber. Ne parlons pas d'eux. C'est un jour de congé. Et regarde, des girolles d'hiver.

S'il ne les avait pas signalées, Lia n'aurait pas remarqué les plaques de champignons qui s'étendaient dans toutes les directions parmi la mousse et les feuilles mortes. Leurs chapeaux étaient d'un brun indescriptible, mais quand Adam en cueillit un, elle vit que les tiges étaient d'un jaune d'or éclatant.

– C'est magnifique.

– Et délicieux. Et, oh, regarde, des hérissons !

– Où ?

– Là. Tu ne vois pas ? Les chefs les appellent les dents sucrées.

– De mignons petits hérissons de Mme Tiggywinkle ?

– Mais non, banane. C'est le nom d'un champignon.

Il s'agenouilla pour les inspecter.

– Ceux-là se vendent à vingt-cinq euros le kilo. Je ne sais pas pourquoi il n'y a pas plus de gens qui sortent pour les ramasser.

– Peut-être parce que la plupart des gens pensent que les champignons qui ne sont pas présentés dans des boîtes en plastique sont toxiques.

– Pourtant, il y a tellement de choses délicieuses ici. Des noix, des baies, des petits fruits, de l'ail sauvage. Pense à la carotte sauvage. Tu peux manger les jeunes racines, ou les rôtir, les sécher et les moudre pour en faire une boisson, comme le café. Les graines donnent une saveur fabuleuse aux ragoûts. Tu peux même manger les têtes de fleurs frites dans de la pâte.

– Sérieusement ?

– Tout à fait. Et la plante est un merveilleux pollinisateur. Les agriculteurs l'utilisent comme plante compagne.

Il sourit.

– Je comprends ce que les gens veulent dire à propos des champignons. Il y en a un qui pousse dans les bois irlandais et qui est connu sous le nom d'ange de la mort. Et certains de ceux qui ne sont pas vraiment toxiques sont hallucinogènes. Dans la nature, les rennes se défoncent et sautent comme s'ils allaient s'envoler.

– Les rennes du Père Noël sont donc en réalité sous l'emprise de champignons magiques ?

– C'est peut-être de là qu'est venue l'idée.

Adam leva les yeux vers elle.

– Je sais que l'idée que le Père Noël descende par les cheminées est censée être liée aux chamans sibériens.

– Comment cela se fait-il ?

– Parce qu'en Sibérie, les huttes étaient presque enterrées par la neige. Les chamans étaient des guérisseurs qui apportaient des herbes médicinales aux malades et, en hiver, le seul moyen d'entrer dans une maison était de passer par le trou de fumée du toit.

– Toi, tu as traîné dans la salle d'attente de mon dentiste ?

– Ce ne sont que des trucs de base que l'on apprend quand on est un chef cuisinier hautement qualifié.

Ils allèrent jusqu'à un tronc d'arbre tombé au bord du chemin et, comme ils avaient froid, ils s'assirent pour manger leur soupe. Lia demanda :

– Es-tu entré dans la forêt quand tu étais ici avant ?

Adam secoua la tête.

– Non. Je ne l'ai jamais fait. C'est assez impressionnant, n'est-ce pas ? Hanna avait raison.

– Était-elle aussi bénévole dans le jardin des nonnes ?

– Hanna ? Non.

– Alors comment se fait-il que tu la connaisses ?

Les yeux d'Adam se fixèrent sur une grive qui chassait des escargots sous des feuilles. À la consternation de Lia, son visage semblait à nouveau dissimulé sous un masque. Tenant la tasse de soupe réconfortante, elle pria pour ne pas avoir posé la question de trop. La grive émit un petit pépiement et s'éloigna en voltigeant. Prenant une longue inspiration, Adam dit :

– C'est la partie de l'histoire que je ne t'ai pas racontée.

CHAPITRE TRENTE

Portant sa tourte au gibier et une brique de lait qu'il avait achetée au supermarché *Cassidy*, Stephen quitta Broad Street et prit le chemin de sa maison. Alors qu'il remontait Sheep Street, Catherine sortit de la librairie et se tint sur le trottoir pour regarder sa vitrine. Elle portait un pantalon et une chemise sous un long gilet vert jade qu'elle tenait enroulé autour d'elle pour se protéger du froid.

De l'autre côté de la rue, Stephen ralentit et s'engagea dans l'entrée d'une ruelle. Il pouvait voir les lumières scintiller sur l'arbre à livres dans la fenêtre de Catherine, et les affiches annonçant le chant de Noël du lendemain. Se tenant bien à l'écart, de peur qu'elle ne se retourne et ne le voie, Stephen se souvint d'avoir pris l'un de ses prospectus à la bibliothèque et d'avoir pensé qu'il serait agréable d'entendre des chants de Noël dans une librairie la veille de Noël. Mais maintenant qu'il s'était convaincu qu'il ne devait pas continuer à passer, il se rendit compte qu'il serait plutôt chez lui.

De l'autre côté de la rue, Catherine resserra son gilet autour d'elle et, d'un pas vif, retourna dans la boutique. Se sentant triste et légèrement idiot, Stephen sortit de la ruelle où il s'était tapi et continua sa marche solitaire jusqu'à sa maison.

Les épaules d'Adam étaient voûtées, comme elles l'avaient été lorsque Lia et lui s'étaient assis sur le promontoire. Maintenant, elle s'était installée à côté de lui en silence, craignant, comme à l'époque, d'interrompre le flot de ses réminiscences.

– Beaucoup de gens que tu rencontres dans la rue sont tout à fait convenables. Les passants qui sourient et te donnent en pièces le prix d'une tasse de café. D'autres sans-abri qui te soutiennent et te disent ce qu'il faut éviter. Beaucoup de personnes que j'ai rencontrées avaient passé la moitié de leur vie à la rue. Surtout une fois que j'ai quitté Dublin. Là-haut, ils ne duraient pas si longtemps. À la campagne, c'était différent. Par exemple, il y avait un vieux monsieur à Carrick, appelé Tommy Banjo, qui passait son temps à vous serrer la main et à vous remercier alors que vous n'aviez rien fait pour lui. Les gens du coin le connaissaient et lui faisaient un signe de la main et lui donnaient quelques euros, et nous autres, dans la rue, nous gardions un œil sur lui. Il y avait aussi Gracie, qui se déplaçait avec des douzaines de sacs à main et qui avait un énorme chien poilu appelé Gussie. Elle ne disait jamais grand-chose, si ce n'est qu'elle vous demandait l'âge que vous lui donniez. À vue de nez, elle avait bien plus de quatre-vingts ans.

Adam s'interrompit pour prendre une gorgée de soupe.

– Gracie avait l'habitude de s'asseoir dans la bibliothèque de Carrick. Et la femme qui était censée me réinsérer…

Il s'arrêta à nouveau et regarda Lia.

– Je t'ai parlé d'elle ?

– Celle qui t'a été assignée au centre de réinsertion ?

– Oui. Elle m'a dit que je devais me procurer une carte de bibliothèque pour savoir comment remplir les formulaires, obtenir des subventions et suivre des formations. C'est comme ça que ça marchait. Martin te trouvait un emploi à domicile et restait dans l'ombre si tu avais besoin de lui, mais il n'arrêtait pas de parler d'autonomie.

– L'amour vache.

– Cela ne ressemblait pas à de l'amour. C'était plutôt comme si Martin menait une guerre privée contre le système. Quoi qu'il en soit, c'était le marché. J'étais censé monter et me hisser par mes propres moyens. Gracie passait des heures à la bibliothèque de Carrick par mauvais temps. C'est le cas de nombreuses personnes de la rue, même si la plupart d'entre elles se contentent de s'assoupir à une table. Je l'ai fait moi aussi, pour me réchauffer ou pour me mettre à l'abri de la pluie. Mais une fois que je me suis installé dans mon travail, j'y suis allé entre deux séances et je me suis mis à l'ordinateur. C'était ça ou laver des pots pour toujours…

La voix d'Adam s'éteignit. Émiettant un morceau de pain dans sa main, il se secoua.

– Un jour, j'y suis allé et j'ai trouvé Gussie. Attaché dehors à la balustrade avec un bout de ficelle effilochée. C'était un gros bonhomme, comme le croisement entre un éléphant et un épagneul, avec de longues pattes jaunes comme une chanterelle d'hiver. Gracie était dans la salle de lecture quand je suis allé utiliser un ordinateur, et j'ai vu une femme à l'air narquois la montrer du doigt et marmonner avec la bibliothécaire. Puis j'ai perdu le fil en essayant de trouver quelque chose sur Internet. L'instant d'après, la femme agitait son téléphone et traitait Gracie de vagabonde, et disait qu'elle avait appelé la police parce que Gussie bloquait une entrée publique. Le personnel de la bibliothèque était assez gentil. Ils ont essayé de faire partir Gracie, mais elle ne comprenait pas ce qui se passait. Elle a commencé à gémir, alors je suis allé la voir. J'ai pensé que, puisqu'elle me connaissait, elle pourrait se taire et m'écouter. Je me suis dit qu'il fallait l'éloigner avant que les policiers n'arrivent, mais deux d'entre eux sont arrivés avant que nous n'ayons pu la déplacer. Gracie s'agitait dans tous les sens, et la femme la traitait d'ivrogne et d'obstinée, et quand les policiers ont essayé d'évacuer la pièce, j'ai perdu les pédales et je leur ai crié dessus. L'attention s'est alors portée sur moi et les choses ont mal tourné. J'ai fini dans une cellule. Ce qui n'est pas bon. Mais le pire, c'est que l'officier qui m'a arrêté était Nugent.

Les mains d'Adam se serrèrent et il regarda Lia en s'excusant.

– Regarde-moi. Je tremble encore quand je pense à ce salaud.

– C'était qui ?

– Il s'agit simplement d'un policier banal qui s'intéressait aux personnes qui dormaient dans la rue. Tout le monde essayait de l'éviter. Il vous mettait au pied du mur et vous traitait de fainéant vivant de l'assistanat. Je crois qu'il prenait son pied à faire peur aux gens, même à Tommy Banjo. Il ne supportait pas Martin non plus. Il le traitait de putain de bienfaiteur. Il s'en prenait à moi parce que j'avais l'air de ne pas être né ici, alors quand il m'a trouvé en train de crier dans une bibliothèque, il a dû penser que tous ses anniversaires étaient arrivés en même temps. J'avais l'air plutôt mal en point quand il m'a emmené au poste, alors il a dit que je l'avais frappé en résistant à l'arrestation.

– Mais tu l'avais fait ?

– Je n'ai même pas eu l'occasion de le faire. Son partenaire était un gars bien qui essayait de me calmer, mais Nugent est arrivé au pas de course et m'a plaqué au sol avec un tacle de rugby. C'était comme si j'avais été frappé par une tonne de béton, et j'ai cru entendre une de mes côtes se briser. Mais tout ce à quoi je pensais, c'était à mon service de l'après-midi à l'hôtel et au fait que si je ne revenais pas à temps, mon travail disparaîtrait également.

Prenant une autre grande inspiration, Adam continua :

– L'un des policiers de la gare a apporté une tasse de thé dans la cellule. Il m'a dit que si j'avais été blessé pendant l'agitation, j'avais droit à un médecin. Puis il est parti et m'a laissé là. Je savais qu'il n'y avait aucune chance que je prenne mon service, alors j'ai fondu en larmes. Puis la porte s'est ouverte à nouveau, et c'était Nugent.

La voix d'Adam se brisa. Dans son esprit, il pouvait voir sa silhouette épaisse dans l'embrasure de la porte.

– Le policier Sullivan dit que tu t'es blessé quand je t'ai amené.

Ses yeux avaient mesuré la distance jusqu'à la sonnette d'urgence, à un million de kilomètres sur le mur du couloir.

– Je n'ai pas dit que j'avais besoin d'un médecin.

– C'est bien. Parce que je ne voudrais pas que tu aies une raison d'en avoir besoin.

Quelque part au fond de son esprit, il avait entendu la voix de sa mère après l'enterrement de son père, lui disant que les choses arrivaient comme ça. Tu ne peux pas t'attendre à ce que la vie soit juste : tu dois surtout prendre ce qui vient et encaisser les coups. Nugent avait fermé la porte de la cellule avec un bruit sinistre. L'instinct avait poussé Adam à se couvrir la tête avec ses bras et à reculer dans un coin, mais il ne s'était rien passé pendant si longtemps qu'il avait fini par lever les yeux. Le regard de Nugent était dur comme la pierre, et un petit tic pulsait dans l'une de ses joues. Acculé, Adam avait abandonné, glissé le long du mur et s'était mis en boule sur le sol.

Puis la porte s'était ouverte une troisième fois et Martin était entré en trombe, vêtu d'un jean et d'un sweat-shirt crasseux. Son visage était dur et ses mains semblaient avoir été interrompues alors qu'il débouchait des canalisations. Immédiatement, Nugent avait semblé beaucoup plus petit et, en se levant, Adam avait retrouvé sa voix.

– Martin, je n'ai jamais touché un policier. Honnêtement, je ne l'ai pas fait. Je ne le ferai pas. J'ai bien hurlé sur ce salaud, mais il menaçait Gracie. Et ils te diront à la bibliothèque que Gracie n'a rien fait de mal.

Martin avait regardé Nugent droit dans les yeux.

– Et j'ai un témoin prêt à se lever devant le tribunal pour le dire, mon gars. Alors, on laisse tomber maintenant ou on suit les règles ?

Adam regarda Lia.

– Et c'est tout. Il m'a fait sortir de là. Nugent est devenu tout blanc, a regardé l'autre policier et s'en est allé. C'était comme un miracle. Martin est entré et m'a sorti de là.

– Mais comment a-t-il su ce qui s'était passé ?

– Par la bibliothécaire. Gracie lui avait dit qui j'étais, et elles étaient allées chercher Martin. Martin savait comment était Nugent, alors il s'en est mêlé. J'ai entendu dire que Nugent a été sanctionné plus tard. Je sais qu'ils l'ont retiré de la rue. Par la suite, le service de la bibliothèque a en quelque sorte resserré les rangs autour de moi. C'est comme ça que j'ai rencontré Hanna.

– Et tu n'as pas perdu ton travail au *Royal Vic*.

Adam émit un rire instable.

– Martin a toujours été d'une persuasion effrayante. Je suis resté assis dehors, mort de peur, pendant qu'il allait parler au chef. Je ne sais pas comment il s'y est pris, mais j'étais de retour pour gratter des casseroles ce soir-là.

Du coin de l'œil, Catherine avait vu Stephen s'engager dans l'entrée de la ruelle, espérant manifestement qu'elle ne le remarquerait pas. Elle avait réussi à tenir bon et à faire semblant d'étudier sa vitrine avant de retourner à l'intérieur comme si de rien n'était. Maintenant, elle se rendait compte qu'elle se tenait raide près du comptoir, serrant son gilet sur sa poitrine. Levant les yeux de la caisse, Ann dit :

– Tu as l'air en pleine forme. Il fait plus froid dehors ?

Redressant son gilet, Catherine secoua la tête.

– Un peu. Enfin, non, pas vraiment. L'affiche pour les chants de Noël a fière allure.

Ann lui lança un regard critique.

– Il y a quelque chose qui ne va pas ?

– Rien. Il fait plutôt froid dehors, maintenant que tu le dis. Oh, désolée, c'est mon téléphone.

Catherine s'éloigna, vit que c'était Hanna et décrocha en espérant que sa voix ne la trahirait pas.

– Hanna, salut. Je peux faire quelque chose pour toi ?

– Non. Je suis juste dans un état second. Et, écoute, je suis désolée d'appeler quand tu es en plein boum.

– Non, tout va bien. Il s'est passé quelque chose ?

– Pas encore, mais je vais probablement étrangler ma misérable mère.

Cela ne ressemblait tellement pas à Hanna que Catherine en oublia ses propres soucis.

– Attends, je vais dans le bureau.

– Honnêtement, Catherine, je ne voulais pas te déranger. Je devais juste parler à quelqu'un ou j'allais exploser.

– Tu ne me déranges pas. Laisse-moi juste fermer cette porte. Maintenant, raconte.

– Je sais que je devrais être reconnaissante que cette maudite femme soit toujours parmi nous.

– D'accord, arrête-toi là. Considérons comme acquis le fait que tu sois contente qu'elle soit spéciale.

Hanna émit un rire réticent.

– Tu sais qu'elle vient chez nous pour le jour de Noël ?

– Oui, tu me l'as dit.

– Brian est allé acheter une tournée de bœuf épicé chez *Fitzgerald.* C'est une tradition dans le coin, et maman est très copine avec Pat, qui est un amour absolu, alors Brian pensait que ça passerait bien. Mary est passée, il lui en a parlé et elle s'est montrée très dédaigneuse. Elle a dit que ça devait être mangé à la saint Stephen, pas à Noël, qu'elle n'avait jamais aimé ça de toute façon, et s'est demandé pourquoi il ne lui avait pas demandé avant. Eh bien, c'est juste maman. Je sais qu'elle est comme ça. Et c'était la chose la plus stupide qui soit, mais j'ai perdu mon sang-froid.

– Devant elle ?

– Non, après. J'étais déchaînée comme un beau diable, et quand Brian a essayé de me calmer, qu'est-ce que j'ai fait d'autre que de m'en prendre à lui ?

– Oh, Hanna, je suis désolée. Est-ce que vous vous êtes brouillés à cause de ça ?

– Non, parce que Brian est un saint. Mais pourquoi devrait-il supporter ma mère ? Je veux dire, il ne peut pas avoir accepté ça quand il a décidé de m'épouser. Je ne lui en voudrais pas s'il partait demain et me laissait avec elle.

Dans son esprit, Catherine pouvait encore voir Stephen dans l'allée, reculant d'un pas, le regard hanté.

Hanna sembla sentir sa distraction.

– Oh, non, je t'*ai* appelée à un mauvais moment.

– Non, non. Calme-toi. Sers-toi un verre.

– Je suis dans la bibliothèque.

– Eh bien, assieds-toi et écoute-moi. Tu exagères les choses.

Il fallut plusieurs minutes pour convaincre Hanna que tomber amoureux d'elle n'avait pas ruiné la vie de Brian.

– C'est la meilleure chose qui lui soit arrivée, et il le sait. Et je suis sûre que tu passeras une belle journée avec Mary à la fin.

Hanna poussa un grognement dérisoire et Catherine se mit à rire.

– Désolée, mais quand tu fais ça, tu parles exactement comme elle.

Moins stressée, Hanna déclara :

– Oh, non ! Pense à ma pauvre fille qui, dans trente ans, essaiera de me supporter.

– Tu pourrais vivre jusqu'à cent ans et tu ne te transformerais jamais en Mary.

– Je suppose que la vérité, c'est que Jazz me manque. Elle est précieuse quand maman et moi nous nous disputons.

– Tu ne lui en veux pas de faire une pause dans son rôle de médiatrice, n'est-ce pas ?

– Bien sûr que non. Et, après tout, Noël ne dure qu'une journée. Merci, Catherine.

– Je ne suis pas sûre de savoir ce que j'ai fait.

– Tu as évité un meurtre.

– Il n'y a pas de quoi. Prends soin de toi.

– Toi aussi.

De retour dans le magasin, un homme avait du mal à faire passer une poussette double sur le seuil. Catherine alla l'aider et, avant de refermer la porte, elle retourna sur le trottoir. Elle savait qu'il était stupide de penser que Stephen pouvait encore être là, de l'autre côté de la rue, pourtant l'envie de regarder était trop forte pour qu'elle puisse y résister. Mais l'entrée de la ruelle était vide, et elle retourna dans son magasin, déçue.

En haut de Sheep Street, Stephen traversa la route jusqu'au pont et s'appuya contre le parapet. En dessous de lui, la rivière glougloutait dans l'obscurité sous les arches et, au-delà du mur de son jardin, les branches sans feuilles du bouleau de Sophie se découpaient sur le ciel d'hiver. Il se souvint d'une conversation qu'il avait eue à Dublin après l'enterrement de Sophie, avant de prendre la décision de s'installer à Finfarran. Un ancien collègue était apparu à l'improviste sur le pas de sa porte, insistant pour l'emmener boire quelques pintes. Ils s'étaient assis dans un pub au coin de son ancien bureau, et le collègue, qui était aussi un bon ami, s'était raclé la gorge.

– Je me lance ici sans y avoir été invité, alors n'hésite pas à me dire d'aller me faire voir ailleurs. Le problème, Stephen, c'est que je sais que tu as pris une retraite anticipée pour que Sophie et toi puissiez vous installer à la campagne.

– C'est ce qui était prévu.

– Eh bien, la retraite en elle-même est un grand pas. Ça change la vie. Et puis perdre ta femme, c'est énorme.

– Je ne veux pas être impoli, mais où veux-tu en venir ?

– Oui, je n'interviens pas pour le plaisir. C'est juste que je me suis dit que si ça t'intéressait, tu pourrais facilement décrocher un projet ou deux en free-lance. Tu ne vas pas vouloir rester inoccupé à ton âge. Enfin, je sais que tu avais des projets avant, mais maintenant… Enfin, bref, je dis juste que si tu veux que je passe le mot, j'en serai ravi. Si tu as envie de te remettre au travail, il y en a beaucoup qui te tendront la main. Prends ton temps. Réfléchis-y. Fais-moi signe si jamais cela te semble juste.

À l'époque, Stephen avait à peine considéré la suggestion et, depuis qu'il était venu à Bridge House, il n'y avait plus pensé. Maintenant, il se rappelait qu'il avait encore des amis à Dublin et la possibilité de trouver un travail intéressant. Il devrait peut-être prendre son téléphone après Noël, passer quelques coups de fil et voir comment les choses se passaient là-bas. Car quel genre de vie y avait-il pour lui maintenant dans un endroit si petit que, où qu'il aille, il pouvait tomber sur Catherine ? Pourquoi risquer de voir se répéter à l'infini l'embarras qu'il venait de subir ? Pourquoi ne pas mettre Bridge House en vente, réduire ses pertes et partir ?

Lia avait posé ses mains sur celles d'Adam pour les empêcher de trembler. Il sentait ses cheveux frôler sa pommette, comme lorsqu'ils avaient regardé le psautier dans la bibliothèque. Il savait que, malgré sa détermination, s'il se retournait pour la regarder maintenant, il allait l'embrasser, mais il ne pouvait pas savoir comment elle réagirait. Ils restèrent donc assis là, alors que la lumière commençait à décliner dans la froide clairière.

Puis, sans avoir l'impression d'avoir pris une décision, il se rendit compte qu'il s'était tourné vers elle et que sa main était sous son menton. Elle le laissa l'attirer vers lui et il vit ses cils battre, comme si elle était sur le point de les abaisser et d'accepter son baiser. Puis ses yeux gris s'écarquillèrent et se fixèrent quelque part au-delà de son épaule.

– Oh, mon Dieu, Adam !

– Quoi ?

– Regarde !

Avec des idées effrayantes d'ours ou de tueurs brandissant des haches, Adam se retourna et regarda. Elle montrait du doigt l'endroit où le soleil s'enfonçait derrière les arbres, énorme, doré et étonnamment entouré d'anneaux concentriques de couleurs vives. Sur un ciel rendu pâle par des nuages semi-transparents, ils variaient du rouge, de l'orange et du jaune au bleu, à l'indigo et au violet, en passant par le vert.

– Les astronomes appellent cela un halo. La lumière est réfléchie et réfractée par des cristaux de glace, pas par des gouttelettes d'eau. Adam, tu ne te souviens pas ? Pense au psautier.

Immédiatement, Adam se retrouva dans la bibliothèque de Hanna, à regarder un troglodyte perché sur un frêne peint, ses ailes rendues par des coups de pinceau brunes et noires, sa tête levée et son bec ouvert en chantant. Derrière lui, il y avait un disque doré délimité par des cercles concentriques, recouvert de vert-de-gris, d'ocre, d'azurite et de vermillon. Lorsqu'il l'avait vu, il avait pensé que l'oiseau devait représenter un saint, comme saint François dans la fontaine, dont la tête était soutenue par un disque de granit. Maintenant, il regardait Lia.

– Une auréole est un terme astronomique, ainsi qu'une chose sacrée ?

– Oui, oui.

– Qu'est-ce que le psautier essayait de montrer ? Est-ce que quelqu'un essayait de peindre une image de sainteté ou de quelque chose qu'il avait vu dans le ciel d'hiver ?

– Il se peut qu'il n'ait pas pensé qu'il y avait une différence entre les deux.

Se tenant par la main, ils restèrent assis à regarder le soleil disparaître sous la cime des arbres. Le temps passa. Vénus apparut dans un ciel aussi doux que du velours gris, et Adam dit :

– Regarde, nous sommes liés par les étoiles.

– En fait, il s'agit d'une planète, pas d'une étoile.

– Lia.

– Quoi ?

– Tu sais que j'étais sur le point de t'embrasser ?

– Oui. Désolée. Nous devrions vraiment nous recentrer et revenir à ce baiser.

VEILLE DE NOËL

CHAPITRE TRENTE ET UN

Lia se réveilla tôt. Adam était allongé à côté d'elle, un bras recroquevillé sous son oreiller et l'autre pendouillant au sol. Lorsqu'elle tendit la main pour le toucher, il soupira, mais ne se réveilla pas. *Aujourd'hui*, pensa-t-elle, *j'ai une place dans un train pour Dublin et il partira pour un travail qui l'absorbera totalement. Pourtant, nous sommes ici dans son lit et, dès que nous avons quitté la forêt, nous savions tous les deux que c'était là que nous finirions.*

La nuit précédente, elle avait dit :

– Il y a toujours une fille, n'est-ce pas ? Dans tes cours. Il y a toujours quelqu'un avec qui tu finis dans ta chambre.

Roulant loin d'elle sur le dos, il ne dit rien pendant un moment.

– Non, pas toujours. Mais oui, de temps en temps.

– Là, c'est différent.

C'était une déclaration, pas une question, et il avait tourné la tête pour la regarder.

– Oui, c'est vrai. Lia, tu veux que nous arrêtions ?

– Tu le pourrais ?

– Si je devais le faire.

– Je n'ai pas pu.

Lia ne regrettait rien, mais maintenant, en regardant son visage à moitié caché, elle savait pourquoi ils avaient tous les deux hésité. La carrière d'Adam était le seul centre d'intérêt de sa vie. Dans la voiture, en revenant de la forêt, il avait essayé de s'expliquer.

– Tu ne peux pas imaginer ce que c'est que de dormir dans la rue. Les gens te considèrent comme un moins que rien. Ils te crachent littéralement dessus. Martin disait que c'était la peur – qu'ils regardaient et savaient qu'ils n'étaient qu'à quelques paquets de salaire de l'entrée d'un magasin glacé. Je ne comprendrai jamais l'agressivité, mais maintenant que j'ai réussi, je connais la peur. Tu n'es pas plus grand que ton dernier emploi et il y a toujours d'autres personnes derrière toi qui se battent pour grimper les échelons. Si tu ne te concentres pas et que tu ne continues pas, tu pourrais te retrouver au fond du trou.

Et se retrouver à nouveau au fond du trou, pensait Lia, *le briserait, parce qu'il n'y aurait personne pour l'aider à remonter la pente.*

Dans la forêt, lorsqu'ils étaient arrivés près d'un ruisseau, il s'était recroquevillé et avait laissé traîner sa main dans l'eau.

– Je n'ai pas beaucoup vu mon père quand j'étais enfant. Il travaillait tout le temps. Mais le week-end, il m'emmenait parfois pêcher dans le canal royal. Il m'a raconté un jour que, lorsqu'il était enfant, mon grand-père l'emmenait pêcher dans la mer Rouge, dans un bateau dont les voiles étaient en toile brune.

– Ton grand-père était pêcheur ?

– Je ne sais pas. Papa ne l'a jamais dit. Par contre, il a parlé de faire du riz sayadieh. C'est un plat égyptien à base de fruits de mer. Il a dit que son père et lui le préparaient avec du poisson qu'ils attrapaient dans des filets traînant derrière le bateau. C'était du mulet. Ils faisaient chauffer l'huile dans une poêle ronde en fer, caramélisaient les oignons et les épices, et le mangeaient avec du riz ambré, cuit sur un feu sur une plage dorée.

– Qu'est-ce que ton père et toi vous attrapiez dans le canal royal ?

– Rien, la plupart du temps. Mais nous avions l'habitude d'acheter de la morue fumée et des frites à emporter après, et de les manger dans le bus sur le chemin du retour.

Bougeant doucement, pour ne pas le réveiller, Lia se redressa et regarda la flopée de vêtements jetés qui menait du tapis jusqu'au lit. Encore profondément endormi, Adam remua et se tourna sur le dos, jetant un bras sur sa poitrine. Ses cheveux, qui avaient perdu leur aspect lisse caractéristique, étaient humides sur son front légèrement bombé. Lia s'écarta du lit, traversa la pièce et souleva le rideau qui recouvrait la fenêtre. En se penchant, elle pouvait voir une rangée de poubelles de taille industrielle loin en dessous d'elle, à gauche de la porte de la cuisine. Adam lui avait dit que la chambre du rez-de-chaussée qu'il occupait en tant que cuisinier avait la même vue.

– Ce qui était surréaliste car, quelques semaines auparavant, je dormais dans l'espace entre ces bacs et le mur de la cuisine.

La première pensée de Catherine, la veille de Noël, avait été de constater à quel point Stephen lui manquait et qu'il semblait qu'elle ne lui manquait pas. Lorsqu'elle l'avait vu dans Sheep Street la veille, elle avait failli l'appeler et le saluer, et la façon dont il s'était engagé dans la ruelle l'avait fait se sentir ridicule. Maintenant, en se brossant les cheveux devant son miroir, elle se regardait dans les yeux. Il était inutile de le nier. Elle était tombée amoureuse de lui, et il y avait fort à parier qu'elle l'avait fait fuir en se comportant comme une idiote ce jour-là dans la voiture. *Et pourquoi ça ?* se demanda-t-elle en se penchant pour contempler les petites pattes-d'oie autour de ses yeux. *Parce que tu avais peur qu'il pense que tu étais en demande. Tu as quarante ans et une librairie, une maison et une expérience dans les affaires, mais au lieu de laisser une conversation t'emmener là où elle allait, tu as paniqué, comme une adolescente, voilà le résultat.*

En bas, la sous-couche du plafond avait séché pendant la nuit. Les dalles de moquette étaient empilées le long du couloir, et dans la boutique, Terry, Declan et Angela étaient en train de décoller le revêtement endommagé du sol. Lorsque Catherine vint ouvrir, Fury avait remis l'arbre de Diablo à sa place centrale contre les cache-poussière, et déplaçait les bannières de *Lissbeg Books* pour les suspendre à nouveau autour de lui.

– D'accord, donc. L'état définitif, par défaut. Tout simplement comme le premier matin. Pas de décorations sur le sapin. Tu mettras tes chansons préférées pour couvrir les derniers bruits, et tout sera terminé et dépoussiéré à l'heure du déjeuner, avec la mise en place de ta chorale de Noël.

La vue des branches dénudées de l'arbre fit grimacer Catherine. C'était comme si le souvenir de la présence de Stephen avait été effacé. *Ce n'est pas bien*, pensa-t-elle. *Il était avec nous quand c'étaient les montagnes russes. Il devrait être là le dernier jour, pour fêter tout ce que nous avons accompli.* Mais comme Fury et les autres étaient encore là, à travailler comme des forçats, elle se força à sourire et dit que le résultat final par défaut était très réussi.

– Le sapin de Diablo est vraiment le cadeau qui continue de servir. Où est ton chien d'ailleurs ce matin ? Tu l'as laissé dans la camionnette ?

– Il aurait crocheté la serrure et se serait enfui si j'avais essayé. Rien ne pourrait l'arrêter si une dame était en train de préparer un repas de Noël et qu'il en sentait l'odeur. Non, il est là-haut dans ton appartement à faire les gros yeux à ta mère dans l'espoir qu'un de ses rôtis en croûte tombe.

– Je ne parierais pas sur ses chances. Ma mère est une cuisinière très concentrée.

– Je ne douterais pas d'elle. Je parie tout de même sur Diablo.

Adam regardait le mot qu'il avait trouvé près de son oreiller. Il l'avait lu trois fois et ne savait toujours pas ce qu'il disait.

« J'avais oublié que j'avais un WhatsApp, Oz. Je ne suis pas désolée. Je ne voulais pas te déranger. J'espère que ce n'est pas le cas. Dans la vie, il faut savoir suivre le sens du courant. Xx. »

Il savait que les appels WhatsApp de la famille de Lia devaient être fixés en fonction du décalage horaire donc elle s'était probablement réveillée tôt, s'était souvenue qu'elle en avait un et s'était précipitée dans sa chambre pour se connecter. Mais « pas désolée » ? Pas désolée de quoi ? Et « je ne voulais pas te déranger » ? Parlait-elle de le réveiller ou de mettre sa vie sens dessus dessous ? Il saisit son téléphone et se rendit compte qu'ils n'avaient pas échangé leurs numéros de portable. Devait-il appeler la réception et demander qu'on lui passe sa chambre ? Mais elle était peut-être encore dans son appel WhatsApp, auquel cas il se retrouverait au beau milieu d'une conversation familiale. Le mieux était donc de ne pas bouger, d'espérer qu'elle serait de retour à la fin de la session WhatsApp et de ne pas s'attarder sur le fait que, si ce n'était pas le cas, il n'avait aucun moyen de la contacter de lui-même.

Stupéfait, il se leva et fit les cent pas dans la chambre, essayant et échouant à se remettre les idées en place. Hier, alors qu'il essayait encore d'être décontracté, il lui avait proposé de l'emmener en voiture pour qu'elle prenne son train aujourd'hui. Mais c'était avant qu'ils ne se retrouvent dans le même lit. Est-ce qu'elle voudrait toujours qu'il l'emmène à la gare ? Peut-être que partir sans un mot était sa façon de dire qu'elle ne le ferait pas. Sauf qu'elle n'était pas partie sans un mot. Elle lui avait laissé un message si énigmatique qu'il n'arrivait pas à le comprendre. Soudain, Adam s'arrêta et fixa le lit froissé. Est-ce que c'était ça le message ? Un test ? Une blague, peut-être ? Elle l'avait déjà taquiné auparavant, mais il ne pouvait pas croire qu'elle le ferait maintenant. Ou bien était-ce parce qu'après avoir fait l'amour, elle était aussi troublée que lui ? Il ne doutait pas un instant qu'elle l'aimait, mais la vie était plus compliquée que cela. S'était-elle réveillée à la lumière froide du jour, avait-elle réfléchi aux complications qui suivraient et décidé qu'il valait mieux pour eux deux qu'elle s'éclipse tout simplement ?

Après avoir ouvert la boutique, Catherine s'assit au comptoir et appela Ann.

– Hello, comment ça se passe là-haut ?

Ann regarda Diablo, qui était assis sur le sol de la cuisine. Il était immobile, à l'exception de son nez, qui frémissait comme une boussole ultrasensible, et de ses grands yeux humides, qui n'avaient pas cligné depuis que sa tête était apparue dans la porte.

– Très bien, j'ai un visiteur.

– Diablo ? Est-il persuasif ?

– Il y a des chances que cette dinde n'aille pas jusqu'au four avec ses deux pattes.

– De toute façon, elle est beaucoup trop grosse pour nous deux.

– Ça va, ma chérie ? Tu n'as pas l'air en pleine forme.

– Ça va. Fatiguée. Je pense que c'est parce qu'on approche de la fin.

– Là, tu as l'air morbide.

– Ne sois pas bête. Je veux dire que c'est parce que nous sommes si près de récupérer notre magasin.

– Et pas seulement comme il était avant. En mieux.

– Je sais.

Consciente qu'elle était encore sonnée, Catherine continua à parler pour qu'Ann ne puisse plus poser de questions.

– Écoute, maman, j'ai reçu un message de Bríd. Elle va apporter les pâtés en croûte par la porte arrière et te les apporter. Nous devrons en réserver quelques-uns pour la chorale et mettre le reste sur des plateaux pour les faire circuler.

– Pas de problème. Le dîner de demain est sous contrôle, alors je m'y mets. Des clients sont arrivés ?

– Des achats paniques de dernière minute, et beaucoup de gens qui se renseignaient sur les chants de Noël. Je dirais qu'il y aura beaucoup de monde et, d'après Fury, nous sommes dans les temps. Dieu seul sait ce qu'il prépare. Il vient d'annoncer qu'il allait acheter des bagues.

– Quel type de bagues ?

– Je ne sais pas. Cinq bagues en or ? Peut-être qu'il va produire l'extravagance d'un *Twelve days of Christmas*. Quoi qu'il en soit, l'accès à l'arrière du magasin nous est interdit jusqu'à ce que le plancher soit posé et que le concert soit terminé.

Lorsqu'Adam s'était réveillé ce matin-là, il avait ressenti un sentiment de libération si intense qu'il en était presque effrayant, mais le choc de se retrouver seul l'avait chassé de son esprit. Maintenant, coincé dans sa chambre avec rien d'autre à faire que d'attendre Lia, il réalisait que lui parler de Nugent et de Martin avait libéré quelque chose qu'il avait gardé enfoui au plus profond de son subconscient depuis le jour où son père était mort. Cela faisait des années qu'il n'avait pas regardé en face la colère irrationnelle qu'il ressentait envers sa mère. Mais ce qu'il n'avait pas reconnu jusqu'à présent, c'était sa conviction tacite que, sans la présence puissante de son père, il ne serait plus jamais en sécurité.

Le sentiment de libération était revenu, apportant une clarté absolue. *C'est donc ce que j'ai fait*, pensa Adam. *J'ai passé tout ce temps à trouver des remplaçants à mon père. Ça a commencé ici, à Finfarran, et ça continue depuis.* Avec le recul, il se revoyait dans la rue, seul et effrayé, lorsque Martin, avec ses énormes mains en forme de pelle et son air d'autorité, l'avait recueilli. Martin, qui menait une guerre personnelle contre un système qui ne parvenait pas à contenir la bigoterie et la violence. Martin, qui pouvait ouvrir des portes parce qu'il comprenait ce qui se passait derrière. Martin, qui ne parlait pas beaucoup, mais faisait avancer les choses. Après cela, il y avait eu les chefs de plus en plus puissants pour lesquels il avait travaillé, du soupe au lait et colérique Anton au *Royal Victoria* au robuste Anglais de Dublin qui l'avait envoyé à Londres, puis au restaurateur étoilé au *Michelin* qui l'avait poussé à tenter d'obtenir le titre de chef le plus cool. *Et maintenant*, pensa Adam, *il y a Dom. Quelqu'un qui ouvre des portes que je n'ai pas le droit de franchir. Une autre figure puissante et dominante, qui mènera mes batailles à ma place.*

Adam se dirigea vers la fenêtre et observa la rangée de poubelles. Il y avait une bouche d'aération de la cuisine dans le mur derrière elles, ce qui signifiait que l'espace où il s'était recroquevillé dans son sac de couchage était chaud. Il se souvenait d'avoir franchi le portail menant à la cour, craignant que quelqu'un ne le surprenne et ne le fasse arrêter pour violation de propriété. *J'ai fait ça tout seul*, pensa-t-il, *quand je n'étais qu'un enfant. J'ai tenu le coup pendant des mois avant d'être trop malade pour me débrouiller, et une fois que je me suis rétabli, que j'ai eu un travail et un endroit où vivre, j'ai retrouvé mes marques. Dom a eu sa part de mon succès. Je ne lui dois rien à ce stade. Mais je dois à mon père et ma mère de ne pas le laisser faire de ce qui m'est arrivé à la mort de papa un article racoleur. Et je me dois à moi-même de ne pas vendre mon âme, et c'est à cela que se résume ce gros contrat avec Netflix. Je pourrais choisir de croire que me créditer comme producteur me donnera du pouvoir, mais je sais que ce n'est pas le cas. Pour être juste envers Dom, il ne me cache jamais la vérité. Pas vraiment. Il vous propose juste des moyens de l'obscurcir et, en fin de compte, c'est à vous de choisir.*

CHAPITRE TRENTE-DEUX

La veille de Noël, le Centre du couvent fermait ses portes pour les vacances et Pat avait donc proposé d'accueillir la dernière répétition de la chorale. Ils montèrent les escaliers de la boucherie, déroulèrent des écharpes et tapèrent dans des mains gantées, se disant que Finfarran allait connaître un Noël blanc cette année. Mary dit d'un ton sombre qu'avec le prix des bouteilles de gaz et de l'électricité, il y aurait des histoires de gens morts de froid dans leur maison avant la fin de l'hiver.

– Aha, Mary Casey, tu mettrais un bémol à n'importe quoi.

– Je ne suis pas responsable de la météo ou de l'inflation.

– Tu fais l'intéressante parce que tu es bien dans ta maison Garrybawn.

La maîtresse de la chorale, Miss Clarke, avait été la maîtresse d'école de la plupart de ses membres.

– Pouvons-nous en finir avec les bavardages, s'il vous plaît, et nous installer ? Nous allons passer directement au programme sans interruption, puis nous nous occuperons des éventuels problèmes.

Mary, qui s'était servi une tasse de thé dans le pot de la cuisinière de Pat, rappela qu'elle avait dit dès le départ qu'elle aurait besoin d'une plate-forme.

– Avec la façon dont vous nous avez alignés, personne ne va me voir, Miss Clarke. Pas avec les autres devant.

Un ténor de Ballyfin, qui avait travaillé sur un chalutier, leva la main et dit qu'il avait apporté une caisse à poissons.

– Nous la mettrons à l'envers pour elle dans la rangée du fond, Miss, et tant qu'elle répartira son poids sur les bords, elle sera saine et sauve.

Avant que Mary ne puisse s'y opposer, tous furent poussés à prendre leur place. Le gars du chalutier et un ancien employé à l'arrière, puis Mary sur la boîte, et un couple de fermiers. Une deuxième rangée, composée de Pat, flanquée de deux dames musiciennes. Et la vieille Miss Cassidy du supermarché devant, à côté d'Ursula Flood de la pharmacie et de son orgue à bouche.

– Alors, maintenant ! Épaules en arrière, poitrine en avant, respirez depuis votre diaphragme. Et n'oubliez pas que les « carols », les chants de Noël, viennent du français « caroles », et qu'ils étaient autrefois dansés et chantés. Alors, que ressentons-nous ?

Un chœur docile répondit :

– Nous ressentons le mouvement de la musique, Miss.

– Exactement. Tous ensemble et suivez ma baguette.

Ils commencèrent par une ouverture endiablée et poursuivirent en douceur, sauf lorsque Brendan, le gars du chalutier, se lança à l'improviste dans les gloria des dames.

– Un peu de concentration, Brendan, *s'il te plaît.* Nous faisons cela depuis le mois de septembre.

– Désolé, Miss. Je m'inquiétais pour la caisse à poissons de Mary.

Mary se hérissa.

– Sache que je sentais très bien le mouvement de la musique.

– Le fait est que j'ai sorti la caisse d'un chantier derrière la marina, et que son propriétaire ne voudrait pas qu'elle soit cassée.

– Et qu'est-ce qui te fait penser que je la casserais ? J'ai chanté plein de solos sur un tabouret à trois pieds.

– Sûr, mais la base de cette caisse n'est que du plastique de trois millimètres. Et je dirais maintenant, Mary, pour être honnête, que tu as un peu plus de poids que par le passé.

La discussion s'élargit lorsque l'un des agriculteurs déclara qu'il estimait que l'épaisseur était plutôt de deux millimètres que de trois.

– Ils ont modifié les règlements il y a quelque temps.

– Non, ton homme a cette caisse depuis une bonne vingtaine d'années.

– Elle est fragile alors. Tu as raison. Elle devrait faire attention.

Au coup de baguette, ils se relancèrent dans le programme et arrivèrent à l'alléluia d'Ursula. Après plusieurs tentatives de dernière minute pour donner un sens à sa mise en scène, l'un des fermiers corpulents leva la main.

– Quand on en arrivera là, dans le public ils auront envie d'une tourte à la viande. Pourquoi ne pas chanter tous ensemble et en rester là ?

Même Mary, à qui l'on avait promis son propre solo, était d'accord, et Ursula avait l'air tellement soulagée que Miss Clarke eut du mal à garder son sang-froid.

Lorsqu'ils eurent terminé, Mary accepta une main tendue pour descendre de son caisson à poissons et rejoignit Pat, qui était allée remplir la bouilloire.

– Soit Ursula est sourde, soit son ange gardien n'a pas reçu de formation classique.

Jetant un coup d'œil dans la pièce, elle demanda :

– Ah, Pat, tu n'as même pas mis un brin de houx ?

– Je vois bien toutes les grandes décorations dans la rue en bas depuis ma fenêtre ?

– Ce n'est pas la question.

– Passe-moi les sachets de thé et ne m'embête pas.

– En vrai tu es déprimée parce que tu ne veux pas passer Noël chez Frankie.

– Laisse tomber, Mary. Le sang sera toujours plus fort, et Frankie est ma chair et mon sang. Concentre-toi sur ta caisse à poissons. Je serai grandiose.

Alors que Catherine finissait de servir un client, Hanna entra dans la librairie.

– Comment ça se passe ?

– On est dans la dernière ligne droite. Fury va déplacer l'arbre de Diablo une fois que le nouveau revêtement de sol sera posé. Il dit que l'organisation du concert se déroule comme prévu, et qui suis-je pour douter de lui ?

– Tu dois être aux anges de retrouver ta librairie.

– Et regarde, j'ai commandé un carrousel de cartes. Nous pourrons te rendre le tien rapidement.

Hanna secoua la tête.

– Rien ne presse. Je vois que les cartes se sont bien vendues.

– Comme des petits pains. C'est une évidence, vraiment. Je veux dire que nous vendons des livres et que le psautier est le cœur littéraire de Lissbeg.

– La plupart de nos cartes tirées du psautier ne sont pas du tout dans l'esprit de Noël. Tu as pensé à en proposer ici tout au long de l'année ?

– Nous nous sommes posé la question. Peux-tu m'envoyer les coordonnées de ton fournisseur ?

– Bien sûr.

Catherine s'appuya contre le comptoir.

– Nous avons également pensé à d'autres produits. Des bougies parfumées, par exemple, ou de superbes chaussettes en cachemire, ou même de l'huile pour le bain. Des choses relaxantes dont tu peux t'entourer lorsque tu te plonges dans un livre. De préférence fabriquées localement pour que nous puissions mettre en valeur Finfarran.

– C'est logique. Que penses-tu d'Essentiels du bout du monde, au Centre du couvent ? Ils fabriquent des huiles de bain biologiques. Des bougies aussi. Ils s'approvisionnent en cire auprès d'un apiculteur qui élève des abeilles près de la forêt de Fury.

– C'est exactement cette ambiance. Du thé et du miel sur des toasts, les pieds dans des chaussettes en cachemire, assis au coin du feu avec notre dernier best-seller.

– Je pense que la diversification est une idée brillante.

– En fait, c'était celle de Stephen. Il m'a fait remarquer que nous bénéficierions d'un double avantage. Les ventes aux touristes, mais aussi l'exploitation du marché local des cadeaux.

Mais à la mention du nom de Stephen, la voix de Catherine passa de l'excitation à la tristesse. Prudemment, l'air de rien, Hanna dit :

– J'ai hâte d'être à ton concert de chants de Noël tout à l'heure. Je sais que ce sera son cas aussi.

– Ah oui ?

– Oui, il était enthousiaste sur le sujet il y a une semaine.

Catherine prit un air dépité.

– Ah. Les choses ont peut-être changé depuis.

– Pourquoi ? Vous vous êtes brouillés tous les deux ?

– Non, c'est juste que… je ne sais pas. C'est un peu compliqué.

– Oh, d'accord. Écoute, je ne veux pas être indiscrète. Mais je suis désolée. Stephen est un type formidable.

– Je sais. Il est merveilleux. Je veux dire qu'il est solide, c'est quelqu'un de bien et il est gentil. Et de très bonne compagnie.

– Solitaire, aussi, la plupart du temps, je dirais.

– Tu penses ?

– Il est du genre sensible et a toujours peur de s'immiscer là où on ne veut pas de lui.

Estimant qu'elle en avait assez dit sur le sujet, Hanna consulta sa montre.

– Je ferais mieux d'y aller. Ma mère m'a envoyé un message ce matin. Elle espère que j'ai de la crème glacée pour le trifle.

– Et tu en as ?

– Nous n'avons même pas de trifle.

– Bonne chance pour en trouver les ingrédients à Lissbeg la veille de Noël.

– Je sais. Je viens d'essayer la crème chez *Cassidy* et la femme m'a ri au nez. Oh, bon, comme je te l'ai dit au téléphone, ce n'est qu'une journée après tout, et je me suis promis de ne plus perdre mon sang-froid avec ma misérable mère. Allez, on se voit plus tard. Tu veux que je te rapporte quelque chose si je dois aller à Carrick ?

– Non, tout est bon. Maman est en haut en train de préparer un repas pour un régiment.

– D'accord, à bientôt.

Catherine retourna à son travail avec un sentiment de découragement. Lorsqu'elle avait entendu Hanna dire que Stephen était impatient d'assister au concert, son esprit s'était mis à tourner. Peut-être avait-elle imaginé l'expression de son visage lorsqu'elle l'avait vu hier. Peut-être n'avait-il pas remarqué qu'elle se trouvait de l'autre côté de la rue. Peut-être s'était-il engagé dans la ruelle pour nouer ses lacets, ou pour ramasser un objet qu'il avait fait tomber et qui avait roulé. Mais ses espoirs avaient été anéantis, et maintenant l'idée de mettre en œuvre sans lui des plans pour la boutique était horrible. Ann parlait déjà de réunions d'organisation en janvier et soulignait à quel point il était stimulant d'avoir l'avis de Stephen.

– Nous pourrions lui demander de jeter un coup d'œil à ce que toi et moi avons inventé. Ou même voir s'il peut nous aider à trouver des idées. Qu'en penses-tu ?

Jusqu'à présent, Catherine avait réussi à éviter la question, mais, de toute évidence, cela ne pouvait plus durer. Même si elles étaient proches, Ann et elle n'avaient jamais parlé de leurs sentiments à cœur ouvert, et maintenant elle allait devoir lui dire qu'en plus de gâcher son propre bonheur, elle les avait aussi privées des conseils utiles de Stephen. Elle était assise au comptoir, essayant de décider comment et quand s'y prendre lorsque son téléphone sonna. Elle le prit dans son sac, vit un message de Hanna et l'ouvrit, s'attendant à trouver le lien promis vers le fournisseur de cartes. Au lieu de cela, le message était le suivant : « Voici le numéro de Stephen. Il se met vraiment dans tous ses états s'il pense que les gens le considèrent comme quelqu'un d'insistant. Bisous. »

En regardant pensivement l'écran, Catherine sentit une lueur d'espoir revenir. Elle relut le texte, puis fit défiler l'écran vers le bas pour regarder la rangée de chiffres. Le numéro de Stephen. Il suffirait d'une simple pression sur l'écran pour l'appeler.

Fury avait donné des instructions à Miss Clarke pour faire entrer la chorale dans la librairie par l'arrière-cour.

– Descendez par le chemin de traverse et entrez par le portail, vous verrez ma camionnette garée à l'extérieur. J'ai prévu un grand effet et je ne veux pas que les retraités entrent par l'avant du magasin, vous m'entendez ? Je veux qu'ils soient alignés à l'abri des regards dans la partie rénovée, prêts à commencer à chanter au moment de la révélation finale.

Ainsi, à nouveau munie de ses écharpes et de ses gants, la chorale se dirigea vers Sheep Street et, avant d'atteindre la librairie, tourna dans la ruelle. Il faisait plus froid qu'avant et ils passèrent la porte arrière en toute hâte, Miss Clarke devant et Mary en dernier. Dans un coin de la cour se trouvait l'énorme monticule de débris que Terry, Fury et Angela avaient sortis de la boutique. Le plâtre déchiqueté, les lattes brisées et le métal tordu étaient bordés de morceaux sales de neige à moitié fondue. Des cartes de Noël et des livres déchirés dépassaient du tas. Au-dessus se trouvait le revêtement de sol mis au rebut, dont le dos noir caoutchouté était visible par endroits, là où la surface abîmée n'avait pas été la plus haute lorsqu'elle avait été déversée.

Assis au pied du monticule sur un seau retourné, Fury fumait une cigarette roulée, Diablo à ses pieds. Alors que le reste de la chorale se pressait pour passer la porte, Mary resta en arrière et planta ses mains sur ses hanches. La tête de Diablo était posée sur la botte de Fury et ce dernier avait la tête baissée, les avant-bras posés sur ses cuisses et les mains se balançant entre ses genoux osseux.

– Mon Dieu, Fury, il fait très froid ici. Ne veux-tu pas rentrer à l'intérieur pour te réchauffer ?

– Jamais tu n'arrêtes de dire aux gens ce qu'ils doivent faire, Mary Casey ?

– C'est une question intéressante, venant de toi. Cela fait des années que tu nous dis à tous ce qu'il faut faire.

Fury fit tomber la cendre de sa cigarette, manquant de peu l'oreille de Diablo.

– La semaine a été longue, Mary. Je fais une pause.

Mary le regarda d'un air sévère.

– Tu n'as pas l'air bien dans ta peau. Tu sais ce que je vais te dire ? Tu ne devrais pas vivre seul au bord de la forêt. Et si tu faisais une chute et que tu avais besoin d'aide ?

– Je n'ai pas l'habitude de tomber.

– Ah, eh bien, aucun d'entre nous ne l'a jusqu'à ce que ça arrive. Ce que tu devrais faire, c'est anticiper, Fury. Va dans une maison de retraite, comme je l'ai fait, et prends un nouveau départ dans la vie.

Contrairement à son habitude, Fury ne lui cloua pas le bec. Il avait les yeux rivés sur la pointe incandescente de la cigarette. La voix de Mary s'adoucit.

– Je ne dis pas que c'est facile. Ce n'est pas le cas. Je le sais mieux que personne. J'avais un petit bureau à la maison, que m'avait laissé ma mère. Il ne rentrait pas dans l'appartement de Garrybawn, alors j'ai dû m'en séparer. Et j'avais un hangar plein d'outils de Tom sur lesquels je pleurais à chaudes larmes, même si après sa mort, je n'avais pas la moindre idée de ce à quoi servait la moitié d'entre eux. Johnny, le voisin, les a récupérés et je suis toujours convaincue que Tom ne me le pardonnera jamais. Il a toujours dit que Johnny était négligent avec les outils.

Serrant son manteau sur sa poitrine, Mary chercha quelque chose pour s'asseoir. Ne trouvant rien de convenable, elle resta debout au-dessus de Fury, son visage habituellement suffisant teinté d'inquiétude.

– Nous sommes tous pareils à Garrybawn. Nous avons tous laissé beaucoup de choses derrière nous. Il y a Maude McGonigle qui a la chambre individuelle à côté de la mienne. Elle avait cette maison de quatre chambres que son mari avait construite à Crossarra. Elle s'est débrouillée toute seule pendant des années. Deux opérations de la hanche et le tapis de l'escalier en lambeaux. Un accident en perspective, mais, bien sûr, on ne lui en parlait pas. Dans le feu de l'action, son gendre a dû intervenir et lui faire entendre raison. Et, en fin de compte, à quoi s'accrochait-elle, seulement au chien ? Un petit chien noir de la taille d'un lapin. Ça n'avait aucun sens, n'est-ce pas ?

Fury avait toujours les yeux rivés sur le béton fissuré entre ses bottes. Écartant sur son poignet son gant de sa montre, Mary se dit que, de toute façon, elle ferait mieux de rejoindre les autres.

– J'ai entendu dire que tu avais prévu un grand coup de théâtre pour cet après-midi.

– Et je veux que la chorale soit en place, alors prépare-toi.

Il la regarda droit dans les yeux et, comme elle le connaissait depuis leurs années d'école, elle haussa les épaules et acquiesça.

– D'accord. Je te retrouve à l'intérieur.

Alors que Mary disparaissait par la porte arrière, Fury regarda Diablo.

– Je suis désolé que tu aies eu à entendre ça.

Assis, Diablo regarda longuement et intensément les yeux bleus larmoyants de Fury. Les siens, grands et bruns, étaient frangés de cils blancs. Fury lui fit une grimace et éteignit sa cigarette.

– Ah, pour l'amour du ciel, laisse tomber l'imitation du capitaine Oates. Je ne te laisserai pas entrer dans un blizzard en te disant que tu en as pour un moment.

Avec un grognement offensé, Diablo s'allongea à nouveau et lui tourna le dos. Fouillant dans la poche de sa veste cirée, Fury en sortit son iPhone.

– Tiens, tu pourrais aussi bien regarder ça. Je n'avais pas l'intention de te le montrer, mais, connaissant Liam Carmody, il y aura une pancarte collée sur un poteau au bord de la route forestière en un rien de temps.

Trouvant le site internet du notaire, il tendit le téléphone à Diablo.

– Il l'a déjà mis en vente en ligne. « Les offres de la région »... Pendant que nous faisions tourner la poussière de fée autour de la librairie, il était dans son bureau, en train de sceller notre destin.

Il se leva et remit son téléphone dans sa poche, se pencha et gratta Diablo derrière l'oreille. Puis, enfonçant le bout de sa botte sous le ventre du petit chien, il le souleva pour le mettre à ses pieds.

– Allez, on ne va pas y retourner pour mon dernier coup de théâtre. J'en ai assez fait. Toi et moi, nous rentrons à la maison.

Diablo se secoua et se mit au pas à côté de lui. Dans la ruelle, Fury ouvrit la portière de la camionnette et le laissa sauter sur le siège passager. Ouvrant la porte de son côté, il monta et attacha sa ceinture.

– Je dirais que si je voulais me retirer, je pourrais m'accrocher maintenant et regarder le prix de notre maison augmenter. Mais, je te le dis, aucun enfoiré ne me fera sortir de là. Je serai encore là quand ils construiront leurs appartements de luxe autour de moi, alors tu n'as rien à craindre, tu ne suivras pas le même chemin que le carlin de Maude McGonigle.

CHAPITRE TRENTE-TROIS

Adam n'avait aucune idée du temps qu'il avait passé assis dans sa chambre lorsqu'un coup frappé à la porte le fit sursauter. Il se précipita pour ouvrir, pensant que c'était Lia, et trouva une femme de chambre qui consultait une liste.

– Désolée de vous déranger. Vous partez aujourd'hui, c'est bien ça ?

– Quoi ? Oui. Je devrais.

Il n'avait rien empaqueté, et ses vêtements de la nuit précédente étaient encore éparpillés sur le sol.

– Euh, vous pouvez revenir plus tard ?

– Oui, monsieur. Le *check out* est à midi.

Adam regarda sa montre et vit qu'il était maintenant plus de onze heures et demie. Il se dirigea vers la douche et, vingt minutes plus tard, se précipita à la réception. Normalement, demander des informations sur les allées et venues d'un compagnon d'infortune entraînerait un refus poli et professionnel, mais, au grand soulagement d'Adam, le jeune homme à la réception était Wayne.

– Lia ? Elle est partie. J'ai ses bagages dans la consigne.

Écarlate jusqu'aux oreilles, il ajouta :

– Vous êtes Adam Rashid, n'est-ce pas ?... Est-ce qu'on peut faire un selfie ? Je suis vraiment un grand fan.

Instantanément, le directeur sortit du bureau derrière lui.

– Comment ça, Wayne ? Tu sais parfaitement que demander des photos aux invités est déplacé.

– Désolé.

– On en parlera plus tard. Retourne immédiatement à ton travail.

Après avoir disputé Wayne, le directeur adressa un sourire bienveillant à Adam.

– Monsieur Rashid, j'espère que vous avez apprécié votre séjour parmi nous. J'ai cru comprendre que vous partiez aujourd'hui ?

– Euh, oui. Je pense que oui. C'est-à-dire que je n'ai pas fait mes valises…

– Il n'y a aucun problème. La règle de l'heure de départ est purement informative. Peut-être aimeriez-vous rester une nuit de plus ? Notre chef prépare un merveilleux dîner de Noël.

– C'est possible. C'est juste que… je dois sortir maintenant.

Tout ce à quoi Adam pouvait penser, c'était que le train de Lia partait à quinze heures trente. Il s'était réveillé avec le sentiment que sa vie était devenue un million de fois plus compliquée et, depuis, il était arrivé à une conclusion qui risquait d'aggraver les choses. Il y avait quelques heures à peine, il voulait que Lia accepte l'idée de vivre avec une star. Maintenant, il était paniqué à l'idée de ce qu'elle pourrait ressentir en apprenant que, sans aucun plan raisonnable pour l'avenir, il avait décidé de se débarrasser de son agent et de mettre au rebut sa carrière de haut vol. Il avait désespérément besoin de lui dire qu'il avait décidé de ne pas signer son nouveau contrat pour la série, mais ce n'était pas quelque chose qu'il pouvait expliquer sur le quai d'une gare. Ils devaient s'asseoir et parler, mais il n'avait toujours aucun moyen de l'appeler. Elle n'était pas revenue dans sa chambre, et elle n'était pas à l'hôtel. Alors, où allait-elle passer les prochaines heures ?

La voix suave du gérant interrompit sa panique.

– Bien sûr, si vous préférez prendre vos repas en toute intimité, nous avons un menu de fêtes en *room service*, préparé personnellement par Jérôme, notre chef.

– Comment ?

– Si vous souhaitez rester avec nous pendant la période de Noël.

– Oh. Oui. Je suis désolé. Je ne sais pas encore quels sont mes projets.

– D'ailleurs, Jérôme espérait vraiment vous rencontrer, et je me demandais si vous nous autoriseriez à prendre une petite photo de vous avec lui. Pour l'accrocher dans un cadre à la réception. Si vous avez le temps.

En arrière-plan, Wayne restait la bouche ouverte et, aussi graves que soient ses propres problèmes, Adam compatissait à son indignation réprimée. Se ressaisissant, il prit un air distant et dit au directeur que les demandes de photos devaient passer par son agent.

– Absolument. Bien sûr. Je vous présente mes excuses. Et s'il vous plaît, restez si vous le souhaitez. Nous pouvons vous garantir une discrétion absolue.

Il disparut dans son bureau et, attendant que la porte se referme derrière lui, Adam se tourna vers Wayne.

– Tu veux un selfie, alors ?

– Sérieusement ?

– Mais fais vite.

– Ouah ! Merci.

Wayne jaillit de derrière le bureau, les yeux affolés et les doigts moites glissant sur son téléphone. Adam passa un bras autour de ses épaules et sourit tandis que, de nouveau en surrégime, son esprit essayait de trouver où Lia avait pu aller. Si seulement il avait un point de départ, une idée pour lancer sa recherche. Puis l'appareil photo du téléphone émit un clic et, du coin de la bouche, Wayne marmonna :

– La jeune femme dont vous parliez ? Celle qui est passée faire son *check out* tout à l'heure ? Elle voulait connaître les horaires des bus pour Lissbeg la veille de Noël.

Ce qui suivit ressemblait à un cauchemar dans lequel Adam courait de plus en plus vite comme du sable glissant implacablement dans un sablier. Après avoir conduit jusqu'à Lissbeg, il sprinta de Broad Street jusqu'au *Café du jardin.*

– Lia est-elle venue ici ce matin ?

Bríd passa la tête par la porte de la cuisine.

– Je l'ai vue en ville tout à l'heure, elle avait l'air d'être en mission.

– Tu ne lui as pas parlé ?

– Non. Tu viens au concert de chants de Noël à la librairie ?

– Quoi ? Non. Je suis censé prendre l'avion pour Londres ce soir.

– Tu ferais mieux de te calmer ou tu vas faire une crise cardiaque avant d'y arriver.

De retour dans la voiture, il se demanda si Lia n'était pas allée dire au revoir à l'océan. Mais, à mi-chemin de la plage, alors que ses pneus projetaient du sable comme un spray, il se souvint qu'elle l'avait déjà fait, le matin précédent. En faisant marche arrière, il s'embourba et dut pousser des pierres polies par les vagues sous les roues arrière pour s'en sortir. Puis, sur la route, en serrant sa tête dans ses mains, il pensa soudain au promontoire. L'endroit était à des kilomètres de là, dans la direction opposée, mais comme il n'avait pas d'autre espoir, il fit demi-tour comme un pilote de course, appuya sur l'accélérateur et s'enfuit à toute allure.

À la librairie, les gens se rassemblaient pour les chants de Noël. L'arbre de Diablo et les bannières avaient disparu, laissant les cache-poussière multicolores intacts. Des assiettes de tourtes étaient alignées sur le comptoir, et l'arbre à livres de Catherine, scintillant dans la fenêtre, jetait des reflets chatoyants sur le trottoir gelé à l'extérieur. Une file de clients de dernière minute bavardaient en attendant de payer leurs livres et, ici et là, des chaises accueillaient des personnes plus âgées qui arrivaient et des parents avec des bambins sur les genoux. Puis, au signal convenu à l'avance, un orgue à bouche retentit derrière les cache-poussière, obligeant tout le monde à se retourner et à se demander de se taire. Le silence s'installa avant que la voix douce et aiguë de Pat ne retentisse, suivie par le contralto *profundo* de Mary.

« The holly and the ivy
WHEN THEY ARE BOTH FULL GROWN
Of all trees that are in the wood
THE HOLLY BEARS THE CROWN »

Devant l'étonnement du public, les cache-poussière s'écartèrent et pivotèrent vers l'arrière, comme un rideau de théâtre au début d'un spectacle. En enfilant des cordes dans une rangée diagonale d'anneaux de rideaux, qu'il avait cousus au dos de chacun d'eux, Fury avait conçu le système qui les soulevait en formant des guirlandes pour sa révélation finale. Debout en rangs sur le sol bleu vif nouvellement recouvert de moquette, les retraités de Miss Clarke s'engouffrèrent en chœur :

« O, the rising of the sun
And the running of the deer
The playing of the merry organ
Sweet singing in the choir ... »

Toujours agrippés aux cordes qu'ils venaient de tirer, Declan et Angela claquèrent des mains d'un air triomphant tandis que la chorale entamait le premier couplet.

« Le houx porte une baie rouge comme le sang… »

C'était la carte de Noël parfaite du théâtre de jouets de l'enfance de Catherine. Pressant ses mains sur son visage, elle échangea un regard ravi avec Ann. L'arrière et l'avant de la librairie étaient maintenant parfaitement assortis. Les spots du nouveau plafond lisse éclairaient le sol impeccable ou étaient dirigés vers les étagères polies le long des murs. D'un côté du chœur, l'arbre de Diablo, couronné d'un soleil doré, se hérissait de cloches cramoisies parsemées de paillettes, et de cupcakes en céramique, d'étoiles en pain d'épices et de pommes de pin enrubannées. De l'autre côté, un paravent ajouré en forme de cerf avec des bois rétablissait le coin des enfants, où des tabourets peints de couleurs vives avaient été installés autour d'une petite table. Les yeux remplis de larmes, Catherine tendit la main et prit celle d'Ann sous le comptoir. Et la chorale reprit le refrain.

En haut du chemin plein d'ornières qui menait au promontoire, Adam quitta sa voiture et se mit à courir. La boue glacée le fit trébucher et, complétant la sensation de cauchemar, les ronces semblèrent se tendre pour le retenir. Des mouettes passaient au-dessus de lui, criaient et glissaient sur des courants d'air. Haletant, il atteignit le gazon balayé par le vent et tituba jusqu'à l'endroit où Lia et lui s'étaient assis au sommet de la falaise pour regarder la lune. Maintenant, à la lumière du jour, il pouvait voir l'autre côté de la baie, là où les feux de joie brillaient la nuit du solstice. Au-dessus de lui, les cris des mouettes semblaient déchirer le ciel. Loin en dessous, les vagues s'écrasaient comme le tonnerre. Appuyé contre un rocher recouvert d'écume, il chercha des yeux une silhouette aux cheveux noirs dans une veste argentée. Mais Lia n'était pas là.

La chorale prit une grande respiration et se lança dans la mélodie suivante :

« Les anges que nous avons entendus dans les hauteurs
Chantent doucement dans les plaines
Et les montagnes en réponse
Font écho à leurs mélodies joyeuses… »

Ronan se tenait à côté d'Aideen. Il commença à dériver vers l'endroit où Terry était perché sur le bord de la vitrine, son bonnet de laine rouge sortant de sa poche précisément à la hauteur des yeux de Ronan. Après avoir réfléchi un moment, Ronan demanda, dans un murmure affirmé :

– Où est l'autre elfe ?

Terry le regarda de haut.

– Tu es encore là, toi ?

– L'autre lutin est avec Papa Noël ? Ils ont ramené Max chez le Grinch ?

– Ne me demande pas, mon bonhomme. Nous ne nous surveillons pas l'un l'autre.

– Je veux montrer au lutin ma pomme de pin sur l'arbre de Noël.

– Ne te casse pas la tête avec ça. Je sais qu'il l'a vue.

Debout sur sa caisse à poissons au centre de la rangée du fond, Mary affermit la prise de ses doigts et déploya ses coudes. Les yeux rivés sur la baguette de Miss Clarke, elle était prête pour le moment où un plongeon dans des cascades de notes répétées amènerait le chœur à son *Gloria in excelsis Deo* définitif !

Lorsque le moment arriva, elle se lança en force et, en grimaçant, Ronan mit ses mains sur ses oreilles.

– Pourquoi cette dame fait trop de bruit ?

Terry le fit taire d'un air réprobateur.

– Il n'y a rien de tel que de chanter un chant trop fort la veille de Noël.

– Mais *c'est* trop fort.

– Fais attention à tes manières. Que dirait Papa Noël s'il pouvait t'entendre ?

La voix de Ronan s'éleva jusqu'à un gémissement qui surpassa les applaudissements enthousiastes à la fin du chant.

– Papa Noël n'a *rien* dit parce qu'il *ne pouvait pas* m'entendre. Il ne pouvait pas parce que la dame chante TROP FORT.

Du haut de la falaise, Adam se retourna, croyant avoir entendu son nom, mais ce n'était qu'un mouton qui appelait un agneau. La dernière fois qu'il avait eu aussi froid, c'était quand il avait dormi sous le porche d'une boutique. Se blottissant contre le rocher, il tentait de contrôler sa respiration. Après s'être demandé comment Lia et lui allaient faire face à la pression de sa célébrité, il était maintenant effrayé à l'idée qu'elle puisse se désintéresser de lui sans cela. Mais elle n'avait jamais semblé penser que c'était important. Et, quelles que soient ses craintes et ses imaginations, il savait que leur amour l'un pour l'autre était aussi certain que la rotation de la terre d'est en ouest. C'était tout ce qui comptait. C'est à cela qu'il devait s'accrocher. Se sentant plus calme, il se détendit, appuyé contre le rocher. Puis, dans un sursaut, il vit que le soleil s'enfonçait vers l'horizon. Lia avait réservé un train qui partait dans moins d'une heure. Il devait retourner à Carrick et se rendre à la gare.

Après s'être héroïquement retenus pendant les parties calmes de *Adeste Fideles*, les retraités étaient sur le point de se jeter sur leur prochain morceau comme des chiens de chasse déchaînés. Le public était tout aussi heureux de passer à autre chose que ce que Terry avait chuchoté à Ronan comme étant « un truc sacré ».

– Pourquoi sacré ?

– Parce que c'est en latin.

– Pourquoi c'est en latin ?

– Parce que c'est sacré. Tais-toi.

La baguette de Miss Clarke se leva, et la chorale prit son inspiration collectivement.

« Nous vous souhaitons un joyeux Noël

Nous vous souhaitons un joyeux Noël

Nous vous souhaitons un joyeux NOËL et une bonne année.

Nous vous apportons de bonnes nouvelles… »

La porte du magasin s'ouvrit et, se retournant automatiquement, Catherine vit Stephen entrer. Leurs regards se croisèrent et il sourit. S'éloignant du comptoir, tout comme Ronan s'était rapproché de Terry, Catherine s'approcha de lui à travers la foule.

– Salut.

– Bonjour.

– Je suis contente que tu sois venu.

– Tu as bien justifié le fait de ne pas rater le grand final.

– C'est incroyable, n'est-ce pas ?

– Mais c'est bruyant. On va voir ce que ça donne de l'extérieur ?

Vu à travers le bow-window, avec l'arbre à livres de Catherine au premier plan, l'arrière des têtes de l'auditoire et le chœur éclairé encadré par les cache-poussière gonflés ressemblaient encore plus à une carte de Noël. Catherine se retourna pour le dire à Stephen, mais c'est lui qui prit la parole en premier :

– Tu sais que nous nous sommes trompés exactement de la même façon, mais à l'inverse.

– Je n'ai aucune idée de ce que cela signifie.

– Que nous nous sommes tous les deux comportés comme de vrais écervelés. Mais, Catherine, ne soyons pas durs avec nous-mêmes. C'est Noël. Pourquoi ne pas recommencer ?

Catherine déglutit difficilement.

– Juste pour que je sache, quel est notre objectif ?

– En ce moment ? J'ai envie d'une bonne tourte à la viande.

– Cela me semble être un bon point de départ.

– Nous y voilà.

Stephen ouvrit la porte et une vague de chaleur se répandit dans la librairie bondée. Tandis que Catherine et lui entraient, Ann échangeait un sourire avec Hanna et, libérée des contraintes, la chorale ignorait le signal de Miss Clarke de faire un diminuendo.

« … Oh, apportez-nous du PUDDING AUX FIGUES et une tasse de bonne humeur ! »

Adam monta les marches de la gare à grands pas martelant le sol. Il n'y avait aucun membre du personnel en vue et il ne trouvait pas le panneau d'information.

Frénétiquement, il se tourna dans toutes les directions et se rendit compte que, juste au-dessus de lui, un écran numérique défilait jusqu'à son prochain affichage. Sans savoir comment, il franchit une barrière et découvrit qu'il devait traverser une passerelle qui semblait à des kilomètres de là. Le train de Dublin se trouvait encore à l'autre bout de la voie. Il traversa la passerelle et s'apprêtait à descendre sur le quai lorsqu'un coup de sifflet retentit et que le train se mit en marche. Il ne savait pas s'il avait crié à haute voix, mais, de toute façon, cela n'aurait rien changé. Accroché à la rambarde en fer, il regarda le dernier wagon disparaître sur la voie.

Rompant les rangs, la chorale se dirigea vers les pâtés en croûte. L'alléluia d'Ursula s'était déroulé aussi bien que possible et les chants de Noël s'étaient terminés par des applaudissements nourris. Bien que l'affiche ne mentionnât pas le thé, des plateaux de tasses apparurent et Bríd et Aideen aidèrent à les remplir. Plusieurs personnes avaient dévalisé l'arbre et mangeaient les étoiles en pain d'épices. Vers l'avant de la boutique, Mary secouait la tête à cause du vibrato de Pat.

– Mon Dieu, elle est toujours l'équivalent vocal d'une gelée.

En jetant un coup d'œil à Hanna, elle ajouta :

– Et cela me fait penser… J'espère que tu as obtenu la crème pour ton trifle.

– En fait, maman, il n'y en avait pas. Pas même à Carrick.

– Ah, pour l'amour de Dieu, tu ne peux même pas faire Noël correctement ?

Hanna rougit.

– Ce n'est vraiment pas gentil de me dire ça. Quoi qu'il en soit, Brian a fait du tiramisu.

– C'est loin du tiramisu que je te faisais.

– Eh bien, c'est dur, maman, parce que c'est ce que tu mangeras comme pudding demain.

L'air crépitait, la possibilité concrète d'une véritable dispute familiale qui se répercuterait pendant les Noëls à venir flottait au-dessus de leurs têtes. Hanna serra les dents et se concentra pour ne pas éclater en sanglots.

Puis, dans un puissant effort, Mary se maîtrisa, s'avança dans la foule et saisit le bras de Pat.

– Viens ici, je voulais te transmettre une invitation de Hanna. Est-ce que ça te dirait de venir dîner chez elle pour Noël ?

Une nanoseconde s'écoula avant que Pat ne sourie gentiment à Hanna.

– C'est très gentil de ta part. C'est une période difficile de l'année quand on est seul.

Décontenancée par sa propre perte de sang-froid et par le fait que c'était Mary, et non elle, qui avait agi pour sauver la situation, Hanna chercha ses mots et ne trouva rien de mieux que :

– Oh ? C'est vrai. Eh bien, tu seras la bienvenue. Brian viendra te chercher en voiture.

– Ah, je lui en serais très reconnaissante. Regarde, voilà Catherine avec le plateau de thé. Dépêche-toi d'aller te chercher une tasse avant qu'elles ne soient toutes parties.

Mary passa son bras dans celui de Pat et l'entraîna vers les pâtés en croûte.

– Voilà, c'est fait ! Ton problème avec Frankie est réglé. Aucune loi ne dit que tu dois passer Noël en famille. J'ai déjà essayé de te le dire, mais tu ne voulais rien entendre.

– Ne prétends pas que tu as fait ça pour moi à l'instant. Tu es quelqu'un d'audacieux. J'ai peut-être joué le jeu, mais je ne suis pas dupe.

– Que Dieu te pardonne, Pat Fitz, tu n'as jamais été une adepte de la gratitude.

– Pas quand ce n'est pas mérité. N'importe qui pouvait voir que, sans Jazz dans l'assemblée chez Hanna demain, tu avais désespérément besoin d'une amie pour faire lever le pain.

Engourdi par sa misère, Adam se dirigea vers l'ascenseur de l'hôtel. Il se tenait dos à l'ascenseur, attendant qu'il arrivât, et se retourna lorsqu'il entendit les portes s'ouvrir. À l'intérieur se trouvait Lia, vêtue de sa parka gris argenté, de son écharpe tricotée et de son bonnet de laine. Pendant un moment, ils se regardèrent l'un l'autre, chacun avec un pied sur le seuil. Puis Adam bondit en avant et les portes se refermèrent derrière lui. À moitié conscients que, autour d'eux, plusieurs caméras de téléphone clignotaient, ils s'accrochèrent l'un à l'autre et s'écrièrent en chœur :

– Lia ! Je dois te dire quelque chose !

– Adam ! Nous devons dire quelque chose à Fury !

JOUR DE NOËL

CHAPITRE TRENTE-QUATRE

– Joyeux Noël.

– Tu l'as dit à minuit.

En tournant la tête sur l'oreiller, Lia grimaça.

– Je n'étais pas sûre que tu m'entendes. Tu étais concentré sur autre chose à ce moment-là.

Adam se dressa sur son coude et la regarda si intensément qu'elle tendit la main et toucha sa joue.

– Qu'est-ce qui ne va pas ?

– C'est un peu fou. Comme une fin de conte de fées.

– Je sais. Mais ce n'est pas le cas.

– Dis-moi encore une fois.

– D'accord. Il était une fois…

Lia poussa un cri et roula au loin lorsqu'il s'agrippa à elle.

– Non ! Arrête. Nous allons réveiller tout l'hôtel.

Appuyant son oreiller contre la tête de lit, Adam se redressa.

– Commence par le moment où tu as disparu en laissant ce mot stupide.

– Ce n'était pas idiot.

– Ce n'était pas compréhensible.

– Tu n'es pas le seul à trouver la vie compliquée, tu sais.

– C'est juste.

– Je t'ai laissé un mot et je suis partie appeler ma famille. Sur WhatsApp. Comme le disait le mot.

– De façon incompréhensible.

– Tu es comme un chien avec un os, tu sais ça ?

– Et, sans crier gare, ton père a lâché la bombe ?

– Ce n'était pas une bombe. À ce moment-là, nous avions une conversation ordinaire. Elle avait reçu une offre pour sa maison. Papa était content et lui a demandé si cela signifiait que la succession de grand-père était liquidée. Elle a répondu que oui, sauf pour les terres de Finfarran.

– Que personne dans la famille n'avait jamais mentionnées auparavant ?

– Tout le monde dans la famille en parlait tout le temps. Le fait est que grand-père ne l'a jamais appelée la terre de Finfarran. C'était toujours « mon champ vert au bout de l'arc-en-ciel » ou « mon petit bout de terre ». Grand-mère pense qu'il ne se rappelait plus où il était situé quand il l'avait acheté. Elle ne l'a découvert que parce que cela figurait dans les documents remis par l'avocat à la mort de grand-père.

– C'est une trop grande coïncidence. Je veux dire, quelles étaient les chances ?

– Arrête de discuter, Adam. Accepte-le. Les étoiles se sont alignées. Ça arrive, parfois.

– Les étoiles ne s'alignent pas. Ce sont les planètes qui s'alignent.

– Tu sais quoi ? Je pourrais tout à fait changer d'avis sur le fait d'être amoureuse de toi.

Elle le regarda fixement, il l'embrassa et elle maintint son regard.

– D'accord, c'était une menace en l'air. Je ne pourrais pas.

– Et le coin de terre de ton grand-père est vraiment la forêt de Fury ? En es-tu bien sûre ?

– Oui, parce qu'il y a une carte jointe à l'acte de propriété de ma mère. Et puis elle a dit qu'un notaire de Lissbeg était en train de la vendre, et j'ai pété les plombs. C'est pourquoi j'ai sauté dans un bus et j'y suis allée.

– Parce que, évidemment, un notaire serait ouvert la veille de Noël.

– Oh, Adam ! Nous sommes passés par là. Il n'était pas ouvert. Il habite de l'autre côté de la boutique. Et, oui, j'aurais pu attendre la fin des vacances, mais il avait envoyé par e-mail à grand-mère une offre d'un consortium international, et les développeurs de ce genre ne font pas de pause à Noël.

– Ce Carmody n'aurait pas levé ses fesses de sa chaise avant le Jour de l'an.

– Crois-moi, grand-mère l'aurait bousculé. Maintenant que sa maison est vendue, elle veut emménager chez mes parents.

– J'ai paniqué quand j'ai découvert que tu étais partie.

– Oui, tu me l'as dit.

– Et puis tu étais là, dans l'ascenseur. J'ai eu l'impression de prendre dix ans d'un coup.

– Rien qu'un petit déjeuner au lit au champagne un matin de Noël ne puisse guérir. Allez, appelle le service d'étage. Je suis toujours affamée après une nuit de passion.

– Lia, ça ne te dérange vraiment pas que je ne sois plus « cool » ?

– Je suis juste soulagée que tu arrêtes de mettre du gel dans tes cheveux.

Adam décrocha le téléphone.

– Alors, un petit déjeuner irlandais complet avec ton Bollinger ?

– Tant que les œufs sont légèrement pochés.

Lia tendit la main et l'embrassa.

– Oh, et demande-leur s'ils peuvent faire un repas de Noël pour quatre personnes à emporter plus tard. Si tu as vraiment décidé de te débarrasser de ce cher Dommie et de reprendre ta vie en main, je pense que toi et moi devrions aller voir Fury et Diablo.

Catherine entra dans la chambre d'Ann avec du thé sur un plateau.

– Joyeux Noël ! Il neige encore, alors j'ai pensé qu'un petit déjeuner au lit te ferait plaisir.

– Oh, c'est gentil. Merci, ma chérie.

– Et je te souhaite de nombreux autres Noëls.

S'asseyant avec sa propre tasse de thé, Catherine bâilla et s'étira.

– N'est-ce pas un bonheur de savoir que tout ce qui est en bas est fait et dépoussiéré ?

– Et que rien ici ne risque d'être inondé ou d'exploser.

– J'ai jeté un coup d'œil rapide aux chiffres hier soir. D'un coup de baguette magique, cela a été notre meilleure semaine.

– Et tout cela grâce au sapin de Noël dont on nous a fait cadeau.

Se calant confortablement le dos contre son oreiller, Ann prit une gorgée de thé.

– Terry et les autres ont-ils aimé les livres que nous avons choisis pour eux ?

– J'ai remarqué une différence entre les générations. Declan et Angela ont instantanément déchiré le papier cadeau et les ont adorés. Terry est un traditionaliste. Il a gardé le sien pour le déballer sous son propre arbre ce matin. Je ne sais pas pour Fury et Diablo. J'avais laissé le sien dans la cabine de sa camionnette avant qu'il ne disparaisse.

– Et Stephen ?

– Ne prends pas ton air amusé. J'ai gardé celui de Stephen. J'ai pensé qu'on pourrait le lui donner pendant le repas de Noël.

Il y eut un blanc pendant lequel Catherine décida qu'elle avait quelque chose à ajouter.

– Merci de l'avoir invité, maman.

Ann rit.

– C'est toi qui m'as fait remarquer que j'avais préparé assez de nourriture pour un régiment.

– Non, sérieusement. Je te remercie. Et, écoute, je sais que je ne le dis pas assez. Tu as toujours été là pour faire avancer les choses pour moi.

– Bien sûr que oui. Je suis ta mère.

– Ça n'a pas dû être facile de m'élever toute seule.

– Ah, ne sois pas dramatique. J'avais ta grand-mère pour m'aider, tu te souviens ?

– Je sais. Mais je te remercie quand même.

– Il n'y a pas de quoi.

Elles burent leur thé dans un silence agréable jusqu'à ce que Catherine regarde les flocons de neige qui tourbillonnaient devant la fenêtre et dise :

– J'ai causé un terrible gâchis avec Stephen jusqu'à ce que je retrouve du bon sens.

– Je me suis posé des questions. Et je me suis demandé si je devais proposer mon aide.

– Je doute que j'aurais bien réagi si tu l'avais fait.

– Je sais. C'est pourquoi je ne l'ai pas fait. Mais peut-être que j'aurais dû le faire.

Ann posa sa tasse de thé.

– Tu as raison, ma chérie. Ce n'était pas facile d'être une mère célibataire. Et nous ne parlions pas beaucoup à la maison, n'est-ce pas ? Il n'y avait jamais assez d'heures dans la journée. Soit je travaillais, soit tu lisais, et ta grand-mère citait toujours ce proverbe « Le moins dit est le plus vite réparé », alors je suppose qu'elle m'a influencée.

Elle avait l'air si troublée que Catherine lui tendit la main.

– Maman, c'était un point de vue tout à fait raisonnable à adopter, et j'ai eu une enfance parfaitement heureuse.

– Parfois, je me dis que j'aurais dû te parler de ton père.

– Pourquoi ?

– Je ne sais même pas s'il t'a manqué.

– Comment aurait-il pu ? Il n'était tout simplement pas là.

Ann saisit la main tendue de Catherine.

– Mais tu as dû te poser des questions à son sujet quand tu étais petite. J'ai pensé que tu demanderais si tu voulais savoir, mais c'était idiot. J'aurais dû te parler de lui moi-même.

– Vraiment, maman, il ne m'a pas manqué. J'allais bien.

– Il n'y avait pas de secret caché, tu sais. C'est juste que lui et moi n'étions pas faits l'un pour l'autre. Nous étions jeunes et si je n'étais pas tombée enceinte, nous ne nous serions probablement pas vus après nos premiers rendez-vous. Et quand j'ai appris que j'étais enceinte, je n'ai pas voulu qu'il soit là et ta grand-mère a dit que nous serions mieux sans lui. Qu'il ne voulait certainement pas être un père adolescent. Je pense qu'il était content d'être tiré d'affaire.

– L'as-tu regretté ?

– Non, mais je m'inquiète pour toi et tes relations à court terme. Parfois, je me dis que tu as grandi en croyant que tous les hommes passaient à autre chose.

– C'est idiot. Je n'ai jamais dit cela – je ne l'ai même jamais pensé.

– Mais tu as pris soin de ne jamais rester assez longtemps avec un homme pour le savoir.

Avec le sentiment de faire une découverte, Catherine constata :

– C'est vrai.

– C'est différent avec Stephen, n'est-ce pas ?

– Je pense que oui, probablement.

Ann repoussa sa couette.

– Bien. Je l'aime bien. En plus, il a de bonnes idées pour la boutique.

La neige continua à tomber tout au long de la matinée. Dans la cour derrière la librairie, elle recouvrit le monticule de débris, le transformant en un mont Blanc délabré. Dans toute la ville, elle s'étala sur les rebords de fenêtres et les seuils de portes et brouilla les frontières entre les trottoirs et les routes. Dans Broad Street, les gens qui rentraient à la hâte de l'église marchaient avec précaution, désireux de se protéger du froid, mais soucieux de ne pas glisser. Les moineaux qui voltigeaient autour de la fontaine dans le jardin des nonnes étaient gonflés par le froid, de petites boules de plumes avec des yeux et des becs. Quelqu'un avait rempli les mains de la statue de miettes et de graines et, par un ou deux, les oiseaux se précipitaient pour les attraper avant de s'envoler en tourbillonnant vers les arbres.

À la fenêtre de son appartement situé au-dessus de la boucherie, Pat attendait Brian, vêtue de son anorak jaune. Elle était contente d'avoir mis quelques branches de houx derrière les assiettes au-dessus de sa cuisinière lorsqu'elle était rentrée la veille après les chants de Noël à la librairie. Peut-être, se dit-elle, qu'au début de l'année, elle appellerait les garçons au Canada et leur proposerait de prendre l'avion pour passer le prochain Noël avec eux là-bas. Mais pour l'instant, quand elle aurait fait ce qu'il fallait pour empêcher Mary et Hanna de s'entretuer, elle serait heureuse de revenir dans sa propre maison.

À Garrybawn House, Saoirse se détourna de la fenêtre, où elle regardait la neige recouvrir le jardin. Son père et sa mère, en robe de chambre et en pyjama, riaient et se disputaient pour savoir quel film ils allaient regarder après le déjeuner. Parmi les feuilles de papier de soie jetées, il y avait une chemise de nuit envoyée de Boston par sa tante. Elle était en satin, sans manches, et parfaite pour un séjour dans un hôtel londonien. Heureuse, Saoirse croqua une étoile de pain d'épices en vitrail et, en donnant une pichenette à l'une des poupées d'inquiétude qu'elle avait accrochées à l'arbre à guirlandes, alla rejoindre ses parents sur le canapé, vêtue de son tee-shirt Rudolph surdimensionné et de ses chaussettes de Père Noël.

Le toit de la cabane de Fury était un plan blanc incliné contre une ligne sombre de conifères, et une piste d'empreintes de pattes disparaissant rapidement menait de ce toit à la maison. Dehors, dans la forêt, la neige tombait comme des plumes arrachées. Fury était assis dans son salon, près d'un feu de bois crépitant dans une cheminée en faïence. Devant lui, Diablo était allongé, le museau posé sur un roman graphique, et, bien qu'il semblât profondément endormi, il leva les yeux lorsque Fury prit la parole :

– Remarque, ils ont bien fait de penser à nous et, Dieu sait que nous aurons tout le temps de lire pendant que le monde brûle.

Diablo grogna et avança son museau sur son livre en direction des flammes.

– Tu pourrais penser qu'ils ont fait un mauvais choix pour toi, mais c'est là que tu te tromperais. Il y a un paquet de chiens là-dedans. Tu vas les adorer.

Tournant les pages de son propre cadeau, Fury roula des yeux.

– Ah, tu veux bien regarder ça ? Est-ce que personne ne demande jamais conseil à quelqu'un qui sait des choses avant d'écrire des livres ? J'ai toujours lu les mêmes idioties sur les druides et le gui.

Il regarda Diablo, qui roula sur le dos.

– Ne t'en fais pas pour moi. On échange ? Je prendrai ton *Club d'écrivains de fin de soirée* et tu auras mes mythes et légendes de la forêt.

Diablo ne répondit pas, et prenant un verre vide sur la table, Fury le remplit à nouveau avec la bouteille de whisky.

– Je ne vais pas voler ton fichu livre. Je te le rendrai plus tard. J'y écrirai même ton nom, si tu veux.

En se balançant, il tendit le verre dans la lumière et regarda Diablo.

– Qu'en penses-tu ? Non ? Tu n'as rien à dire pour ta défense ? Même pas un joyeux Noël ? Et si on abandonnait nos projets prétentieux et qu'on s'asseyait ici pour se saouler ?

Il était retourné à sa chaise et s'occupait de son verre lorsque Diablo dressa les oreilles et se leva. Habitué à vivre seul, Fury fut instantanément alerté et, cherchant à tâtons un endroit où poser son verre, se leva à moitié. Diablo, dos au feu et les quatre pattes plantées, regardait fixement à travers la pièce. On entendit le bruit d'une voiture qui s'arrêtait, le claquement des portières et du coffre, et une bagarre sur le pas de la porte. Avec une volée d'aboiements aigus, Diablo se précipita sur Fury, l'encerclant à plusieurs reprises et le poussant vers la porte. Encore chancelant, Fury alla la déverrouiller. À l'extérieur, Adam et Lia tenaient un panier de pique-nique en osier, une nappe et deux bouteilles de champagne.

CHAPITRE TRENTE-CINQ

– Donne-lui une mini-tarte au boudin noir et ça ira bien.

Lia était assise les jambes croisées avec le roman graphique de Diablo pendant qu'Adam s'occupait de Fury. Diablo s'était couché près du feu, le museau posé sur le pied de Lia. En entendant parler de tartes, il leva les yeux, mais ne put se résoudre à la quitter. Adam poussa la tête de Fury vers le bas jusqu'à ce qu'elle atteigne presque ses genoux.

– Il a dégrisé quand tu lui as annoncé la nouvelle. C'est juste un choc.

– Bon, il se réveillera quand il aura compris, n'est-ce pas, Fury ?

Fury repoussa la main d'Adam et se leva d'un pas chancelant.

– Ne me traite pas avec condescendance dans ma propre maison, ma petite.

– C'est une belle façon de te remercier.

En se balançant loin d'elle et en revenant, Fury émit des jurons pittoresques.

– Tu es en train de me dire que ton grand-père mort en Australie était le type que mon frère Paudie a rencontré dans un pub ?

– Les deux histoires semblent s'accorder. D'une manière ou d'une autre, c'est ma grand-mère qui possède la forêt maintenant.

– Et elle la retire de la vente ?

– Tu peux consulter le site internet de Carmody. L'annonce n'est plus là.

S'asseyant lourdement, Fury dit :

– Que va-t-il se passer ensuite ?

– Un partenariat. Toi, moi, Adam et Diablo. Nous transformons la forêt en un centre d'activité. Totalement protégé. Géré par toi. Nous allons la gérer comme une expérience de vacances écologiques. Partir à la recherche d'aliments. Cuisiner. La sylviculture. Week-ends d'observation des étoiles. Un site de camping unique.

Elle sourit à Fury.

– Tu peux construire des yourtes.

– Je peux construire *quoi* ?

– Des tentes rondes. Des toiles ou des peaux sur une structure en bois. Les gens y mettent des jacuzzis et y accrochent des rideaux. Non, écoute, Fury, ce n'est pas un langage à utiliser devant une dame.

Elle alla aider Adam à déballer le panier.

– C'est une évidence. Nous proposerons des séjours avec des activités. Nous nous associerons au réseau avec lequel Bríd et Aideen travaillent déjà, nous nous connecterons à la Phil's Lissbeg Kitchen au Centre du couvent et voilà.

– Tu as perdu la tête ?

– Non. C'est une excellente idée. Grand-mère est tout à fait d'accord. Mais ça ne peut pas marcher sans toi et Diablo à bord, alors qu'en dis-tu ?

Fury se tourna vers Adam qui haussa les épaules.

– Ne me regarde pas. Je suis vendu.

– C'est parce que tu es amoureux.

– Oui, je le suis. Je suis fou de joie. Mais c'est une excellente idée.

Lia cherchait des assiettes dans un placard.

– C'est mieux que ça. C'est du génie. Je donnerai des conférences sur l'astronomie.

Adam rit.

– Tu devras trouver autre chose que des morceaux tirés de la dernière page du *Reader's Digest*.

– Oh, il y a une bibliothèque à Lissbeg, n'est-ce pas ?

Diablo posa ses pattes avant sur la table et inspecta les plats de dinde, de jambon et de saucisses au bacon croustillant. En lui jetant un coup d'œil, Fury dit :

– C'est un repas de Noël qu'ils ont apporté. Ce ne sera pas Noël tous les jours.

Diablo tourna d'immenses yeux humides vers Lia qui lui tendit une mini-tarte au boudin noir. Fury leva la main en signe d'exaspération.

– Ah, pour l'amour du ciel ! Tu es amoureux toi aussi. Tu n'as pas une once de bon sens. Bon allez, je sais m'avouer vaincu. Où est ce champagne ?

Ils parlèrent du défrichage des sentiers et de l'installation de bancs. Comment les gens pourraient rechercher de la nourriture le long du rivage et dans la forêt. Les pêcheurs de Ballyfin pourraient-ils les aider à planifier leurs activités ? Comment ils pourraient se mettre en relation avec la maison d'accueil de Martin et organiser un programme d'apprentissage pour les sans-abri. Adam parla du jour où il était tombé de son vélo emprunté et s'était retrouvé dans un fossé avec un plant de carotte sauvage.

– Tout ce que je sentais depuis un an, c'étaient la saleté et les gaz d'échappement. Tout ce que j'avais mangé, c'étaient des trucs que j'avais récupérés et la mauvaise qualité des fast-foods. Tout ce que j'avais vu, c'étaient des jambes qui passaient et des gens qui ne voulaient pas me voir. Et puis il y a eu des kilomètres de route de montagne et de petits murs de pierre et, soudain, cette plante si proche que je pouvais voir chaque petite fleur en forme d'étoile dans sa grande grappe ombellifère. Chacune séparée et distincte, mais toutes faisant partie de l'ensemble. Et une seule étoile violette, inexplicable, au centre de la grappe. Personne ne sait vraiment pourquoi cela se produit, mais c'est magnifique.

En donnant du jambon à Diablo, Lia dit :

– En Norvège, il y a un truc qu'on appelle *Friluftsliv*. Cela signifie « vie à l'air libre ». Tout le monde peut participer – les riches, les pauvres, les personnes handicapées, les personnes souffrant de troubles psychologiques, peu importe. Soixante-dix-sept pour cent de la population passe du temps dans la nature chaque semaine. Vingt-cinq pour cent le font presque tous les jours. La plupart du temps, ils vont dans les forêts.

– Laisse-moi deviner. Tu as lu ça dans la salle d'attente du dentiste.

– Tais-toi, Adam. La Norvège est l'un des pays les plus heureux de la planète, et voici pourquoi. Les gens marchent. Ils dorment à la belle étoile. Ils cueillent des myrtilles. Ils ont du vrai pain qu'ils font en enroulant de la pâte autour d'un bâton et en la faisant cuire à l'extérieur sur un feu. Le *Friluftsliv* est pris en compte dans les congés des employés. Tu peux même obtenir un diplôme dans ce domaine. Et le fait est que toi, Fury et moi, nous pourrions faire de Finfarran le seul centre *Friluftsliv* d'Irlande.

Lia proposa la barquette de sauce à Diablo.

– Mais je ne suis pas sûre de le prononcer correctement. Nous devrons inventer notre propre mot pour le désigner.

Fury proposa :

– Appelle-le Innarsan.

– Qu'est-ce que cela signifie ?

– C'est un vieux mot irlandais. Les gars qui ont écrit le psautier le connaissaient. Il signifie « ce qui est suffisant pour subvenir à ses besoins ».

Autour d'énormes assiettes de dîner, ils esquissèrent des budgets, se disputèrent, rirent, dévorèrent des biscuits et créèrent pour Diablo une série de chapeaux en papier. Plus tard, au coin du feu, devant des noisettes, du stilton et des oranges, ils découvrirent que c'était Fury qui avait sculpté les personnages de la crèche à Lissbeg.

– C'était juste un truc que j'ai fait, ici, le temps d'une soirée. Une fois que j'ai eu fini, je ne voulais pas qu'ils traînent dans la remise.

– Ils sont merveilleux. Et, Fury, voici une idée. Tu pourrais donner des cours de sculpture sur bois.

– Je pensais que j'allais construire des yourtes.

Cassant une barre de chocolat, Lia la lui tendit avec un sourire.

– D'accord, peut-être pas tout en même temps. Nous pouvons suivre le courant.

Le soleil était déjà couché lorsque Catherine sortit dans Sheep Street et se retourna pour verrouiller sa porte peinte à l'écarlate. À l'arrière de la boutique, les décorations de l'arbre de Diablo captaient des éclairs de lumière provenant de l'arbre à livres de la vitrine. Se promenant bras dessus, bras dessous, Catherine et Stephen descendirent jusqu'à Broad Street où, dans le jardin des nonnes, le romarin, le thym et le laurier verdissaient encore. Le bout de l'écharpe de Catherine s'était détaché et Stephen le replaça sous son col.

– Tu te souviens de notre promenade au bord de la rivière à Carrick ?

– Quand tu as cité Samuel Beckett ?

– Et tu as parlé de faire pousser des choses dans des pots dans ton jardin.

Catherine rit.

– Je n'ai jamais eu l'occasion de le faire. Je le ferai peut-être cet été.

– Je t'ai dit ce jour-là que le jardinage était mon passe-temps. Mais le fait est, Catherine, qu'être en vie est un cadeau, et que chaque minute de temps est précieuse. C'est ce que j'ai essayé de te dire dans la voiture sur le chemin du retour.

En remontant son propre col, Stephen regarda les étoiles qui scintillaient au-dessus d'eux.

– Lorsque Sophie est morte et que j'ai décidé de m'installer ici, je me suis dit que je pourrais vivre notre rêve. Je regarderais son bouleau argenté grandir, je nourrirais les pinsons qui y nichent et je les accueillerais à nouveau chaque année, comme elle l'aurait fait. Nous avions toutes sortes de projets pour nous faire de nouveaux amis et nous enraciner dans la maison de nos rêves. Mais il s'est avéré que je ne pouvais rien faire de tout cela sans elle. Alors, vraiment, depuis que je suis arrivé ici, je n'ai fait que passer le temps. Ce n'est pas la vie que nous avions prévue, et je sais ce que Sophie dirait si elle me voyait mener cette vie.

– Que dirait-elle ?

– Elle me dirait que je dois trouver mon propre rêve.

Stephen resserra sa prise sur le bras de Catherine.

– L'autre jour, avant que tu ne m'appelles, j'ai pensé à partir. Me déraciner et retourner à Dublin.

– Mais maintenant, tu ne le feras plus.

– Non, je ne crois pas.

– J'en suis ravie.

En lui souriant, il dit :

– Merci pour mon cadeau de Noël.

– Tu ne l'avais pas encore ? Les livres sur les jardins sont difficiles à choisir. Les librairies ont toujours des tonnes de livres de jardinage.

– C'est parfait.

– Je ne pense pas qu'un livre sur les jardins espagnols puisse être d'une grande utilité. Les photos sont belles, cependant, et il vient juste de sortir, alors je me suis dit que j'allais tenter ma chance.

– La vérité, c'est que je ne suis pas vraiment un jardinier en pratique. Je rêve juste d'un livre et d'une chaise longue en été, avec des abeilles qui bourdonnent, un verre de vin et un ami qui passe.

Ils s'étaient arrêtés dans le halo d'un réverbère, leur souffle montait en volutes blanches dans l'air glacial. Relâchant le bras de Catherine, Stephen prit ses mains dans les siennes.

– Tu sais, si tu achètes ces pots, tu n'auras aucune idée de ce qu'il faut y mettre.

– Tu pourrais me donner des conseils si je passais te voir. Nous pourrions discuter de livres et de jardins autour d'un verre de vin. Nous pourrions même planifier un voyage pour visiter ensemble des jardins espagnols.

– Tu veux ?

– Oui, je suis partante. Tu sais que je le ferai. Et, Stephen, commençons dès maintenant. N'attendons pas l'été. N'attendons rien. Les rêves sont faits pour être vécus. Ils ne doivent pas être remis à plus tard.

FURY

Le feu brûlait faiblement et la pièce était plongée dans l'ombre. La clé de la serrure, soigneusement glissée dans la boîte aux lettres, gisait sur le paillasson où elle était tombée après le verrouillage de la porte. Fury se réveilla dans son fauteuil et entendit un glapissement indigné de la part de Diablo. Il se leva tout raide.

– Tu en as assez dit. C'est toi qui as dormi pendant le pudding.

Il regarda autour de la pièce, qui était parfaitement en ordre. Pas d'os ou de chapeaux en papier éparpillés. Pas de vaisselle dans l'évier. Rien sur la table qu'un plat propre posé à l'envers pour recouvrir une assiette. En le soulevant, Fury découvrit du jambon froid accompagné de salade de pommes de terre et d'un œuf dur coupé en tranches. Puis, suivant le nez pointé de Diablo, il ouvrit un placard et découvrit une orange à côté d'une tablette de chocolat à soixante-quinze pour cent biologique et issu du commerce équitable.

Tout dans l'assiette, même la façon dont l'œuf avait été coupé en tranches et la vinaigrette en bouteille, lui rappelait les Noëls de son enfance. Après avoir empilé et lavé la vaisselle, son père, son frère et lui partaient toujours faire une longue promenade dans la forêt, puis rentraient à la maison pour enlever leurs bottes sur le pas de la porte et s'asseoir pour prendre le thé au coin du feu. Sa mère laissait des assiettes de salade qui les attendaient sous des plats retournés, et un bol d'oranges en poterie se trouvait sur la table de la cuisine à côté d'une boîte de chocolats Black Magic.

Maintenant, en revenant au coin du feu, il vit que le panier de bûches avait été réapprovisionné, qu'une lampe était allumée et que l'âtre avait été proprement balayé.

– Je dirais qu'ils savent comment laisser un endroit correct. Chef salad cream en bouteille là sur l'assiette et tout. Je ne savais pas qu'on pouvait encore en trouver. Et un os de jambon pour toi, enveloppé dans un peu de papier journal.

Il regarda vivement Diablo.

– N'essaie pas de me dire que tout cela est dû à sa plume, car je le sais mieux que toi. Ce garçon est aussi très habile. Je l'ai remarqué quand il s'est mis à préparer le lancement de son livre.

La neige avait cessé de tomber. Le soleil s'était couché. Le ciel qui s'assombrissait était gris acier à travers un treillis souligné d'argent, et chaque tronc et chaque branche de la forêt paraissaient noirs. En marchant et en trottant, ils traversèrent des rangées de hêtres givrés qui crissaient bruyamment sous les pieds et les pattes. Au fur et à mesure que la lumière diminuait, leurs sens s'aiguisaient. Les oiseaux étaient silencieux, mais la présence de petites ailes repliées était partout. Le nez de Diablo tressaillit à la vue de petites créatures qui bruissaient dans les fougères, et Fury s'arrêtait de temps en temps pour enrouler sa main autour d'une pousse, pour sentir l'écorce et la moelle à l'intérieur. Ils suivaient des chemins de blaireaux, plus faciles à trouver avec les pieds qu'avec les yeux, des chemins millénaires le long desquels les loups avaient pataugé avant eux, ainsi que des ours bruns, des chats sauvages, des chevaux sauvages et des cerfs géants aux bois deux fois plus larges que la taille de Fury. Et la terre, qui était plus vieille qu'eux, cédait doucement sous leurs pieds et se réaffirmait à leur passage.

Tout autour, des relations symbiotiques s'étaient développées. À un moment donné, ils entendirent le bruit de l'eau, là où une branche était tombée en travers d'un ruisseau qui n'était guère plus qu'un filet d'eau. Dans son esprit, Fury pouvait voir un réseau de filaments formés par des champignons, reliant les racines des arbres dans un échange constant de minéraux et d'eau. En se recroquevillant, il observa la branche tombée au sol. De la glace s'était cristallisée sur la mousse de ses arêtes supérieures, exposées à l'air glacial. En dessous, là où l'eau courante avait augmenté la température ambiante, l'humidité dégoulinait des cristaux fondants dans le courant en mouvement. Fury trouva les gouttes au toucher, comme il avait trouvé le ruisseau en écoutant, et avait reconnu le bois mort par sa riche odeur de décomposition. Trempant sa main dans le ruisseau, il la tendit à Diablo.

– C'est la vie. Elle est donnée par les étoiles. Nous sommes tous faits de poussière d'étoiles projetée dans l'espace par des supernovæ qui explosent. Tout, et chacun d'entre nous, est fait de la même poussière d'étoiles. La foule qui a le pouvoir de faire bouger les choses le sait. Ils refusent simplement de comprendre ce que cela signifie.

Diablo passa sa langue chaude sur la main froide de Fury, goûta l'eau et éternua.

Se redressant avec l'aide d'une branche au-dessus de lui, Fury se souvint des animaux peints qui dansaient dans le psautier. Des chats habillés comme de belles dames avec de longs voiles ruisselants. Des lièvres portant des capuchons et des pourpoints en cuir. Un ours dansant bras dessus, bras dessous avec un renard qui portait un plateau de tartes, et un chien de chasse coiffé d'un chapeau à plumes jouant de la trompette. Des becs d'oiseaux, des yeux scintillants regardant entre les brindilles, et des fleurs soulignées de points de feuilles d'or combinant les quatre saisons. Les soucis des marais se bousculaient avec le gui et les iris avec les cynorrhodons, tandis que les danseurs se faufilaient à travers le feuillage vivant que Fury avait tendu sur ses cache-poussière éclaboussés de peinture.

Les pieds plantés dans la terre, il leva la tête vers le ciel nocturne où, au-delà des branches entrelacées, les étoiles scintillaient dans le froid.

– T'ai-je déjà dit que la plus brillante d'entre elles, là-haut, s'appelle l'étoile du berger ? Les étoiles sont censées chanter, tu sais. Comme les anges. Les gens ne les entendent pas, mais ce n'est pas surprenant. Les gens ont toujours été aussi épais que deux petites planches.

Diablo éternua à nouveau et pointa son nez vers la maison. Les yeux de Fury étaient rivés sur les étoiles.

– Ce que toi et moi devons faire maintenant, c'est continuer à avancer. Il y a quelques jours, nous pensions que nous étions fichus, et maintenant, regarde-nous tous les deux. Une salade de jambon sous un plat, et Dieu sait ce qui nous attend.

Debout, Diablo pointait toujours son nez vers la maison, les oreilles dressées et la croupe frémissante. En le regardant de haut, Fury roula des yeux.

– C'est ce foutu os de jambon, n'est-ce pas ? Tu n'as rien entendu de ce que j'ai dit.

Avec une volée d'aboiements stridents, le petit chien fit deux fois le tour de lui-même, s'arrêta, s'assit sur sa queue et regarda en l'air en tirant la langue. Fury sourit.

– Il faut rendre à César ce qui appartient à César, n'est-ce pas ? C'est juste, je ne discuterai pas. Tout cela aurait été perdu si tu ne m'avais pas fait couper cet arbre que nous avons offert à Catherine. Alors, nous allons rentrer à la maison et tu pourras prendre ton os de jambon pendant que je mettrai mes pieds au coin du feu avec ton livre.

REMERCIEMENTS

À la manière des crabes qui semblent travailler la créativité, l'inspiration pour ce livre est venue des tournées de dédicaces pour mon roman autonome *The Keepsake Quilters* (*Les Couturières de Keepsake*). C'était un mois de novembre pluvieux, et mon mari Wilf et moi avons pris la route pour visiter quatre-vingts librairies dans dix-huit comtés irlandais, sillonnant le pays au nord, au sud, à l'est et à l'ouest. Chacune de nos trois tournées d'une semaine a été immensément riche en énergie, et en chemin, j'ai rencontré tant de libraires sympathiques, dynamiques, entreprenants et dévoués que les distances et le mauvais temps n'avaient plus d'importance. Et, quelque part entre Wexford et Cork, j'ai réalisé que, bien que les histoires de Finfarran soient centrées sur une bibliothèque locale, je n'avais pas créé de librairie pour Lissbeg. De là, il n'y avait qu'un pas à franchir pour imaginer Catherine et Ann, leurs parcours et leurs relations l'une avec l'autre, ainsi qu'avec la ville.

Puis, des mois après la fin de nos *road trips* – dans le genre de circonstances que les auteurs reconnaissent comme de la poussière d'or –, le monde réel a produit une avancée pour l'intrigue de *The Bookseller's Gift* (*Le Doux Parfum de la librairie*). À Derry, Wilf et moi avons rencontré Jenni Doherty, propriétaire d'une librairie indépendante appelée *Little Acorns*

Bookstore. Jenni est typique de tous les libraires que nous avons rencontrés : une lectrice enthousiaste, une travailleuse infatigable et une personne dont la boutique est un endroit où les gens de tous âges se font des amis tout en trouvant, discutant et achetant des livres. Bien que nous ne nous soyons jamais rencontrés auparavant, elle nous a accueillis avec des accolades et des sourires, une table remplie d'exemplaires de mon livre à dédicacer et une visite des imposantes étagères de sa charmante boutique. Avant de partir, elle m'a filmée en train de parler de *The Keepsake Quilters* et a posté la vidéo sur les réseaux sociaux. Par la suite, nous nous sommes suivis sur les réseaux sociaux, un échange joyeux qui s'est poursuivi jusqu'au jour où, à ma grande horreur, je l'ai vue envoyer des messages frénétiques en ligne à propos de l'eau qui jaillissait du plafond de sa boutique sur les livres qui se trouvaient en dessous. Ses vrais voisins se sont précipités pour l'aider et ses amis en ligne comme moi ont regardé avec anxiété les efforts concertés de la communauté pour déplacer les livres afin de minimiser les dégâts et, alors que la boutique a fermé brièvement pour faire face aux conséquences, les lecteurs et les libraires de toute l'Irlande ont envoyé leurs vœux et partagé des liens vers le site web de Jenni pour les ventes en ligne. Cette catastrophe réelle était moins dramatique que l'intrigue que j'ai écrite pour Catherine dans ce livre, mais elle m'a été inspirée par Jenni, ses voisins à Derry, ainsi que par la chaleur et la solidarité de tous les libraires que j'ai rencontrés.

En plus de ressembler à un crabe, la créativité peut être circulaire. J'étais la plus jeune d'une famille de cinq enfants et la plupart des livres que j'ai lus dans mon enfance m'ont été transmis par mes frères et sœurs, mais à Noël, mon parrain et sa femme m'envoyaient toujours des livres pop-up extravagants, que je gardais précieusement. Ces livres, ainsi que l'excitation et l'impatience de les ouvrir, ont trouvé leur place dans *Le Doux Murmure de la librairie* près de soixante ans plus tard, tout comme les cartes de Noël des théâtres de jouets dont je me souviens de mon enfance.

Un autre livre que j'ai lu quand j'étais enfant était *The Swish of the Curtain*, acheté d'occasion par mon père à la librairie de Dublin sur Batchelor's Walk. C'était le premier d'une série des années 1940-1950 écrite par l'actrice et écrivaine anglaise Pamela Brown sur un groupe d'enfants qui jouent des pièces dans une salle abandonnée, vont dans une école d'art dramatique à Londres et finissent par former une compagnie théâtrale professionnelle dans leur ville natale. Ce livre a éveillé mon amour de la scène, m'a amenée à étudier dans une école d'art dramatique londonienne et a été l'un des livres que j'ai dramatisés pour la radio BBC. Le titre de *The Swish of the Curtain* vient d'un tournant de l'intrigue où, avec des anneaux cousus en diagonale, des rideaux de théâtre improvisés se lèvent avec un luxueux claquement. Ainsi, dans un roman de Noël qui est en partie un hommage à la pantomime, il semblait juste que Fury adopte la même méthode pour ce que Mary appelle son grand coup de théâtre.

Quoi d'autre ? Je suis reconnaissante à la dessinatrice et auteure irlandaise Annie West pour le cadeau de Catherine et Ann à Diablo, et tout l'amour des livres, des chiens et des bibliothèques dans son roman graphique *The Late Night Writers Club*. Mes remerciements à Bookselling Ireland, l'association des libraires irlandais, qui est dirigée, en plus de leur travail quotidien, par des libraires dont le soutien aux auteurs est immense. Je remercie également la Library Association of Ireland, qui soutient les travailleurs des bibliothèques, les normes élevées de la bibliothéconomie et des services de bibliothèque et d'information, et assure la coopération entre ces espaces sûrs et inclusifs qui enrichissent et servent les communautés locales. Je tiens également à remercier tout particulièrement la bibliothécaire des bibliothèques DLR dont le tweet sur les poupées d'inquiétude perdues m'a amenée à créer l'intrigue de Saoirse. Tous les lecteurs assidus savent à quel point des images tirées au hasard des livres peuvent se loger de façon inattendue dans l'inconscient. Certaines d'entre elles s'enfoncent si profondément qu'il est difficile de se souvenir de l'endroit où elles ont été rencontrées pour la première fois, et pour les écrivains, leur présence peut faire partie du processus de création. J'en ai beaucoup qui peuvent émerger sans crier gare dans mon écriture, et parfois je ne me rends pas compte avant la fin d'un roman qu'une partie ou un moment a été provoqué par le travail d'un autre auteur. Adolescente, j'ai lu les romans historiques de Mary Renault, notamment *Le roi doit mourir*, sa recréation du mythe grec de Thésée d'Athènes, emmené avec un groupe de compagnons adolescents pour servir de danseurs de taureaux en Crète. Dans le chapitre qui couvre leur voyage en mer jusqu'à Cnossos, elle évoque leur déplacement et leur perte avec une seule phrase marquant le jour où ils ont mangé la dernière nourriture apportée de chez eux. Pendant la rédaction du *Doux Parfum de la librairie*, j'ai réalisé que cette image puissante avait dû inciter le père d'Adam à se souvenir du mal du pays en mangeant du ruz sayadeya pêché sur un bateau à la voile de toile brune et cuit sur une plage dorée.

En créant les recettes du cours d'Adam, je me suis tournée vers les plats réconfortants préparés dans la cuisine de ma mère, pour les fêtes de Noël, les anniversaires ou comme gâteries pour guérir tous les maux. Je fais encore ses gâteaux et j'utilise la cuillère à soupe avec laquelle elle mesurait la farine pour le pain de soude, et le plaisir vient de ces mélanges ainsi que du plaisir de cuisiner et de manger. Nombre de ses recettes lui ont été transmises par sa propre mère et au-delà, et ce livre a donc une dette envers les générations de boulangers de ma famille, ainsi qu'envers Mary Renault et tous les auteurs dont les œuvres ont été à la base de la mienne.

Enfin, comme il faut plus qu'un auteur pour amener un livre à ses lecteurs, je dois une immense gratitude à mon éditrice Ciara Doorley, à la correctrice Hazel Orme, à Joanna Smyth, Stephen Riordan, Ruth Shern, Elaine Egan et à tous les autres membres de l'équipe de Breda Purdue chez Hachette Books Ireland, ainsi qu'à Mark Walsh de Plunkett PR.

Et merci à Wilf, à mes voisins de Londres et de Corca Dhuibhne pour leur amitié, leur soutien, leurs tasses de thé et leurs biscuits, et, comme toujours, à mon excellent agent Gaia Banks et à ses collègues de Sheil Land Associates, au Royaume-Uni.

L'AUTRICE

Felicity Hayes-McCoy, autrice de la série à succès « Finfarran », est née à Dublin, en Irlande. Elle a étudié la littérature à l'UCD avant de s'installer en Angleterre dans les années 1970 pour suivre une formation d'actrice. Son travail d'écrivaine s'étend des dramatiques télévisées et radiophoniques aux documentaires, en passant par les scénarios, le théâtre musical, les mémoires et les livres pour enfants. Ses romans « Finfarran » sont largement lus des deux côtés de l'Atlantique, ainsi qu'en Australie, et ont été traduits en sept langues. Elle et son mari, le metteur en scène d'opéra Wilf Judd, vivent dans le West Kerry Gaeltacht et à Bermondsey, à Londres. Son site web est felicityhayesmccoy.com et vous pouvez la suivre sur Bluesky @fhayesmccoy@bsky.social, sur X @fhayesmccoy, sur Instagram @felicityhayesmccoy et sur Facebook à Felicity Hayes-McCoy.

Du même auteur

La série « Finfarran » :

La Petite Bibliothèque du bonheur
Le Petit Café du bonheur
Le Petit Jardin du bonheur
L'Été de tous les bonheurs
Le Club de lecture transatlantique

Les autres romans :

Les Couturières de Keepsake

Sous la direction de : Ambre Rouvière
Correction : Nord Compo
Composition : Nord Compo
Conception graphique de la couverture : Nord Compo
Illustration de couverture : © Les infusettes

Depuis 2009, Prisma Media met en place une politique d'achat écoresponsable. Ainsi, près de 100 % du papier de nos magazines est certifié PEFC (gestion durable des forêts). La fabrication des livres des Éditions Prisma s'inscrit également dans cette démarche.

Dépôt légal : octobre 2024 – n° d'impression 105193
Achevé d'imprimer en France par : Imprimerie Floch